(개정판)

상속·증여 세무 가이드북

실전 편

개인·개인사업자·법인 CEO도 꼭 알아야 하는

상속·증여 세무 가이드북

실전 편

개정판

신방수 지음

두드림미디어

최근 상속세를 부담하는 층들이 크게 늘고 있다. 아무래도 부동산 등 자산 가치가 많이 증가한 탓이 크다. 하지만 그에 못지않게 그동안 알게 모르게 세제가 강화된 이유도 있다. 예를 들어 상가 빌딩에 대한 상속세나 증여세를 기준시가로 신고하면 뒤늦게 국세청에서 감정평가를 받아 이의 금액으로 과세할 수 있도록 한 것이 대표적이다. 여기에 더 나아가 증여 시 취득세 과세표준과 세율이 인상됨에 따라 사전증여가 힘들어지면서 상속세 부담을 더 키우고 있다. 한편 양도소득세 등도 복잡하게 변하고 있어 한눈팔다가는 세금 때문에 예기치 못한 손해를 볼 가능성이 점점 커지고 있다. 여기에 상속 분쟁까지 겹치면 설상가상이 되고 만다.

이 책은 이러한 배경 아래 개인이 보유한 재산에 대한 복잡다단한 세금관리를 스스로 할 수 있는 방법을 제시하기 위해 쓰여졌다. 자산관리를 순조롭게 하기 위해서는 세무위험에 대한 대비가 제일 중요하다. 재산을 이전할 때 다양한 절세방법을 대안으로 가지면서 재산을 관리하는 것이 무엇보다도 중요하다는 말이다. 즉 세테크전략이 필요하다. 하지만 세테크전략이 쉽지는 않다. 그래서 저자는 개인은 물론이고 금융권의 FC나 PB 더 나아가 각 분야의 전문가 등도 쉽게 이해할 수 있는 색다른 접근방법이 절실히 필요함을 느끼고 오랜 시간 동안 연구한 끝에 이 책을 출판하게 되었다.

이 책《상속·증여 세무 가이드북 실전 편》은 기존의 다른 책들에 비해 다음과 같은 특별한 장점이 있다.

첫째, 개인의 자산관리에 꼭 필요한 세무문제를 모두 다루었다.

이 책은 총 5부로 구성되었다. 1부 〈기본 편〉에서는 상속·증여에 관심 있는 모든 독자들이 기본적으로 알아야 하는 주제를 다루었다. 개인의 재산과 관련된 세무위험에는 어떤 것들이 있는지를 먼저 살펴본다. 그리고 세금 못지않게 중요한 상속분쟁을 예방하는 방법과 상속·증여세 절세원리를 순차적으로 살펴본다. 2부 〈일반인 편〉에서는 일반인이 일상적으로 부닥치는 상속·증여 관련 사례들을 다양하게 다루었다. 상속재산의 평가방법 및 주택과 농지의 상속업무 처리법, 금융자산에 대한 증여요령, 부담부 증여, 자금출처조사 등이 그 예다. 3부 〈VVIP 편〉에서는 고액재산가들이 알아두면 좋을 상속·증여세 문제를 집중적으로 분석했다. 상속추정제도 해법, 배우자상속공제활용법, 상속세납부와 관련된 절세법, 상속재산 협의분할에 따른 절세전략 등이 주요한 내용이 된다. 4부 〈사업자 편〉에서는 사업자(빌딩임대사업자 포함)들이 알아둬야 할 상속·증여 절세법을 다루었다. 차명계좌와 관련된 세무위험, PCI시스템과 세무조사의 관계, 사업체에 대한 상속세 절세법과 사업 승계절차 등이 이에 해당한다. 5부 〈법인 편〉에서는 영리법인 및 비영리법인과 관련된 상속·증여세 문제를 다루었다. 영리법인의 경우 결손법인 및 흑자법인에 증여 시 대주주에게 증여세가 과세되는지와 CEO를 둘러싼 다양한 상속·증여세 문제 등을 비중 있게 다루었다. 더불어 비영리법인의 경우 공익법인을 중심으로 증여세 비과세문제 등을 분석했다. 마지막 부록에서는 비거주자들과 관련된 다양한 상속·증여세 문제를 다루었다.

둘째, 실전에 필요한 다양한 사례를 들어 문제해결을 쉽게 하도록 했다.

이 책은 기존의 책과 완전히 차별화된 방법으로 집필되었다. 현재 시중에 나와 있는 책들을 보면 대부분 법 규정이나 과세당국의 해석(예규)을 그대로 실어두는 형태로 되어 있다. 이러다 보니 독자들이 본인의 사례에 맞추어 진단하고 이를 활용하기가 쉽지 않았다. 이에 어떻게 하면 상속·증여 등에 대한 정보를 쉽고 알차게 전달할 수 있을까 그리고 어떻게 하면 독자 스스로 문제를 해결할 수 있을까 하는 고민 끝에 이 책의 모든 부분을 '상황 → Case → Solution → Consulting → 실전연습'의 절차에 따라 집필했다. 각 장마다 제시된 'Case(사례)'와'Solution(해법)'은 실무에서 아주 중요하게 다루어지는 내용들로써, 문제를 어떤 식으로 해결하는지 이에 대한 방법들을 제시하고 있다. 한편 'Consulting'은 개인의 자산관리에서 좀 더 정확하고 효과적인 업무처리를 위해 필수적으로 알아야 할 지식들을 그리고 '실전연습'은 공부한 내용들을 실전에 적용하는 과정을 그리고 있다. 그리고 실무적으로 더 알아두면 유용할 정보들은 Tip란을 별도 신설해서 정보의 가치를 더했다. 또한 곳곳에 핵심정보를 요약 정리해서 실무적응력을 높이기 위해 노력했다.

셋째, 실무에 바로 적용할 있는 최고급정보 및 대안들을 실었다.

모름지기 책은 독자들에게 최고급 정보를 제공하고 실무에 적용할 수 있는 기회를 제공하는 것이 가치가 있을 것이다. 아무리 좋은 내용이 들어 있다고 하더라도 실무에서의 응용력이 없거나 이를 응용하기가 힘들다면 책의 가치는 떨어질 수밖에 없다. 물론 덜 중요한 정보를 장황하게 설명하는 것도 독자들에게 큰 도움이 되지 않는다. 이 책에서 저자는 상속·증여에 대한 제도들이 모든 사람들에게 똑같이 적용되지 않는다는 점에 착안해 일반인과 재산가, 그리고 사업자와 법인 등으로 구분해서 이들에게 가장 적합한 정보를 제공하고자 최선을 다했다. 예를 들어 재산가(VVIP)들을 위해 사전증여가 필요한 이유를 논리적으로 설명했으며, 이 과정에서 발생하는 재산분쟁을 예방하는 방법도 아울러 제시했다. 더 나아가 상속재산의 분배방법과 상속세 관계를 따져보고 향후 이 재산을 처분하는 경우, 양도소득세 관계까지도 고려하는 업무처리가 되도록 했다. 또한 대표적인 재산가인 빌딩사업자의 세무처리법에 대해서는 별도의 장을 신설해서 그들에 맞는 세금정보를 한꺼번에 정리했다. 이를 통해 이들에 대한 절세방법을 다양하게 검토할 수 있으며 자산관리를 위한 컨설팅보고서를 작성하는 기법 등도 알 수 있다. 이 외에도 최근에 개정된 세법도 모두 포함하도록 노력했다.

《상속·증여 세무 가이드북 실전 편》은 상속·증여 등에 관심 있는 분들이라면 누구라도 볼 수 있도록 아주 쉽고 간결하게 집필했다. 내용이 한눈에 들어오도록 되어 있는 만큼 결코 어렵지가 않다. 초보자라도 2회 이상 정독하면 전문가의 수준에 근접한 실력을 얻을 수 있을 것이다. 혼자 공부하는 것이 힘든 경우에는 팀을 조직해 공부하면 좀 더 나은 성과를 기대할 수 있을 것이다. 책을 읽다가 궁금한 내용이 있는 경우에는 저자의 이메일이나 저자가 운영하고 있는 네이버 카페(신방수세무아카데미, http://cafe.naver.com/shintaxpia)를 활용해 궁금증을 해소하기 바란다.

이 책은 다른 어떤 책들에도 볼 수 없는 실용적이며 아주 독창적인 주제들을 담고 있다. 따라서 현재 상속·증여 등으로 고민하고 있는 고객들을 위한 컨설팅용 책으로 손색이 없으며, 선물용 책으로도 안성맞춤일 것으로 확신한다.

아무쪼록 이 책이 상속·증여 세금 등에 대해 능통하고자 하는 분들에게 작은 도움이라도 되었으면 한다.

독자들의 건승을 기원한다.

역삼동 사무실에서
세무사 신방수

차 례

PART 03 **VVIP(재산가) 편**

사업자 편

PART 05 법인 편

부록 편

상속·증여 세무 가이드북 실전 편 절세솔루션

PART 구성	Chapter 구성	핵심주제
PART 01 기본편	Chapter 01 재산과 세무리스크(Risk) Chapter 02 상속·증여와 절세원리	· 개인재산과 세무리스크 · 상속분쟁예방법 · 상속·증여에 대한 절세원리
PART 02 일반인 편	Chapter 01 일반인의 상속 절세법 Chapter 02 일반인의 증여 절세법	· 상속세 신고방법 플로우 · 상속재산평가와 절세전략 · 주택과 농지의 상속방법 · 상속 시의 단독등기와 지분등기 선택 · 금융자산의 증여세 절세방법 · 부담부 증여 절세법 · 자금출처조사의 모든 것
PART 03 VVIP (재산가) 편	Chapter 01 VVIP의 상속 절세법 Chapter 02 VVIP의 증여 절세법 Chapter 03 VVIP의 재산분배와 절세전략	· 상속세 계산구조 · 상속추정제도 해법 · 배우자공제와 절세포인트 · 상속세납부전략과 세무조사 · 재산가의 금융자산/부동산 증여 · 가족 간 거래 시 세무리스크 · 재산가의 사전증여의사결정 전략 · 유언/협의분할과 절세포인트 · 유증/상속포기/사전증여와 공제한도 · 이혼과 절세전략
PART 04 사업자 편	Chapter 01 사업자의 상속·증여 절세법 Chapter 02 빌딩임대사업자의 절세특집	· 사업자와 세무리스크 · 차명계좌와 사업용 계좌 · PCI시스템과 세무조사 · 사업체의 상속업무(승계절차 포함) · 창업자금과 조세특례 · 빌딩사업자 절세의 모든 것 (무상임대/상속·증여/법인전환 등)
PART 05 법인편	Chapter 01 영리법인의 상속·증여 절세법 Chapter 02 비영리법인의 상속·증여 절세법	· 결손/흑자법인과 증여세 과세 · 가지급금/가수금과 상속·증여 · CEO의 사망보상금과 상속·증여 · 가업승계와 가업상속공제 · 주식 이동, 차등배당, 명의신탁주식 · 공익법인과 상속세·증여세 비과세 · 각종 단체(종중, 종교단체 등)와 증여

부록 : 비거주자와 상속·증여

나의 상속·증여 세무 지수 파악하기

세금은 개인의 자산관리에 있어 매우 중요한 요소다. 이 책을 읽는 독자들의 세금 지수(정답 3개 이하 : 불량, 4~7개 : 보통, 8개 이상 : 우수)는 얼마나 되는지 점검해보자.

구분	질문	정답(O, ×)
01	일반적으로 상속세는 10억 원 이하까지는 과세되지 않는다.	
02	상속세는 상속인 중 누가 상속을 받느냐에 따라 상속세가 결정되는 취득과세형 제도를 채택하고 있다.	
03	사전에 증여한 재산은 유류분 청구소송 대상이 되지 않는다.	
04	자녀가 아버지로부터 증여를 받는 경우 증여재산공제를 3,000만 원 받을 수 있다.	
05	7년 전에 상속인이 아닌 손자녀에게 증여한 재산가액은 상속재산가액에 합산된다.	
06	8년 자경한 농지를 증여받아도 증여자인 농지소유자의 자경기간을 승계받을 수 있다.	
07	5년 전에 인출한 돈이 10억 원이라면 이에 대한 용도입증은 납세의무자가 해야 한다.	
08	임대사업자가 부동산을 무상으로 임대하면 부가가치세를 부과받을 수 있다.	
09	법인의 CEO가 가져간 가지급금은 상속채무로 인정될 수 있다.	
10	비영리법인에게 상속재산을 출연하면 상속세를 면제받는다.	

정답

01. O, 다만, 배우자가 없는 상황에서는 5억 원까지는 과세되지 않는다.
02. ×, 상속인 중 누가 받는 것과 관계없이 유산의 총액에 대해 과세되는 유산과세형제도를 채택하고 있다.
03. ×, 사전에 증여한 재산도 유류분반환청구소송의 대상이 된다.
04. ×, 직계비속이 직계존속으로부터 증여를 받으면 5,000만 원(미성년자는 2,000만 원)을 공제한다.
05. ×, 상속인이 아닌 자는 합산기간이 5년이다.
06. ×, 상속의 경우에만 승계를 받을 수 있다.
07. ×, 상속추정제도가 적용되는 기간(상속개시일로부터 소급해서 2년)은 납세의무자가, 이를 벗어난 기간에는 과세당국이 용도 입증을 해야 한다.
08. O, 단, 특수관계가 없는 경우에는 그렇지 않다.
09. O, 가지급금은 CEO가 법인에 갚아야 할 채무에 해당한다.
10. ×, 비영리법인 중 공익법인에 해당하지 않으면 상속세를 내야 한다.

PART **01**

이번 '기본 편'에서는 상속·증여와 관련된 절세를 위해 기본지식을 쌓는 것을 목표로 한다. 이를 위해서 재산과 관련된 세무리스크(Risk)를 먼저 살펴볼 필요가 있다. 이런저런 이유로 많은 세금들이 재산에서 빠져나가고 있기 때문이다. 특히 상속을 지금 대비하지 않으면 세무리스크가 가중됨을 이해하는 것이 급선무다. 한편 상속분쟁사례와 더불어 상속분쟁을 예방하는 방법도 알아두면 가족 간의 분열을 미연에 방지할 수 있고, 상속분배에서 소외되지 않아 스스로 재산을 지킬 수 있다.

기본 편

| 핵심주제 |

Chapter 01 재산과 세무리스크(Risk)
이 장의 핵심주제들은 다음과 같다.
- 개인이 보유한 재산에서 발생하는 세무위험에는 어떤 것들이 있는가?
- 지금 당장 상속을 준비해야 하는 이유는 무엇일까?
- 상속분쟁예방법은 무엇인가?

Chapter 02 상속·증여와 절세원리
이 장의 핵심주제들은 다음과 같다.
- 상속세와 증여세를 비교해본다.
- 금융자산 및 부동산에 대한 상속·증여 절세원리는?
- 등기를 잘못한 경우 세법은 어떻게 적용할까?

재산과
세무리스크(Risk)

이제는 종합세무관리시대!

사람이 일생 동안 축적한 재산이 최종적으로 이전되는 때는 '상속이 개시되는 때', 즉 '사망사건이 발생한 때'이다. 이때 일정한 금액 이상이 되면 상속세라는 것이 부과된다. 그래서 많은 사람들은 이 세금을 줄이기 위해 사전에 재산을 처분하거나 증여하는 등의 행위를 하게 된다. 이러한 과정에서 다양한 세금관계가 형성되는데 이하에서 이에 대한 문제들을 살펴보자.

Case | 서울 강동구에 거주하는 심경식 씨가 보유하고 있는 재산의 종류가 다음과 같다고 하자. 다음 물음에 답하면?

자산		부채
부동산	거주용 주택 토지 상가	임대보증금 등
금융자산	예금 주식 보험 등	
사업자산	임차보증금 자동차 등	외상대 등

☞ **물음 1** : 만일 위의 부동산 중 투자 목적으로 가지고 있는 토지를 양도하면 어떤 세금을 내야 하는가?
☞ **물음 2** : 만일 계약자 변경을 통해 보험증권을 자녀에게 이전해주면 어떤 세금문제가 있는가?
☞ **물음 3** : 만일 위의 자산에서 부채를 차감한 금액이 20억 원인 상태에

서 상속이 개시되는 경우 어떤 세금문제가 있는가?

☞ **물음 4** : 앞의 상가 중 일부를 자녀에게 무상임대를 하고 있다면 어떤 세금문제가 있는가?

Solution | 물음에 맞춰 답을 찾아보면 다음과 같다.

· **물음 1의 경우**

토지를 양도하면 양도소득세라는 것을 낸다. 그런데 사례의 경우 투자 목적용으로 토지를 보유하고 있기 때문에 비사업용 토지에 해당되어 세금이 가중될 수 있다. → 다만, 최근에 이러한 토지에 대한 과세방식이 많이 달라졌기 때문에 사전에 정보를 입수해서 대응책을 찾아야 한다.

· **물음 2의 경우**

본인이 계약자와 수익자로 되어 있는 보험을 자녀 앞으로 명의변경을 하는 경우에는 증여세 문제가 있다. 따라서 보험계약변경을 하기 전에 이러한 증여세 과세문제를 검토해야 한다. → 증여세는 증여재산가액을 어떻게 측정하는지에 따라, 그리고 증여재산공제 등에 따라 세금의 크기가 결정된다.

· **물음 3의 경우**

상속이 개시되면 상속세가 부과된다. 일반적으로 상속세는 상속재산가액이 10억 원을 초과하는 경우에 과세된다 → 사례의 경우에는 상속세가 예상되므로 이에 대한 대책을 미리 꾸려둘 필요가 있다.

· **물음 4의 경우**

상가를 특수관계자에게 무상임대하면 이에 대해서도 부가가치세를 부과하는 식으로 세법이 개정되었다. 한편 자녀는 무상으로 사업장을 사용하므로 이에 대한 증여세 문제 등을 검토해야 한다. → 사업장의 무상임대는 소득세와 증여세 등에 대한 탈세조사로 이어질 수 있다.

Consulting | 개인들이 보유하고 있는 재산은 예기치 못한 다양한 세무리스크에 직면할 수 있다. 다음 그림을 통해 일반적인 경우와 사업을 하는 경우에 발생할 수 있는 세무문제들을 살펴보자.

1. 일반적인 경우
일반적으로 개인이 보유한 재산은 다음과 같은 과정을 통해 소멸한다.

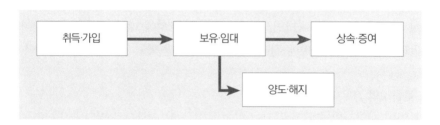

부동산이나 금융자산은 보유과정을 거쳐 처분이 되거나 상속이나 증여 등을 통해 제삼자에게 이전이 되면서 소멸하게 된다. 이러한 과정에서 취득세나 임대소득세(금융소득 종합과세), 양도소득세, 상속세나 증여세 같은 다양한 세금항목들을 만나게 된다.

2. 사업을 하는 경우
사업을 하는 경우에는 다음과 같은 과정을 별도로 거치게 된다.

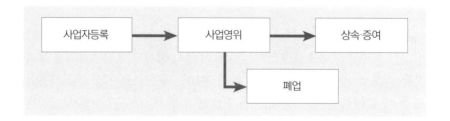

사업도 하나의 자산군을 형성하며, 사업자등록 이후 사업이 시작되어 자발적 폐업이나 상속 또는 증여를 통해 소멸한다. 사업자들은 사업과 관련한 소득세·부가가치세와 같은 다양한 세금항목들을 만나게 된다.

※ 나의 재산과 세무리스크

☑ 일반적으로 재산이 많으면 보유세나 금융소득 종합과세 같은 제도를 적용받게 된다.

☑ 재산이 많은 상태에서 상속이 발생하면 과도한 상속세가 부과될 수 있다.

☑ 재산을 살아생전에 이전하면 이에 대해 증여세 등이 나올 수 있다.

실전연습 K씨는 현재 본인이 가지고 있는 4층짜리 건물의 1층을 다음과 같이 활용하고 있다. 세무상 어떤 문제가 있는가? 그리고 대책은 무엇인가?

> **| 자료 |**
> · 1층 커피전문점으로 운영
> · 사업자등록 명의 : 배우자
> · 임차보증금과 임대료 : 없음(부가가치세 신고는 하지 않고 있음)

이 사례는 재산가들이 쉽게 지나치기 쉬운 유형에 해당한다. 어떤 세무리스크가 있는지, 그리고 대책은 무엇인지 살펴보자.

STEP1 세무리스크 찾기

위의 상황에서 대두되는 세무리스크는 다음과 같다.

☑ 무상임대에 대한 부가가치세 및 소득세과세 → 상가를 무상으로 임대하더라도 시가기준인 월세의 10%만큼 부가가치세를 내야 하고, 무상임대소득에 대해서는 소득세를 내야 한다(최근 세법이 개정됨). 따라서 K씨는 이러한 부분을 대비하지 못해 이에 대한 세금추징이 발생할 수 있다.

☑ 무상임차에 대한 증여세 과세 → 배우자는 남편 K씨의 사업장을 무상으로 사용하므로 일정한 이익을 증여받은 것으로 본다. 다만, 배우자 간 증여재산공제는 6억 원까지 가능하므로 무상이익에 따른 증여세 문제는 거의 없다. 한편 사업소득에 대한 탈루가 있었는지에 대해서 별도로 세무조사가 이루어질 수 있다.

STEP2 대책 찾기

특수관계자 간에 무상임대를 하면 앞과 같은 문제가 발생하므로 시세를 감안해서 임대료를 정할 필요가 있다. 다음의 내용들을 참조하자.

☑ 임대차계약 시에는 보증금과 월세를 가지고 조정한다. 한쪽은 매출, 한쪽은 비용이 되므로 최적의 조합을 찾도록 한다.
☑ 계약대로 정확히 세금계산서를 수수하고 정확하게 월세 등을 지급하고 수령해야 한다(통장거래를 원칙으로 함).
☑ 임대차계약은 공인중개사를 통해 하도록 한다.

 이제는 종합세무관리시대!

앞에서 보았듯이 재산이 있는 경우 세금문제가 상당히 복잡하게 등장한다. 따라서 재산보유자나 자산관리자들은 개인을 둘러싼 세금을 복합적으로 관리해야 한다.
☑ 재산취득 시 → 재산취득 시부터 상속세와의 관계를 고려한다. 한편 재산취득 시에는 자금출처조사 및 양도소득세 등의 관계도 파악해야 한다.
☑ 재산보유 시 → 재산세나 종합부동산세의 고려, 금융자산은 금융소득 종합과세 등을 고려한다.
☑ 재산처분 시 → 양도소득세 절세대안을 찾도록 한다.
☑ 재산증여 시 → 누구를 대상으로 어떤 재산을 어떻게 증여할 것인가 등을 결정한다. 증여는 다각적인 시각에서 일 처리를 해야 한다.
☑ 재산상속 시 → 상속이 발생하면 상속세를 예측하고, 재산을 어떤 식으로 배분할 것인지도 아울러 고려한다. 특히 재산을 어떤 식으로 분배하느냐에 따라 세금의 크기가 달라지므로 이에 대한 감각을 키워둬야 한다.

지금 당장 상속을 준비해야 하는 이유

실무현장에서 보면 상속세 대비를 하지 못한 채 상속이 발생하는 경우가 많다. 이렇게 되면 예기치 않은 세금으로 소중한 재산을 날릴 가능성도 있다. 따라서 누구든지 지금 당장 상속문제를 검토하고 이에 대비할 필요가 있다.

Case | 서울에 살고 있는 이○○ 씨가 갑작스런 사고를 당해 운명했다. 이씨는 서울의 노른자위 땅에 공장과 상가 등을 가지고 있었는데, 어림잡더라도 100억 원은 족히 넘어 보였다. 그런데 재산분배에 대한 사전준비가 없었다. 이런 상황에서 어떤 문제점들이 있는가? 그리고 이에 대한 대책은 무엇인가?

Solution | 이 사례는 상속을 미리 준비하지 못해 많은 세금을 내야 하는 전형적인 사례에 해당한다. 위에 대한 해답을 찾아보자.

1. 문제점

☑ 상속이 개시되었으므로 상속세가 발생한다. → 상속세는 상속개시기액에서 상속공제액을 차감한 과세표준에 10~50%의 세율로 과세된다. 상속공제액이 10억 원이라면 상속세 예상액은 다음과 같다.

상속재산가액	상속공제액	과세표준	세율	산출세액
100억 원	10억 원	90억 원	10~50%*	40억 4,000만 원
가정	가정	상속재산가액 – 상속공제액	–	(과세표준×50% – 4억 6,000만 원)

* 자세한 세율은 이 Chapter의 '심층분석' 참조

☑ 상속재산분배와 관련해서 상속분쟁이 예상된다. → 상속재산의 분배에 대해 미리 정해진 것이 없는 경우에 자주 발견된다.
☑ 사업체 정리와 관련해서 다양한 문제가 파생한다. → 누가 사업을 영위할 것인가 등을 결정해야 한다.

2. 대책

☑ 상속세가 예측되었다면 절세대안을 찾도록 한다. → 상속세는 재산가액을 어떻게 평가하느냐, 공제를 얼마나 받느냐에 따라 세금의 크기가 달라진다. 반드시 상속전문세무사를 찾아 일 처리를 도모하도록 한다.
☑ 재산분배 시 상속분쟁이 발생하지 않도록 한다. → 재산분배절차의 전반적인 내용을 이해하고 협의가 힘들면 제삼자 등을 통해 진행하도록 한다. 재산분배를 어떤 식으로 하는지에 따라 세금의 크기가 달라질 수 있다는 점에도 유의해야 한다.
☑ 사후관리에 만전을 기해야 한다. → 상속세 신고 후에 재산가액이 변동하면 탈루혐의를 적용해서 추가로 과세할 수 있다. 특히 상속이 개시된 후 5년 동안을 조심해야 한다.

Consulting | 지금 당장 상속에 대비해야 하는 이유를 정리하면 다음과 같다.

☑ **10년 합산과세제도가 적용된다.** 상속세는 상속개시일 현재의 재산에 대해 과세되는 것이 원칙이다. 하지만 세법은 사전증여를 통해 상속재산이 축소되면 상속세가 줄어들 수 있으므로 상속개시일 전 10년(상속인 외의 자는 5년) 이내에 증여한 금액을 상속재산가액에 합산하도록 하고 있다. 따라서 하루라도 빨리 상속을 대비해야 한다.
☑ **부동산 가격은 상승한다.** 부동산 가격이 상승하면 상속세도 덩달아 증가될 가능성이 높다. 따라서 가격이 상승하기 전에 미리 증여 등

을 통해 상속을 대비할 필요가 있다. → 저평가된 자산(상가, 주식 등)을 우선 증여하는 것이 좋다.

☑ **상속세 납부방법이 여의치가 않다.** 상속세는 현금납부를 원칙으로 하나, 만약 현금이 준비되어 있지 않으면 부동산 등을 긴급하게 처분해야 하는 경우가 있을 수 있다. 이렇게 되면 재산이 헐값으로 팔릴 가능성이 높다.

☑ **재산분쟁이 심화되고 있다.** 사전에 재산분배에 대한 방법이 결정되지 않으면 사후에 가족 간에 재산분쟁이 일어날 수 있다.

☑ **투명화 조치들이 많이 들어왔다.** 현재 편법 상속·증여를 방지하기 위한 여러 가지 장치들이 많이 도입되었다. 따라서 이러한 환경하에서 지혜롭게 상속을 대비하려면 지금부터 준비해야 한다.

※ 상속세 리스크가 높은 상황들

☑ 재산규모가 크다. → 재산이 10억 원을 넘어서면 상속세가 나오는 것이 일반적이기 때문이다.

☑ 보유한 부동산이 많다. → 부동산은 유동성이 떨어져 대처능력이 떨어지기 때문이다.

☑ 나이가 70세가 넘었다. → 사전증여를 하더라도 10년 합산과세로 효과가 반감되기 때문이다.

☑ 가족관계가 복잡하다. → 상속분쟁의 위험성이 높고, 그 결과 상속세 신고에 많은 영향을 주기 때문이다.

실전연습　다음 자료에 따라 상속세를 추산해보자. 단, 상속공제액은 배우자가 살아 있다면 배우자상속공제 5억 원과 일괄공제 5억 원 등 10억 원을, 배우자가 없는 경우에는 일괄공제 5억 원만 받을 수 있다고 하자. 그리고 먼저 남편이 운명하며 상속재산은 자녀가 받는다고 하자.

구분	Case1	Case2
남편	20억 원	10억 원
부인	0원	10억 원
계	20억 원	20억 원

① Case1의 경우

구분	금액	계산근거
· 남편 운명 시	2억 4,000만 원	(상속재산가액−상속공제)×10~50%＝(20억 원−10억 원)×30%−6,000만 원(누진공제) = 2억 4,000만 원
· 부인 운명 시	0원	과세미달
계	2억 4,000만 원	

② Case2의 경우

구분	금액	계산근거
· 남편 운명 시	0원	(상속재산가액−상속공제)×10~50%＝(10억 원−10억 원)×세율=0원
· 부인 운명 시	9,000만 원	(상속재산가액−상속공제)×10~50%＝(10억 원−5억 원)×20%−1,000만 원 (누진공제) = 9,000만 원
계	9,000만 원	

③ 차이

- ①−②=1억 5,000만 원(2억 4,000만 원−9,000만 원)

만일 평소에는 Case1처럼 재산을 보유하다가 남편이 운명하기 전에 Case2처럼 재산을 보유하면 상속세는 줄어들까?

그렇지 않다. 상속개시 전 10년(상속인 외의 자는 5년) 이내의 증여한 재산가액은 상속재산가액에 합산되기 때문이다.

☞ 재산가들이 상속세 절세를 위해서는 사전증여시점을 잘 잡는 것이 무엇보다도 중요하다.

 상속대비는 10년이 중요하다

상속세는 일반적으로 10년 전의 사전증여한 재산가액을 합산하므로 10년 후를 내다보고 실행해야 한다. 기대수명 80세를 기준으로 한다면, 적어도 70세 이전에는 상속대비가 완료되어야 한다.

상속분쟁사례와 분쟁예방법

상속이 발생한 경우 상속세를 예측하고 상속재산 배분방법 등을 순차적으로 검토하게 된다. 그런데 이 중 상속재산에 대한 배분방법이 말끔하게 결정되지 않으면 상속인들 간에 분쟁이 발생할 소지가 높다. 그렇다면 상속재산은 어떻게 배분하는 것이 좋을까?

Case | 서울 마포구 신수동에서 오랫동안 거주한 K씨가 운명했다. 그가 남긴 재산에는 주택 1채(시가 6억 원 상당)와 현금 1억 원 정도가 있었다. 유족에는 배우자와 자녀 2명, 손자녀 4명 등이 있다. K씨가 남긴 유산은 어떤 식으로 분할이 될까?

Solution | 위에 대한 답을 하기 위해서는 다음과 같은 절차로 해결하는 것이 좋다.

STEP1 상속인 결정
민법에서 정하고 있는 상속순위는 다음과 같다.

순위	상속인	비고
1순위	직계비속, 배우자	항상 상속인이 된다.
2순위	직계존속, 배우자*	직계비속이 없는 경우 상속인이 된다.
3순위	형제자매	1, 2순위가 없는 경우 상속인이 된다.
4순위	4촌 이내의 방계혈족	1, 2, 3순위가 없는 경우 상속인이 된다.

* 직계존속도 없는 경우에는 배우자가 단독으로 상속을 받는다. 한편 4순위도 없는 경우에는 국가가 상속을 받는다.

일반적으로 상속 1순위는 배우자와 직계비속 중 자녀가 된다. 다만, 실무에서는 이 순위를 결정하는 것이 쉽지가 않을 수 있는데, 이에 대한 세부적인 내용을 살펴보고 사례에 적용해보자.

※ 상속순위 결정 시 점검할 내용들

☑ 법정상속인의 결정에 있어서 같은 순위의 상속인이 여러 명인 경우에는 촌수가 가장 가까운 상속인을 우선순위로 한다. 촌수가 같은 상속인이 여러 명인 경우에는 공동상속인이 된다.

　예) 피상속인의 직계비속으로 자녀 2인과 손자녀 2인이 있는 경우, 자녀 2인이 공동상속인이 되며 손자녀는 법정상속인이 되지 못한다.

☑ 상속순위를 결정할 때 태아는 이미 출생한 것으로 본다.

☑ 배우자는 1순위인 직계비속과 같은 순위로 공동상속인이 되며, 직계비속이 없는 경우에는 2순위인 직계존속과 공동상속인이 된다.

☑ 부모가 이혼한 상태에서 부모 운명 시 직계비속인 자녀는 1순위 상속인에 해당한다.

☑ 입양자녀는 양부모 및 친부모의 1순위 상속인에 해당한다. 입양자녀는 친부모가 운명한 경우에도 상속을 받을 수 있다.

위의 내용을 검토해보면 사례에서의 상속인은 배우자와 자녀 2명이 해당된다.

☞ **용어정리**

• **피상속인** : 사망(실종포함)자를 말함.

• **상속인** : 상속을 받을 자를 말함.

• **유증** : 유언으로 재산을 타인에게 증여하는 단독행위(유언자의 단독행위) → 상속에 해당.

• **사인증여** : 증여자의 운명으로 인해서 효력이 생기는 증여(증여자와 수증자의 계약에 해당) → 상속에 해당.

STEP2 민법상 상속재산 분할방법

상속재산은 원칙적으로 다음과 같은 순서에 따라 분할된다.

> ① 유언에 의한 분할 → ② 협의에 의한 분할 → ③ 법원의 조정 또는 심판에 의한 분할

참고로 현재 민법상 법정상속지분은 직계비속은 1, 배우자는 1.5로 되어 있다.

STEP3 결론

사례에서 만일 유언이 없다면 상속인들 간에 협의분할을 통해 상속재산을 분할할 수 있다. 그리고 협의분할이 안 되는 경우에는 법원의 조정이나 심판에 따라 분할할 수 있다. 여기서 법원의 조정 등에 의해 법정상속지분으로 재산분할이 결정되면 다음과 같이 각자의 몫이 결정된다. 앞에서 총상속재산가액은 7억 원으로 결정되었다.

상속인	상속분	비율	법정상속가액
자녀 1	1	2/7	2억 원
자녀 2	1	2/7	2억 원
배우자	1.5	3/7	3억 원
계	3.5	100%	7억 원

☞ 가족 간 상속분쟁을 예방하기 위해서는 생전이나 사후에 재산이 공평하게 분배되는 것이 좋다.

Consulting │ 상속재산을 분할할 때에는 민법에서 정하고 있는 법정상속분을 참고할 필요가 있다. 이 부분에 대해 알아보자.

※ 민법 제1009조 【법정상속분】
① 동순위의 상속인이 수인인 때에는 그 상속분은 균분으로 한다.
② 피상속인의 배우자의 상속분은 직계비속과 공동으로 상속하는 때에는 직계비속의 상속분의 5할을 가산하고, 직계존속과 공동으로 상속하는 때에는 직계존속의 상속분의 5할을 가산한다.

앞의 규정에 따라 법정상속분을 예시해보면 다음과 같다.

상속인	상속분	비율
장남과 배우자만 있는 경우	장남 1 배우자 1.5	2/5 3/5
장남, 장녀(미혼), 배우자만 있는 경우	장남 1 장녀 1 배우자 1.5	2/7 2/7 3/7

법정상속지분은 민법에서 정한 것으로 상속공제 중 배우자상속공제에 영향을 준다. 이 공제는 배우자가 실제 상속받은 재산가액을 상속재산가액에서 공제하는데, 이때 30억 원과 배우자의 법정상속분 중 작은 금액을 한도로 하고 있다. 따라서 배우자의 법정상속분이 커질수록 배우자상속공제액이 늘어나며, 그 반대가 되면 배우자상속공제액이 줄어든다(자녀의 수가 많으면 배우자의 법정상속분이 줄어 배우자상속공제액도 줄어든다). 자세한 내용은 뒤의 부분에서 자세히 살펴보자.

실전연습　부산광역시에서 한평생을 살아온 김○○씨가 운명했다. 그의 슬하에는 4남매를 두고 있는데, 그중 둘째가 부모에게 불효하는 등 상당한 문제를 일으켰다. 그래서 김씨의 배우자와 둘째를 뺀 상속인들이 모여 둘째에게는 상속재산을 분배하지 않으려 하고 있다. 그게 가능할까?

일단 패륜자식이라고 하더라도 상속인에 해당하면 법정지분이 아닌 최소한의 상속지분이 주어진다(단, 2026년 이후에 유류분 상실 사유가 법제화되면 패륜자식에 대한 상속지분이 박탈될 수 있다). 이를 유류분이라고 한다(유류분에 대한 자세한 내용은 PART 03의 Chapter 03을 참조).

☞ 직계존비속의 유류분 : 법정상속지분의 1/2

그렇다면 둘째에게 상속지분을 주지 않으려면 어떻게 하면 될까?

첫째, 유언장을 통해 상속지분을 배제하는 경우를 보자. 이러한 경우에도 최소한 유류분만큼 지분을 보장하고 있으므로 이를 감안해야 한다.

둘째, 사전에 증여하는 경우를 보자. 그런데 상속개시일 전 1년 이내의 것은 유류분 청구 대상이 된다. 만약 이 기간을 벗어나 증여하는 경우에는 유류분 청구의 대상에서 벗어날 수 있으나, 유류분권리자의 권리를 박탈한 증여에 해당하면 그 청구대상이 될 수 있다.

결국 이런 상황에서는 본인이 스스로 상속포기를 하지 않는 이상 현실적으로 상속지분을 박탈하기가 상당히 힘들 수 있다. 다만, 최근 헌법재판소에서는 유류분 권리자를 규정한 민법 제1112조에 대해 헌법 불합치 결정을 내렸다. 이에 따라 2026년부터는 패륜자식에 대한 유류분 권리가 박탈될 것으로 보인다.

※ 주요 상속분쟁사례들과 그에 대한 대응법

주요 상속분쟁사례들과 그에 대한 대응(소송) 방법을 정리하면 다음과 같다.

☑ 특정인이 상속재산을 독차지하는 경우 → 유류분반환 청구소송으로 대응

☑ 상속재산분할협의서가 사실과 다르게 작성된 경우 → 상속회복 청구소송으로 대응

☑ 기여분 등으로 상속인 간 협의가 잘 안된 경우 → 상속재산분할 조정 및 심판청구, 기여분결정심판청구

☑ 사전에 증여를 받은 사람이 상속재산분할에 참여하는 경우 → 상속분할 청구소송 등으로 대응

☑ 특정인이 유증으로 상속재산을 독차지 하는 경우 → 유언장이 정당한 경우에는 유류분반환 청구소송, 유언장이 무효인 경우에는 상속재산분할 청구소송

☑ 혼외자가 상속을 청구하는 경우 → 상속분할 청구소송 등으로 대응(단, 가족관계증명서에 없는 경우 사전에 친생자 확인이 필수)

상속순위 판정사례

1. 서울 종로에서 살고 있는 P씨가 운명했다. 그에게는 딸이 세 명 있고 모두 혼인 중에 있으며 각 딸들에게는 남편과 자녀들이 있다. 누가 상속을 받는가?

상속인의 1순위는 직계비속과 피상속인의 배우자다. 따라서 며느리와 사위는 직계비속에 해당하지 않으므로 상속인에 해당되지 않는다. 그러나 만일 P씨의 딸 중 한 명이 먼저 운명한 경우에는 운명한 딸의 몫은 그의 배우자와 자녀에게 공동상속이 된다. 대를 이은 상속을 허용하고 있기 때문이다(이를 '대습상속'이라고 한다).

2. 부산에 살고 있는 L씨는 10년 전 남편을 만나 혼인신고 없이 동거하고 있다. 그러던 중 남편이 교통사고로 운명했다. 이 경우 L씨는 상속인에 해당하는가?

상속에 있어서 사실혼 관계에 있는 배우자는 상속인이라 할 수 없다. 따라서 사실혼 관계에 있는 동거인은 상속을 받을 수 없다. 다만, 운명 전에 증여를 하거나 유증(유언에 의한 재산증여를 말함)을 통해서는 재산을 이전받을 수 있다.

3. A씨는 부모가 이혼한 후 어머니와 함께 살고 있다. 이때 A씨의 아버지가 운명을 했다. 이때 A씨는 상속인에 포함되는가?

A씨는 피상속인의 직계비속이므로 당연히 상속인에 해당한다. 다만, A씨의 어머니는 법률혼관계가 깨졌으므로 상속인에 해당하지 않는다. 참고로 피상속인이 재혼한 경우 그의 배우자는 법률혼 관계에 해당하므로 상속인에 해당한다. 이때 재혼 후 태어난 자녀는 당연히 상속인이 해당하나, 재혼 전에 태어난 자녀는 피상속인의 혈족이 아니므로 상속인에 해당하지 않는다.

▶ 유언의 방법

유언은 ① 자필증서, ② 녹음, ③ 공정증서, ④ 구술증서, ⑤ 비밀증서 등의 방법 중 하나로 진행될 수 있다. ①방법은 자필로 진행되며 증인이나 공증은 필요가 없지만 가정법원의 검인절차를 거쳐야 한다. 참고로 유언장은 어떻게 작성하는지, 그리고 유의사항은 무엇인지 샘플을 통해 알아보자.

유 언 장

① 성명 :   (날인)
※ 저자 주 : 성명은 한글 한자 모두 가능하며, 날인은 도장이 원칙이며 지장도 가능하다.

② 주민등록번호 :   (생년월일 :   )

③ 주소 :
※ 저자 주 : 주민등록번호는 임의적 기재사항이며, 주소는 필수적 기재사항이다.

④ 작성일 :   년   월   일
※ 저자 주 : 작성일자가 없으면 유언장이 무효에 해당한다.

⑤ 작성장소 :

⑥ 유언내용 :
※ 저자 주 : 반드시 자필로 내용을 써야 한다. 내용은 유산처리문제를 포함해서 자유롭게 기재하면 된다. 유언장은 모두 본인이 직접 써야 효력이 발생함에 유의해야 한다. 첨가, 삭제, 변경 시에도 반드시 자필로 해야 하고, 첨삭 변경된 곳에 날인(지장 무방)해야 한다.

상속재산분할협의서

20○○년 ○월 ○○일 ○○시 ○○구 ○○동 ○○ 망 □□□의 사망으로 인해 개시된 상속에 있어 공동상속인 ○○○, ○○○, ○○○는 다음과 같이 상속재산을 분할하기로 협의한다.

1. 상속재산 중 ○○시 ○○구 ○○동 ○○ 주택 ○○㎡는 ○○○의 소유로 한다.
1. 상속재산 중 □□시 □□구 □□동 □□상가 ○○㎡는 ○○○의 소유로 한다.

위 협의를 증명하기 위해 이 협의서 3통을 작성하고 아래와 같이 서명날인해 그 1통씩을 각자 보유한다.

20○○년 ○월 ○○일

성 명 : ○ ○ ○ (인)
        주소 : ○○시 ○○구 ○○동 ○○
성 명 : ○ ○ ○ (인)
        주소 : ○○시 ○○구 ○○동 ○○
성 명 : ○ ○ ○ (인)
        주소 : ○○시 ○○구 ○○동 ○○

※ 저자 주 : 상속재산분할협의서는 등기 시에 갖추어야 할 서류로 상속인들 간의 협의에 의해 작성이 된다. 이 계약서는 형식이 별도로 갖추어져 있지 않으므로 자유롭게 작성을 해도 된다. 만일 지분으로 재산을 분할할 경우에는 지분표시가 되어 있어야 한다.

개인이 보유하고 있는 자산은 크게 부동산과 금융자산으로 나눌 수 있다. 이들에 대한 세금문제를 살펴보자.

1. 취득 또는 가입단계

부동산을 취득하면 거래비용의 일종인 취득세가 발생하고, 중개비용 등의 수수료가 발생한다. 하지만 금융자산의 경우에 취득세는 부과되지 않으며, 중개비용 등도 거의 발생하지 않는다. 따라서 보유한 자산 중 상속이나 증여로 이전하는 경우에는 부동산보다는 금융자산이 유리한 경우가 많다. 금융자산은 취득세가 부과되지 않기 때문이다. 특히 부부의 자산보유구조가 한쪽에 치우쳐 있어 상속세과세 위험이 있는 경우에는 미리 재산을 이전하는 것이 좋은데, 이때에는 금융자산을 먼저 이전하는 것이 절세 측면에서 유리하다.

2. 보유단계

부동산이나 금융자산을 보유하는 단계에서는 부동산은 재산세와 종합부동산세 같은 보유세와 이를 임대하는 경우 임대소득세가 발생한다. 이에 반해 금융자산에서는 이자나 배당소득에 대해 이자소득세나 배당소득세가 부과된다. 이 중 부동산에 있어서는 종합부동산세가, 금융자산에서는 금융소득 종합과세가 부담이 될 수 있다. 종합부동산세는 주택의 경우 기준시가가 9억 원(1세대 1주택은 12억 원)을 초과하면 과세되며, 금융소득 종합과세*는 금융소득이 연간 2,000만 원을 초과하면 부과되는 세금이다.

* 과세되는 이자소득과 배당소득을 합해서 2,000만 원을 초과하면 6~45%의 세율로 과세하는 것을 말한다. 금융소득이 2,000만 원 이하이면 원천징수(14%)로 분리과세하는 것이 원칙이다.

3. 처분 또는 해지단계

부동산을 처분하거나 금융자산을 매각 또는 해지하는 단계에서는 세금 부분을 정교하게 검토할 필요가 있다. 부동산이든, 금융자산이든 매도나 해지과정에서 발생하는 세금은 투자 수익률과 직접적인 관계를 맺고 있기 때문이다. 그래서 이에 대한 세금문제는 상품별로 구체적으로 볼 필요가 있다.

부동산			금융자산	
양도소득세			종합소득세·양도소득세	
주택	· 비과세 : 1세대 1주택(단, 고가주택은 과세) · 감면 : 신축주택 등에 적용 · 중과세 : 1세대 2주택 이상(기본세율 +20~30%p)	예·적금	이자소득 : 비과세 또는 과세	
상가	일반과세	주식	· 배당소득 : 비과세 또는 과세 · 양도소득 : 비과세(대주주 및 비상장 주식은 과세)	
오피스텔	일반과세(주거용 오피스텔은 주택으로 보아 과세)	채권	· 이자소득 : 과세	
토지	· 비과세 : 농지교환 · 감면 : 8년 이상 자경농지 · 중과세 : 16~55%(2017년 이후 적용)	펀드	· 배당소득 : 과세(단, 주식매매차익 등은 과세제외)	
분양권	일반과세	보험	· 이자소득(저축성 보험차익) : 과세 (단, 요건을 충족한 경우 비과세) · 연금소득 : 과세(요건 충족한 종신연금 보험은 비과세)	
입주권	일반과세 또는 비과세	파생상품	· 양도소득 : 과세(2016년 이후)	

부동산은 처분단계에서 공통적으로 양도소득세가 부과된다. 다만, 비과세와 감면, 그리고 중과세 제도가 폭넓게 적용되고 있다. 하지만 금융자산은 주로 이자소득과 배당소득에 대해 과세되며, 일부에 대해서는 비과세가 적용된다. 자본이득에 대해서는 주식 일부에만 양도소득세를 부과한다. 참고로 주식을 거래할 때에는 증권거래세가 부과된다.

* 부동산과 금융자산의 처분 또는 해지단계에서 만나는 세금은 크게 양도소득세와 종합소득세다. 주로 자본이득에 대해서는 양도소득세, 비자본이득에 대해서는 종합소득세가 부과되는 것이 원칙이다. 이 둘의 과세구조를 대략적으로 비교하면 다음과 같다.

① 양도소득세
양도차익에서 장기보유특별공제와 기본공제를 적용한 과세표준에 양도소득세율을 적용해 산출세액을 계산한다. 양도소득세율은 보유기간에 따라 세율이 달라진다(70%, 60%, 6~45% 등). 한편 양도소득세 중과세가 적용되면 기본세율(6~45%)에 20~30%p가 가산된다. 주택과 토지에 대해 중과세 제도가 적용되고 있다.

② 종합소득세

종합소득금액에서 소득공제를 적용한 과세표준에 종합소득세율 6~45%를 적용한다.

※ 금융상품별 소득구분

금융상품별로 과세되는 소득을 좀더 상세히 구분하면 다음과 같다.

구분			이자·배당소득	자본이득
수신상품			이자소득	–
보험상품	보장성 보험		–	–
	저축성 보험		이자소득	–
금융투자상품	증권	채무증권	이자소득	이자소득(채권보유기간 이자상당액), 매매차익은 양도소득 제외
		지분증권	배당소득	양도소득(비상장 주식 등)
		수익증권 투자신탁(펀드)	배당소득	배당소득(집합투자증권 보유기간 이자상당액)
		수익증권 주식예탁증권	배당소득	양도소득(비상장 주식 등)
		특정금전신탁 등	소득내용별 과세	–
		파생결합증권 ELS(주가연계증권) 등	배당소득	–
		파생결합증권 ELW(주식워런트증권)	– (미열거소득)	양도소득
	파생상품(선물·옵션)		– (미열거소득)	양도소득

☞ 위에서 금융소득(이자와 배당소득)이 연간 2,000만 원을 넘으면 금융소득 종합과세가 적용된다. 양도소득에 대해서는 양도소득세가 부과되는 것이 원칙이다. 다만, 위 자본이득의 양도소득은 2025년부터 금융투자소득으로 별도 과세가 될 예정이다.

4. 상속 또는 증여단계

상속이 발생하거나 증여가 발생하면 부동산이나 금융자산의 종류를 불문하고 상속세와 증여세가 부과된다. 다만, 납세자가 신고를 하지 않는 경우에는 과세당국이 이를 적발할 가능성은 부동산이 높다. 부동산의 경우 등기제도에 의해 상속이나 증여임이 밝혀지기 때문이다. 그러나 금융자산은 이런 제도가 없기 때문에 은닉의 가능성이 높다.

앞으로 상속세와 증여세 등에 대한 절세법을 공부하기 위해서는 미리 이에 대한 계산구조 정도는 익히고 가는 것이 필요하다.

1. 상속세

상속세 계산구조는 다음과 같다.

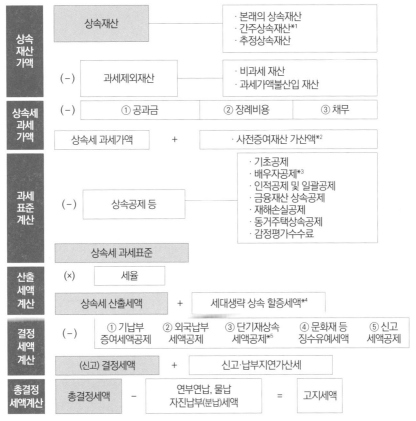

*¹ : 간주상속재산에는 보험금, 퇴직금, 신탁재산이 있다.
*² : 상속인은 10년, 비상속인은 5년 이전에 증여한 재산가액을 말한다.
*³ : 최저 5억 원에서 최고 30억 원 사이에서 공제된다.
*⁴ : 세대를 생략해 상속이 일어나면 30~40%할증과세된다(상속공제한도가 축소될 수 있다).
*⁵ : 상속받은 사람이 10년 이내 운명한 경우에 이 공제를 적용한다.

2. 증여세

증여세 계산구조는 다음과 같다.

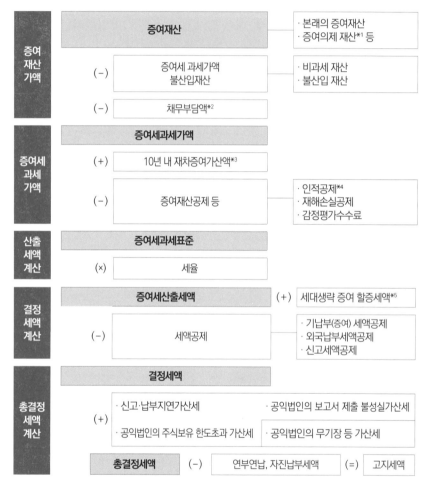

*1 : 증여의제 재산 등에는 증여추정제도, 명의신탁증여의제제도 등에 의한 증여재산이 있다.
*2 : 부채와 함께 증여를 하는 부담부 증여 시 부채는 증여재산가액에서 차감된다(부채는 유상양도에 해당).
*3 : 동일인(부부는 동일인에 해당)으로부터 10년 이내에 증여받은 재산가액을 말한다.
*4 : 6억 원, 5,000만 원, 2,000만 원, 1,000만 원을 공제한다(2024년부터 혼인·출산 증여공제 1억 원이 신설되었다).
*5 : 세대를 생략해 증여가 일어나면 30~40% 할증과세된다.

3. 양도소득세

양도소득세 계산구조는 다음과 같다.

양도가액	· 실지거래가액(2007년 이후부터 무조건 실거래가로 함)

−

취득가액	· 실지거래가액(계약서 분실 등의 경우 취득가액을 환산할 수 있음)

−

필요경비	· 양도비 등 실제경비(실무적으로 공제되는 필요경비의 범위를 확인해야 함)

▼

양도차익	· 동일한 해에 발생한 양도차손과 통산할 수 있음

장기보유특별공제	· (토지·건물의 양도차익)×공제율(원칙 : 6~30%, 예외 : 20~80%) 단, 중과세 대상 주택은 적용배제(비사업용 토지는 이 공제를 적용함)

▼

양도소득금액	

−

양도소득 기본공제	· 250만 원(미등기 양도자산은 적용 배제), 단, 이 공제는 양도 시 1회만 적용

▼

양도소득 과세표준	

×

세율*	· 1년 미만 70%, 1~2년 미만 60%, 2년 이상 6~45% (단, 주택 외 토지 등 1년 미만 50%, 1~2년 미만 40%, 2년 이상 6~45%)

산출세액	

감면세액	· 조세특례제한법상 감면세액 등

▼

자진납부할 세액	· 양도일이 속한 달의 말일로부터 2개월 내 신고·납부(주소지 관할세무서)

* 2주택(3주택) 중과세율은 기본세율에 20~30%p 가산, 비사업용 토지는 10%p를 가산한다. 중과세가 적용되는 주택은 장기보유 특별공제가 적용되지 않지만, 비사업용 토지는 적용된다는 차이가 있다. 참고로 2년 이상 보유한 주택에 대해서는 2025년 5월 9일까지 중과세가 한시적으로 적용되지 않고 있다. 부동산 세금은 저자의 《확 바뀐 부동산 세금 완전 분석》 등을 참고하길 바란다.

상속·증여 절세를 위해서는 상속세와 증여세뿐만 아니라 양도소득세 등도 기본적으로 알아둬야 한다. 특히 세율은 중요하니 이하에서 한꺼번에 정리를 해보기로 한다.

1. 상속·증여세율

상속 및 증여 시의 세율은 10~50%의 5단계 누진세율 체계로 되어 있다. 참고로 세대를 건너뛴 상속이나 증여에 대해서는 산출세액의 30~40%를 할증해서 과세한다.

과세표준	세율	누진공제
1억 원 이하	10%	–
1억 원 초과 5억 원 이하	20%	1,000만 원
5억 원 초과 10억 원 이하	30%	6,000만 원
10억 원 초과 30억 원 이하	40%	1억 6,000만 원
30억 원 초과	50%	4억 6,000만 원

☞ 과세표준이 10억 원인 경우 (한계)세율은 30%이며, 누진공제액은 6,000만 원이다. 따라서 '10억 원×30%-6,000만 원'식으로 세금을 계산하면 2억 4,000만 원의 산출세액을 계산할 수 있다.

2. 종합소득세율

종합소득세율은 다음과 같은 구조로 되어 있다. 개인이 임대사업 등을 하는 경우 사업소득에 다른 종합소득(근로소득 등)을 합산해서 과세하게 된다.

과세표준	세율	누진공제
1,400만 원 이하	6%	–
5,000만 원 이하	15%	126만 원
8,800만 원 이하	24%	576만 원
1억 5,000만 원 이하	35%	1,544만 원
3억 원 이하	38%	1,994만 원
5억 원 이하	40%	2,594만 원
10억 원 이하	42%	3,594만 원
10억 원 초과	45%	6,594만 원

☞ 과세표준이 2억 원인 경우 한계세율은 38%이고 누진공제액은 1,994만 원이므로 '2억 원×38%-1,994만 원'식으로 세금을 계산하면 5,606만 원의 산출세액을 계산할 수 있다.

3. 양도소득세율

양도소득세 세율은 크게 주택과 주택 외, 주식 등으로 나눠 살펴보면 다음과 같다.

구분	세율
주택	· 원칙 : 보유기간에 따른 세율 − 1년 미만 보유 : 70% − 1~2년 미만 보유 : 60% − 2년 이상 보유 : 6~45% · 예외 : 2·3주택 중과세 → 중과세 세율(기본세율+20~30%p, 2018년 4월 1일부터 적용)
주택 외	· 원칙 : 토지/상가 등 → 보유기간에 따른 세율 − 1년 미만 보유 : 50% − 1~2년 미만 보유 : 40% − 2년 이상 보유 : 6~45%(앞의 종합소득세율과 같은 구조) · 예외 : 비사업용 토지 → 중과세 세율(16~55%, 2017년부터 적용)
주식	10~25%(중소기업주식), 기타 20~30%
기타자산	6~45%(골프회원권, 특정주식 등)

☞ 2년 이상 보유한 상가의 과세표준이 1억 원인 경우 '1억 원×35%-1,544만 원'식으로 세금을 계산하면 1,956만 원의 산출세액을 계산할 수 있다.

4. 취득세율

유상취득과 무상취득으로 나눠 취득세율을 살펴보면 다음과 같다.

유상		무상		
주택	1~12% (다주택자는 취득세 중과세가 적용됨)	상속	농지	2.3%
			농지 외	2.8%
주택 외	4%	증여	일반	3.5%(다주택 증여 12%)
			비영리법인	2.8%

* 취득세 외 농어촌특별세와 지방교육세가 별도로 부과될 수 있다. 단, 전용면적 85㎡ 이하인 주택의 경우에 농어촌특별세는 면제된다.

5. 법인세율

법인세율은 다음과 같은 구조로 되어 있다.

과세표준	세율
2억 원 이하	9%
2억~200억 원 이하	19%
200억~3,000억 원 이하	21%
3,000억 원 초과	24%

☞ 위의 2, 3, 5에 대해서는 지방소득세 10%가 추가된다.

Tip 최근 상속·증여 관련 주요 개정세법

최근의 개정세법 내용을 소개하면 다음과 같다.

1. 상속세·증여세 신고세액공제율 인하
2019년 이후의 상속·증여신고 시 적용되는 신고세액공제율이 5%에서 3%으로 인하되었다.

2. 상속·증여재산가액의 평가방법 변경
① 증여재산 시가 평가기간 확대
증여세 과세 시 시가 평가기간을 증여일 전 3개월에서 6개월로 3개월 연장했다.

② 시가 적용기준 명확화
유사 재산에 대해 매매사례가액을 적용할 때 평가기준일과 가장 가까운 날에 해당하는 가액을 적용하나, 그 가액이 둘 이상인 경우 평균액을 적용하도록 했다. 또한 공동주택의 경우 기준시가의 차이가 가장 적게 나는 것을 매매사례가액으로 하도록 했다.

③ 평가기간 경과 후 발생한 매매사례가액 등 시가 인정절차 마련
상속·증여재산 평가기간 후 법정결정기한(상속은 9개월, 증여는 6개월) 동안 매매사례가액 등이 발견된 경우 평가심의위원회의 심의를 거쳐 이를 시가로 본다.

3. 취득세 과세표준 인상
2023년부터 증여(상속은 제외)에 대한 취득세 과세표준이 시가표준액에서 시가상당액으로 인상되었다(단, 시가표준액 1억 원은 제외).

상속·증여와
절세원리

상속세와 증여세 비교

상속세와 증여세는 재산이 무상으로 이전되는 경우에 부과되는 세목이다. 상속세는 사람이 운명해서 남긴 유산에 대해, 증여세는 살아생전에 자녀 등에게 재산을 넘겨줄 때 부과된다. 상속세는 상속순재산이 10억 원 이하이면, 증여세는 수증자(증여를 받은 자)에 따라 배우자 6억 원, 성년자 5,000만 원 이하이면 부과되지 않는다. 이하에서 이 둘의 세금항목을 비교해보자.

Case | 자료가 다음과 같을 때 상속세와 증여세를 계산하라.

상속세자료	증여세자료
· 상속재산가액 : 14억 원 · 상속공제 : 10억 원 · 상속인은 4명으로 각각 25%씩 배분됨. · 세율 : 10~50%	· 증여금액 　- 수증자 1 : 1억 원 　- 수증자 2 : 1억 원 · 모두 부친으로부터 증여를 받음. · 수증자는 모두 성년자에 해당함. · 세율 : 10~50%

Solution | 위의 자료에 맞춰 상속세와 증여세를 계산하면 다음과 같다.

상속세	증여세	
	수증자 1	수증자 2
상속재산가액　　14억 원 － 상속공제　　　10억 원 ＝ 과세표준　　　 4억 원 ×세율(10~50%) ＝ 산출세액　7,000만 원*1	증여재산가액　　 1억 원 － 증여공제 5,000만 원 ＝ 과세표준 5,000만 원 ×세율(10~50%) ＝ 산출세액　　500만 원*2	증여재산가액　　 1억 원 － 증여공제 5,000만 원 ＝ 과세표준 5,000만 원 ×세율(10~50%) ＝ 산출세액　　500만 원

*1 4억 원×20%-1,000만 원(누진공제) = 7,000만 원
*2 5,000만 원×10% = 500만 원

※ 상속세와 증여세 특징 비교

• 상속세

☑ 상속재산가액에서 상속공제를 차감한 과세표준에 세율(10~50%)을 곱해 산출세액을 계산한다.

☑ 상속세는 피상속인의 유산총액에 과세하는 형식을 취하고 있다(유산과세형).

☑ 상속세 납세의무자는 대표상속인이 된다.

• 증여세

☑ 증여재산가액에서 증여재산공제를 차감한 과세표준에 세율(10~50%)을 곱해 산출세액을 계산한다.

☑ 증여세는 상속세와는 달리 수증자가 취득한 재산가액에 과세하는 형식을 취하고 있다(취득과세형).

☑ 증여세의 납세의무자는 각 수증인이 된다.

구분	상속세	증여세
과세유형	· 유산과세형	· 취득과세형
과세방법	· 피상속인의 유산총액에 대해 과세	· 수증인이 취득한 재산가액에 대해서 과세
납세의무자	· 대표상속인(상속한도 내 연대책임)	· 각 수증인

상속세와 증여세의 절세법을 정리하면 다음과 같다.

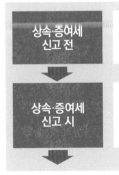

상속·증여세 신고 전
· 상속세나 증여세가 얼마 나올지를 예상할 수 있어야 한다.
· 생각보다 세금이 많이 나올 것으로 예상되면 대안을 마련한다. 대안은 세무전문가와 함께 만들도록 한다.

상속·증여세 신고 시
· 상속세는 상속개시일이 속하는 달의 말일부터 6개월 내에 신고 및 납부한다(상속에 의한 취득세도 동일).
· 증여세는 증여일이 속하는 달의 말일부터 3개월 내에 신고 및 납부한다(증여에 의한 취득세도 동일).

상속·증여세 신고 후	· 상속이나 증여로 받은 부동산을 처분 시 취득가액은 상속·증여 당시의 취득가액으로 한다. 따라서 양도소득세를 절세하기 위해서는 미리 시 가(감정평가)로 신고가 되어 있어야 한다. · 신고 후에는 상속세와 증여세 신고를 확정하기 위한 조사가 진행된다 (상속세와 증여세는 정부부과세목에 해당한다). · 고액상속인의 경우 5년간 사후관리를 한다.

※ 상속·증여세 절세법 요약정리

☑ 상속세와 증여세는 규제사항이 많고 관련 세금도 크기 때문에 반드시 세무전문가를 통해 일 처리를 하도록 한다.

☑ 상속은 사전증여시기 등을 고려해 계획적으로 대비되어야 한다. 10년 합산과세제도에 특히 유의한다.

☑ 상속세와 증여세 계산구조에 밝아야 한다.

☑ 상속·증여재산가액을 어떻게 평가하는지 이해한다(원칙 : 시가, 예외 : 기준시가).

☑ 활용할 수 있는 공제제도를 확인한다.

☑ 상속 후의 재산처분 시 세무상 쟁점 등을 확인한다.

실전연습   서울 강동구에 거주하고 있는 심길수 씨는 최근에 아버지로부터 상속받은 토지를 상속개시일로부터 3개월이 되는 날에 잔금을 수령하고 이를 양도했다. 총거래금액은 5억 원이다. 이 경우 양도소득세는 얼마나 나올까?

위의 물음에 대해 순차적으로 답을 찾아보자.

STEP1 핵심포인트

심씨는 상속받은 토지를 상속개시일로부터 3개월 내에 처분했다. 이 경우 양도소득세를 계산할 때 양도가액에서 차감되는 취득가액을 어떻게 산정할 것인지가 핵심포인트가 된다.

STEP2 세법규정 검토

상속세 및 증여세법(이하 '상증법')에서는 상속개시일 전후 6개월 내의 매매사례가액(여기서는 처분가액)을 상증법상 시가로 본다. 따라서 사례처럼 상속이 발생하는 때로부터 3개월 내 처분된 가격 5억 원이 양도소득세 계산 시 취득가액이 된다.

STEP3 결론은?

심씨가 처분하는 토지는 원래 양도소득세가 나온다. 하지만 사례의 경우 양도가액 5억 원에서 취득가액 5억 원을 차감하므로 양도차익은 0원이 되어 양도소득세가 발생하지 않는다.

 돌발 퀴즈!

만일 토지 외에 상속재산가액이 7억 원이라면 상속세는 증가될 수 있는가?

그럴 수 있다. 토지를 합한 상속재산가액이 12억 원이 되기 때문이다. 따라서 양도소득세 절세를 위해 빨리 처분하는 것도 괜찮지만, 상속세의 증가가 예상될 수 있으므로 이러한 문제를 고려해서 의사결정을 내리는 것이 좋다.

Tip 상속세와 증여세 총정리

상속세와 증여세의 개념 등을 비교하면 다음과 같다.

구분	상속세	증여세
개념	사망에 의해 유산이 무상으로 이전	생전에 재산을 무상으로 이전
과세대상	상속개시일 현재 피상속인의 모든 재산(부채포함)	증여일 현재의 증여재산
납세의무 성립시기	상속개시일(운명일)	증여일
납세의무자	상속인	수증인
과세표준	상속재산가액 – 상속공제 = 과세표준	증여재산가액 – 증여재산공제 = 과세표준
세율	10~50%(5단계 누진세율)	좌동
면세점	다음 금액 이하 시는 세금 없음 · 배우자 생존 시 : 10억 원 · 배우자 부존 시 : 5억 원	다음 금액 이하 시는 세금 없음. · 배우자 간 증여 : 6억 원 · 직계비속 간 증여 : 5,000만 원 (미성년자 2,000만 원)

상속·증여세 과세대상과 신고절차, 국세부과제척기간

상속세와 증여세 과세대상, 신고절차, 국세부과제척기간, 그리고 경정청구제도 등에 대해 알아보자. 이러한 내용들을 기본적으로 알아둬야 실력을 키우는 데 도움이 된다.

1. 과세대상

① 상속세

일단 상속세 과세대상이 되는 상속재산의 범위는 피상속인(사망자)이 거주자인가, 비거주자인가에 따라 달라진다. 여기서 거주자는 국적을 불문하고 국내에 주소를 두거나 183일 이상 거소를 둔 사람을 말하며, 그렇지 않은 사람을 비거주자라고 한다.

구분	상속재산의 범위
· 거주자가 운명한 경우 · 비거주자가 운명한 경우	· 거주자의 국내·외 모든 상속재산 · 국내에 소재한 비거주자의 모든 상속재산

상속세는 상속인 각자가 받은 재산비율에 따라 이를 부담하며, '상속재산-부채-상속납부액'을 한도로 연대납부책임을 진다.

② 증여세

증여세는 증여를 받은 사람(이를 수증자라고 한다)이 내는 세금이다. 따라서 수증자가 거주자인지, 아닌지에 따라 다음과 같이 납세의무의 범위가 결정된다.

구분	증여재산의 범위
· 거주자가 수증자인 경우 · 비거주자가 수증자인 경우	· 거주자가 증여받은 국내·외의 재산 · 비거주자가 증여받은 재산 중 국내에 소재한 모든 재산

☞ 비거주자의 상속·증여세 문제는 부록을 참조하자.

증여세는 수증자가 납부해야 하나 수증자가 납부할 능력이 없는 경우에는 증여자가 연대납부의무를 진다.

2. 신고절차

상속세와 증여세 신고절차를 알아보자.

세목	신고절차
상속세	· 신고 및 납부기한 : 상속개시일이 속하는 달의 말일부터 6개월 이내 · 관할세무서 : 피상속인 주소지 소재 관할세무서 · 세액결정 : 관할세무서장은 과세표준신고기한으로부터 9개월 이내에 상속세의 과세표준과 세액을 결정해서 상속인에게 통지 · 고액상속인에 대한 사후관리 : 상속재산가액이 30억 원 이상인 경우로서 상속개시일부터 5년 이내에 상속인이 보유한 재산가액이 상속개시 당시보다 현저히 증가한 경우 ※ 신고서류 · 상속세 신고서 · 채무/장례비 등 입증서류 등
증여세	· 신고기한 : 증여받은 날이 속하는 달의 말일부터 3개월 이내 · 관할세무서 : 수증자 주소지 소재 관할세무서 · 세액결정 : 관할세무서장은 과세표준신고기한으로부터 6개월 이내에 증여세의 과세표준과 세액을 결정해서 수증인에게 통지 ※ 신고서류 · 증여세 신고서 등

☞ 세법상 상속시기는 상속이 개시된 날(사망일)이 되며, 증여시기는 부동산은 소유권이전등기신청서 접수일, 동산은 인도한 날, 보험은 보험사고가 발생한 날이 된다.

3. 국세부과제척기간

상속세와 증여세 등에 대한 국세부과제척기간은 보통 10년 또는 15년이 된다. 탈세나 무신고 또는 허위신고는 15년간 세금을 추징할 수 있으나 기타의 경우는 10년이다. 다만, 탈세목적으로 은닉한 재산가액이 50억 원을 초과하는 경우에는 과세관청이 그 사실을 안 날로부터 1년 이내에 추징할 수 있다. 이를 정리하면 다음과 같다.

세목	원칙	특례
상속·증여세	– 15년간(탈세·무신고·허위신고 등) – 10년간(이외의 사유)	· 상속 또는 증여가 있음을 안 날로부터 1년(탈세로써 제삼자 명의보유 등으로 은닉재산이 50억 원 초과 시 적용)
이 외의 세목	– 10년간(탈세) – 7년간(무신고) – 5년간(이 외의 사유)	· 조세쟁송에 대한 결정 또는 판결이 있는 경우, 그 결정(또는 판결)이 확정된 날로부터 1년이 경과하기 전까지는 세금부과가 가능함.

4. 경정 등의 청구 특례

상속세나 증여세를 신고한 뒤에 다음과 같은 사유가 발생하면 경정청구 등을 통해 환급을 신청할 수 있다(상증세법집행기준 79-81-1).

참고로 일반적인 경정청구기간은 5년(2015년 이후부터 5년으로 확대)이다. 단, 일반적인 부과제척기간 5년에 임박해서 경정청구하는 경우 시간이 촉박하므로 경정청구일로부터 2개월만큼 부과제척기간이 추가된다(2017년 개정세법).

구분	청구기간	청구사유
상속세	사유발생일부터 6개월 이내	① 제삼자와의 분쟁으로 인한 상속회복 청구소송의 확정판결이 있어 상속개시일 현재 상속인 간에 상속재산가액이 변동된 경우 ② 상속개시 후 1년이 되는 날까지 상속재산이 수용·경매·공매되어 그 가액이 상속세과세가액보다 하락한 경우 ③ 상속개시 후 1년이 되는 날까지 할증평가한 주식을 일괄해서 매각함으로써 최대주주 등의 주식 등에 해당되지 아니하는 경우
증여세	사유발생일부터 3개월 이내	· 5년의 부동산 무상사용기간 중 다음의 사유로 해당 부동산을 사용하지 않게 된 경우 – 부동산 소유자로부터 해당 부동산을 상속·증여받은 경우 – 부동산 소유자가 운명하거나 당해 토지를 양도한 경우 – 부동산 소유자가 당해 부동산을 무상으로 사용하지 않게 된 경우

금융자산과 상속·증여 절세원리

금융자산(金融資産)은 부동산과는 달리 유동성이 우수해 언제든지 편법적인 상속이나 증여의 수단으로 활용될 가능성이 높다. 이러한 특성으로 인해 상속세나 증여세 세무조사 시 타깃이 되기도 한다. 따라서 상속세나 증여세 등의 세무조사에서 세금을 추징받지 않기 위해서는 금융자산 관리를 철저히 해야 한다.

Case | 서울 강남구 논현동에 거주하고 있는 사철수 씨는 이번에 다음과 같이 계좌이체를 했으나 수증자들은 증여세 신고를 하지 않았다. 신고를 하지 않아도 문제가 없는가?

| 자료 |
① 배우자에게 5억 원을 이체
② 자녀에게 각각 1억 원씩 이체
③ 자녀에게 전세보증금 10억 원을 이체

Solution | 위의 물음에 순차적으로 답을 찾아보자.

① 배우자에게 이체한 돈은 일단 증여로 추정되므로 증여가 아님을 입증하지 못하면 증여세가 부과된다. 다만, 배우자로부터 세금 없이 증여받을 수 있는 금액은 10년간 6억 원이므로 사례의 경우 증여세는 없다고 할 수 있다.

돌발 퀴즈!

만약 배우자가 사씨에게 5억 원을 증여하면 비과세를 받을 수 있는가?

맞증여의 경우에도 6억 원까지 공제를 받을 수 있으니 비과세를 받을 수 있다.

② 자녀에게 이체한 돈이 1억 원씩이므로 일단 증여로 추정된다. 따라서 증여가 아님을 입증하지 못하면 이에 대해서는 증여세가 부과될 가능성이 높다. 성년자의 경우에는 10년간 5,000만 원(2024년부터 혼인·출산 증여공제 1억 원이 신설됨)까지 증여재산공제가 적용되므로 이를 초과한 금액은 증여세 과세대상이 된다.

돌발 퀴즈!

만약 증여를 받은 자녀가 증여세를 신고하지 않으면 어떻게 될까?

과세당국의 조사가 있지 않으면 이를 적발될 가능성이 거의 없다.

③ 전세보증금에 대한 자금출처조사가 진행되면 이 금액에 대해서는 증여로 추정될 수 있다. 따라서 만일 이에 대해 증여가 아님을 입증하지 못하면 증여세가 부과될 수 있다.

☞ 과세당국에서는 전세보증금(최근 10억 원 이하로 확대)에 대해 자금출처조사를 진행한 바 있다.

돌발 퀴즈!

만일 이러한 상황에서 금전소비대차계약서(일명 차용증)를 작성해두었다면 이를 인정받을 수 있을까?

금전소비대차 또는 증여에 해당되는지는 당사자 간 계약, 이자지급사실,

차입 및 상환 내역, 자금출처 및 사용처 등 구체적인 사실을 종합해서 관할세무서장이 판단할 사항에 해당한다. 따라서 이를 인정할 것인지, 아닌지는 사실판단을 거쳐야만 답을 찾을 수 있다. 즉, 관할세무서장의 판단에 따라 그 결과가 달라질 수 있다.

Consulting | 금융자산이 상속, 증여, 매매에 세무상 어떤 영향을 미치는지 요약하면 다음과 같다.

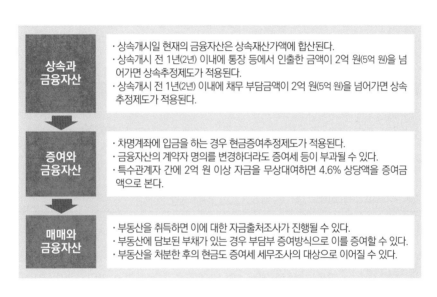

상속과 금융자산
· 상속개시일 현재의 금융자산은 상속재산가액에 합산된다.
· 상속개시 전 1년(2년) 이내에 통장 등에서 인출한 금액이 2억 원(5억 원)을 넘어가면 상속추정제도가 적용된다.
· 상속개시 전 1년(2년) 이내에 채무 부담금액이 2억 원(5억 원)을 넘어가면 상속추정제도가 적용된다.

증여와 금융자산
· 차명계좌에 입금을 하는 경우 현금증여추정제도가 적용된다.
· 금융자산의 계약자 명의를 변경하더라도 증여세 등이 부과될 수 있다.
· 특수관계자 간에 2억 원 이상 자금을 무상대여하면 4.6% 상당액을 증여금액으로 본다.

매매와 금융자산
· 부동산을 취득하면 이에 대한 자금출처조사가 진행될 수 있다.
· 부동산에 담보된 부채가 있는 경우 부담부 증여방식으로 이를 증여할 수 있다.
· 부동산을 처분한 후의 현금도 증여세 세무조사의 대상으로 이어질 수 있다.

위에서 '상속추정제도'란 상속개시 전에 인출한 돈들의 용도가 불명확한 경우, 상속인들에게 용도를 입증하게 해서 입증이 안 된 금액을 상속재산가액에 합산하는 제도를 말한다. 한편 '현금증여추정제도'는 차명계좌에 입금된 금전을 증여로 추정하는 제도를 말한다. 이 두 제도는 일종의 편법 상속과 증여를 예방하는 성격을 가지고 있다.

※ 금융자산 관리방안

금융자산은 다음과 같은 과정을 거쳐 노출된다. 따라서 지급명세서 제출 전에 금융자산에 대한 관리방안을 만들어 시행하는 것이 좋다.

금융기관	이자·배당소득 지급명세서 국세청에 제출

▼

국세청	위 지급명세서를 국세청 전산망인 TIS*에 입력

▼

일선 세무서	일선 세무서에서는 TIS상의 자료를 출력해서 조사 등에 활용

* TIS(국세청 통합시스템, Tax Integrated System)은 개인 및 세대구성원에 대해 다음과 같은 세금정보를 보유하고 있다. 이러한 정보도 자산관리를 위해 필수적으로 알아야 한다.

소득·소비	자산·부채
· 원천징수 되는 모든 종류의 소득 · 신용카드 매출내역 및 사용 실적 (해외 사용실적 포함) · 세금계산서와 POS에 의한 매출, 매입 실적 · 연말정산관련 자료 : 보험료, 개인연금저축, 연금저축, 퇴직연금, 교육비, 직업훈련비, 의료비, 신용카드, 현금영수증 사용금액 등	· 주식 취득 및 보유현황 · 지방세 중과 대상인 고급주택, 고급선박, 별장 등 보유현황 · 자동차 보유현황 · 부동산의 취득 및 보유현황(상속, 증여, 매매 등) · 부동산 임대현황 · 외국환 매각자료, 해외 송금 자료

실전연습

현재 40세인 K씨가 상가겸용주택(시가 7억 원) 구입을 고려하고 있다. 부친에게는 4억 원 정도를 차용하려고 한다. K씨는 이 돈을 차입한 후 이자는 매월 지급하되, 원금은 자금 여력이 될 때 순차적으로 상환하려고 한다. 이러한 상황에서 원금상환기간이 늦어질 수 있는데, 이 경우 증여세 과세문제는 없는지 궁금하다. K씨에게 조언을 한다면?

위와 같은 사례는 가족 간에 돈 거래를 할 때 자주 볼 수 있다. 그렇다면 K씨는 어떻게 하는 것이 걱정거리를 줄일 수 있는지 차근차근 알아보자.

STEP1 쟁점은?

K씨가 아버지로부터 조달한 4억 원이 차입거래로 인정받을 것인지, 증여로 보게 될 것인지의 여부와 원금상환이 늦어진 경우 이를 자금의 무상사용으로 볼 수 있는지의 여부다.

STEP2 세법규정은?

원래 직계존비속 간 금전소비대차(돈을 빌려주는 것)는 원칙적으로 인정받지 못한다. 다만, 사실상 금전소비대차계약에 의해 자금을 차입해서 사용하고 추후 이를 변제하는 사실이 이자 및 원금변제에 관한 증빙, 채권자확인서 등에 의해 확인되는 경우에는 차입으로 인정받아 증여세과세 문제가 없다. 한편 금전소비대차가 인정되는 경우에도 금전을 무상으로 또는 적정이자율(4.6%)보다 낮은 이자율로 대부받은 경우에는 그 금전을 대부받은 날에 무상으로 대부받은 금액에 적정이자율(4.6%)을 곱한 가액 등을 증여받은 것으로 보아 증여세 과세대상으로 하고 있다. 다만, 이렇게 계산한 금액이 매년 1,000만 원에 미달한 경우에는 이 규정을 적용하지 않는다. 따라서 대략 2억 원 이하 정도 무상대여해도 문제가 없다.

STEP3 결론은?

K씨가 부친으로부터 받은 돈은 금전소비대차거래에 해당될 가능성이 높다. 따라서 이 거래와 관련해서 과세관청의 소명요구가 있는 경우에 원리금 상환내역 등 최대한 금전소비대차임을 입증할 수 있는 객관적인 근거를 확보해서 제출하면 문제가 없은 것으로 보인다.

1. 금전소비대차계약서는 반드시 구비되어 있어야 하는가?

그렇지 않다. 아래의 심판례를 참고하자.

> ※ 조심2011서252, 2011. 08. 09
>
> 차용증서 없이 금전소비대차한 경우라도 실제로 상환하였다면 금융
> 거래를 통하여 변제된 객관적 사실만큼 구체적인 것은 없다고 할 것
> 이므로 이 건도 금전소비대차로 인정함이 타당하다.

2. 가족 간에 상호필요에 따라 자금을 융통했다고 하자. 이 경우에도 증여로 봐야
   하는가?

그렇지 않다. 가족 간 상호필요에 따라 자금을 융통한 것으로 보이는 금
액은 금전소비대차로 보아 현금증여액에서 차감하는 것이 타당하다(조심
2010서1622, 2010. 10. 11).

 Tip 상속·증여에서 금융거래 증빙이 중요한 이유

상속·증여에서 금융거래 증빙이 중요한 이유는 다음과 같다.

☑ 상속개시 전에 자금을 인출해서 사용한 경우 상속추정제도가 적용되기 때문이다.

☑ 차명계좌에 입금 시 이를 증여로 추정하기 때문이다.

☑ 부채 등을 입증해야 할 때 유리하기 때문이다.

※ 금전소비대차계약서

금전소비대차계약서는 돈을 빌릴 때 작성하는 일명 차용증을 말한다. 자금거래를 할 때 이러한 계약서를 써두면 나중에 이에 대한 입증을 할 때 매우 요긴하게 사용할 수 있다. 최근에는 문서감정기 등을 동원해 이 계약서의 진실성을 파악하기 때문에 돈 거래 당시에 작성을 해두는 것이 안전하다.

금전소비대차계약서(일명 차용증)

대여인 _____(이하 "갑"이라 함)과
차용인 _____(이하 "을"이라 함)은

아래와 같이 금전소비대차 계약서를 작성하고 각 조항을 확약한다.

제1조【거래조건】
(1) 대여금액 : _____원
(2) 대여기간 : 20 년 월 일부터 20 년 월 일까지
(3) 대여이자율 : 대여금에 대한 이자는 상증법에서 정하고 있는 당좌대월이자
　　(4.6%)로 지급할 것을 약정한다.

제2조【상환방법】 상환일 만료일에 전액 상환하다.

제3조【이자지급방법】 이자지급은 20 년 월 일로 한다.

20 년 월 일

대여인(갑) 성 명 : 　　　　　　　　(인)
　　　　　　주 소 :
　　　　　　사업자등록번호 :

차용인(을) 성 명 : 　　　　　　　　(인)
　　　　　　주 소 :
　　　　　　주민등록번호 :

※저자 주 : 금전소비대차계약은 금전거래가 일어나기 전에 작성하고, 금액이 큰 경우에는 공증을 받아두는 것이 안전하다. 이 외에도 약정한 이자를 제대로 수수하는 것도 중요하다.

부동산과 상속·증여 절세원리

부동산은 상속에 있어서 매우 중요한 자산이 된다. 상속이 발생하거나 또는 상속이 임박해서 부동산이 처분되거나 증여가 되면 관련 세금이 매우 많이 나오기 때문이다. 이하에서는 부동산과 관련된 상속·증여에 대한 절세원리를 살펴보고자 한다.

Case | 서울 종로구에 거주하고 있는 이기수 씨의 보유재산 중 부동산에 대한 정보가 다음과 같다. 아래 물음에 답하면?

종류	시가	기준시가	비고
단독주택	10억 원	7억 원	
토지	5억 원	2억 원	
상가	100억 원	40억 원	
사업용 자산	5억 원	1억 원	
계	120억 원	50억 원	

☞ **물음 1** : 시가와 기준시가로 상속세 산출세액을 계산하면 얼마인가? 단, 상속공제액은 10억 원이라고 가정한다.

☞ **물음 2** : 만약 상속개시일로부터 6개월이 지난 후에 상가를 100억 원에 양도하는 경우 양도소득세는 얼마나 낼까? 단, 세율은 6~45%를 적용하며, 장기보유특별공제와 기본공제 등은 적용하지 않는다.

Solution | 앞의 물음에 순차적으로 답을 찾아보자.

· 물음 1의 경우

구분	시가	기준시가
상속재산가액	120억 원	50억 원
− 상속공제	10억 원	10억 원
= 과세표준	110억 원	40억 원
×세율	50%	50%
− 누진공제	4억 6,000만 원	4억 6,000만 원
=산출세액	50억 4,000만 원	15억 4,000만 원

☞ 기준시가로 신고할 수 있다면 일단 상속세를 줄일 수 있다.

· 물음 2의 경우
양도소득세는 양도가액에서 취득가액 등을 차감한 과세표준에 세율을 곱해 계산한다.

구분	시가로 상속세를 신고한 경우	기준시가로 상속세를 신고 한 경우
양도가액	100억 원	100억 원
− 취득가액	100억 원	40억 원
=과세표준	0원	60억 원
×세율	6~45%	6~45%
=산출세액	0원	26억 3,406만 원(과세표준×45%−6,594만 원)

* 상속 부동산의 장기보유특별공제 적용 : 상속개시일~양도일까지의 보유기간에 해당하는 공제율
상속 부동산의 세율 적용 : 피상속인(사망자)의 취득일~양도일까지의 보유기간에 해당하는 세율(2년
이상 시 6~45% 적용 가능)

☞ 앞의 물음 1과 물음 2를 종합하면 기준시가로 상속세를 신고하는 것이 다소 유리한 것으로 보인다. 다만, 실무에서는 그 반대의 경우도 나올 수 있으므로 정교한 분석이 필요하다. 참고로 부동산을 시가로 신고할 수 있는 경우는 상속개시일 전후 6개월(유사한 자산은 6개월 전~신고일) 내에 매매사례가액, 감정가액 등이 있는 경우에 한한다.

【추가분석】

앞의 물음 1의 연장선상에서 배우자가 상속을 1/2만큼 받으면 상속세는 얼마가 되는가? 이 경우 배우자상속공제를 제외한 기본상속공제액은 5억 원이라고 하자. 이 씨의 상속인에는 배우자와 자녀 3명이 있다(배우자의 법정상속지분은 1.5/4.5가 됨).

이 추가 분석사례는 좀 어려운 부분에 속한다. 배우자상속공제를 이해하지 못하면 이를 계산해낼 수 없기 때문이다. 따라서 배우자상속공제제도를 정확히 이해하지 못하는 경우라면 뒤의 해당 부분을 공부한 후에 이 부분을 보기 바란다.

이하는 배우자상속공제를 이해한 경우를 상정해서 계산내용을 보도록 한다.

구분	시가	기준시가
상속재산가액	120억 원	50억 원
−기본상속공제	5억 원	5억 원
−배우자상속공제	30억 원*1	16억 6,666만 원*2
=과세표준	85억 원	28억 3,334만 원
×세율	50%	40%
−누진공제	4억 6,000만 원	1억 6,000만 원
=산출세액	37억 9,000만 원	9억 7,336만 원

1 Min[배우자가 실제로 상속받은 재산가액, 배우자상속공제 한도액] = Min[60억 원, 30억 원] = 30억 원
　* 배우자상속공제 한도액 = Min[120억 원×1.5/4.5=40억 원, 30억 원] = 30억 원

2 Min[배우자가 실제로 상속받은 재산가액, 배우자상속공제 한도액] = Min[25억 원, 16억 6,666만 원]
　= 16억 6,666만 원
　* 배우자상속공제 한도액 = Min[50억 원×1.5/4.5 = 16억 6,666만 원, 30억 원] =16억 6,666만 원

Consulting | 부동산에 대한 상속·증여와 관련된 절세원리는 다음과 같이 정리할 수 있다.

상속과 부동산	· 상속개시일 현재의 부동산은 상속재산가액에 합산된다. · 상증법상 부동산 평가는 시가(유사시가 포함)를 원칙으로 해야 하나, 시가가 없는 경우에는 기준시가로 할 수밖에 없다. · 배우자가 상속재산을 많이 받으면 배우자상속공제를 최대 30억 원까지 받을 수 있다.
증여와 부동산	· 재산종류별로 증여방법을 이해할 필요가 있다. · 부채가 있는 경우 부채를 포함해 증여를 하면 절세할 수 있다. · 배우자 간에 증여한 후 10년(2022년 이전 증여분은 5년) 후에 양도하면 양도소득세를 절세할 수 있다(다음 실전연습 참조).
매매와 부동산	· 부동산을 취득하면 이에 대한 자금출처조사가 진행될 수 있다. · 부동산에 담보된 부채가 있는 경우 부담부 증여방식으로 이를 증여할 수 있다. · 부동산을 처분한 후의 현금도 증여세 세무조사의 대상으로 이어질 수 있다.

※ 부동산의 상속·증여 절세원리

☑ 세법상 재산평가방법에 관심을 둬야 한다.

☑ 배우자상속공제를 적극적으로 검토한다.

☑ 지분 등을 고려해서 사전에 증여해두는 것이 좋다.

☑ 향후 재산처분 시 양도소득세와의 관계도 고려해둘 필요가 있다.

☑ 상속세 납부대책을 마련해둘 필요가 있다.

실전연습 | 부산광역시에 거주하고 있는 성광주 씨는 1980년대 1,000만 원에 취득한 토지의 가격이 현재 5억 원에 이르자 다음과 같이 절세방법을 찾았다.

· 해당 토지를 5억 원으로 감정평가를 받아 배우자에게 증여한다.

· 이를 증여받은 배우자는 10년(2022년 이전 증여분은 5년) 후에 양도한다.

이렇게 거래하면 양도소득세를 없앨 수 있을까? 그렇다면 증여할 때 발생되는 경비에는 어떤 것들이 있을까?

결론적으로 말하면 양도소득세를 없앨 수 있다.

증여받은 배우자의 취득가액이 5억 원에 해당하기 때문이다. 이러한 방법은 주로 취득가액이 낮거나 계약서를 분실해서 취득가액을 입증하기 힘든 때 사용할 수 있다.

이처럼 증여받은 뒤 10년 후에 양도하면 양도소득세는 줄일 수 있지만, 증여 시 발생하는 경비에는 어떤 것들이 있을까? 이를 요약해서 정리하면 다음과 같다.

☑ **감정평가수수료** : 시세에 맞춰 증여하기 위해서는 2(기준시가 10억 원 이하는 1) 이상의 감정평가법인으로부터 감정평가를 받아야 한다. 이때 수수료가 발생한다.

☑ **취득세** : 증여 시 시가상당액의 3.5% 정도 취득세가 과세된다. 다만, 시가표준액이 1억 원 이하인 부동산은 시가표준액을 과세표준으로 할 수 있다. 참고로 증여자가 2주택 이상을 보유 상태에서 조정대상지역의 기준시가 3억 원 이상인 주택을 증여받으면 12%의 취득세가 적용되고 있다(최근 정부에서는 취득세 중과세율을 12%에서 6%로 인하하는 안을 발표했지만, 국회 계류 중에 있다. 이 외에 양도소득세 단기세율 인하안도 마찬가지다. 실무 적용 시 참고하기 바란다).

☑ **기타수수료** : 이 외 채권매입에 따른 수수료, 세무대행수수료 등이 발생한다.

상속·증여 시의 취득세율(농어촌특별세 등 포함)

상속과 증여 시 취득세의 과세표준과 취득세율은 다음과 같다.

1. 과세표준

구분	개인 간의 유상거래의 경우	무상이전의 경우
과세표준	· 취득 당시의 거래가액 (실제 거래금액)	· 증여 : 시가상당액(시가표준액 1억 원 이하는 시가상당액과 시가표준액 중 선택) · 상속 : 시가표준액
적용 례	· 유상매매 · 분양 · 경매	· 상속 · 증여 · 기부 등

2023년부터 증여에 대한 취득세 과세표준이 인상되었음에 유의하기 바란다.

2. 무상 취득세율

구분		세율	비고
① 상속	농지	2.3%	이 외 농어촌특별세와 지방교육세가 부과됨.
	농지 외	2.8%	
② 상속 외(증여, 기부 등)		3.5~12%(비영리사업자는 2.8%)	

☞ 참고로 주택을 유상으로 취득하는 경우 취득가액의 1~12%에서 적용된다.

주택 증여 시 취득세율(괄호 안은 중과세가 적용되는 경우)

구분	전용면적 85㎡ 이하	전용면적 85㎡ 초과
취득세율	3.5%(12%)	3.5%(12%)
농어촌특별세율	–	0.2%(1.0%)
지방교육세율	0.3%(0.4%)	0.3%(0.4%)
계	3.8%(12.4%)	4.0%(13.4%)

사례

1. K씨는 이번에 부동산을 감정평가 받아 증여세를 신고했다. 다음 자료를 보고 취득세를 계산하면? 단, 취득세율은 3.5%로 한다.

| 자료 |
· 시세 : 5억 원
· 감정가 : 4억 원
· 기준시가 : 2억 원

2023년부터 증여에 대한 취득세 과세표준은 시가상당액(감정가액 등)이 된다. 단, 시가표준액 1억 원 이하는 시가표준액을 과세표준으로 할 수 있다. 따라서 사례의 경우 취득세는 다음과 같다.

· 취득세=4억 원×3.5%=1,400만 원

2. P씨는 아버지로부터 시가가 3억 원인 주택을 대출금 1억 원과 함께 증여를 받았다. 이러한 증여방식을 부담부 증여라고 하는데 취득세는 얼마가 되는가? 단, 취득세율은 유상의 경우 1%, 증여의 경우 3.5%라고 가정한다.

현행 지방세법에서는 부담부 증여 시 유상취득분에 대해서는 유상취득 관련 취득세율을, 무상취득분에 대해서는 무상취득 관련 취득세율을 적용하고 있다. 따라서 다음과 같이 과세표준과 취득세율이 적용된다.

부담부 증여 시의 취득세 과세

구분	유상이전분*	무상이전분
과세표준	1억 원	2억 원
세율	1%	3.5%
취득세	100만 원	700만 원

* 단, 수증자가 소득증빙을 할 수 없다면 증여로 보아 증여 관련 취득세율이 적용될 수 있다.

등기를 할 때 형식과 실질이 일치하지 않는 경우가 종종 있다. 예를 들어 상속등기를 증여등기로 하거나 증여를 양도 또는 양도를 증여등기로 하는 경우가 있다는 것이다. 이런 상황에서는 어떤 식으로 세법을 적용할지 알아보자.

Case | 서울에 거주하고 있는 심용기씨는 과거 '부동산특별조치법'에 따라 1984년 2월 등기원인을 증여로 해서 1994년 5월경에 등기접수했다. 그런데 이 부동산은 부친의 상속에 따라 등기이전한 것에 해당한다.

☞ 물음 1 : 이 물건은 증여재산으로 봐야 하는가, 상속재산으로 봐야 하는가?
☞ 물음 2 : 이 물건의 취득일은 언제인가?

Solution | 위의 물음에 순차적으로 답을 찾아보자.

· 물음 1의 경우
'부동산소유권 이전등기 등에 관한 특별조치법(부동산특별조치법)'에 의해 부동산에 대한 소유권이전등기를 하는 경우에는 사실상 취득 원인에 따라 상속이나 증여 또는 매매로 구분한다.

※ **관련 규정 : 부동산거래관리과–121, 2011.02.10.**
양도하는 토지의 보유기간 산정, 세율적용, 공익사업용 토지 등에 대한 양도소득세의 감면을 적용함에 있어 '부동산소유권 이전등기 등에 관한 특

별조치법'에 의해서 부동산소유권 이전등기를 하는 경우에 그 취득시기는 사실내용에 따라 매매재산은 대금청산일(대금청산일이 확인되지 아니하거나 불분명한 경우는 등기접수일), 상속재산은 상속개시일, 증여재산은 등기접수일로 하는 것으로서, 귀 질의의 경우 소유권 이전의 원인이 어느 것에 해당하는지는 사실관계를 종합해서 판단하는 것임.

· 물음 2의 경우
사례의 경우 소유권 이전등기의 원인이 '상속'이므로 '상속개시일(사망일)'인 1984년 2월이 취득시기가 된다. 만일 해당 물건의 등기원인이 증여에 해당되면 '등기접수일'이 되므로 1994년 5월이 취득시기가 된다.

Consulting | 등기는 누구에게 소유권이 있느냐를 공시하는 제도다. 따라서 원칙적으로 등기상의 권리자에게 소유권이 있다고 할 수 있다. 그런데 등기부등본상의 내용이 실질과 다른 경우가 있다. 이런 경우에는 세무상 문제점이 발생하는데 이를 요약하면 다음과 같다.

상속 → 증여로 등기한 경우	· 세법은 실질내용을 우선하므로 이 경우에는 증여대신 상속으로 보게 된다. · 일반적으로 상속이 증여보다 세법상 유리하므로 상속임을 입증해서 세법을 적용받도록 한다.
증여 → 양도로 등기한 경우	· 보통 증여를 양도로 등기하는 경우는 양도로 했을 때 세금이 저렴한 경우다. · 증여를 양도로 등기한 경우에도 실질과세원칙을 우선해서 적용한다.
양도 → 증여로 등기한 경우	· 보통 양도보다 증여로 하는 경우는 증여로 했을 때 세금이 저렴한 경우다. · 양도를 증여로 등기한 경우에도 실질과세원칙을 우선해서 적용한다.

이러한 문제는 법적으로 매우 중요하므로 반드시 세무전문가 등을 통해 대책을 마련하는 것이 좋다.

실전연습　　경기도 수원시에 거주하고 있는 K씨는 10년간 보유 중이던 임야를 사촌동생에게 소유권을 이전했다. 그런데 이때 대가관계는 없었지만 등기원인을 증여가 아닌 매매로 하고, 양도가액은 임의로 책정해서 등기를 접수했다. 이처럼 등기부등본상에는 등기원인이 매매로 되어 있지만, 실질이 증여가 맞다면 증여세로 신고할 수 있는가?

결론은 증여세로 신고할 수 있다.

형식보다는 실질을 우선해서 세법을 적용하기 때문이다. 즉 사례의 경우 등기원인이 매매임에도 불구하고 임야를 사촌동생에게 무상으로 이전한 경우 이는 증여에 해당한다는 것이다. 단, 실무처리 시 과세당국의 확인이 있어야 하는데 이 과정에서 다양한 마찰이 발생할 수 있다.

☞ **증여세는 어떻게 과세되는가?**

증여세는 증여재산가액에서 증여재산공제액(사례의 경우에는 1,000만 원)을 차감한 과세표준에 10~50%의 세율을 곱해 계산한다. 여기서 증여재산가액은 원칙적으로 증여일(증여등기접수일) 현재의 시가에 의하나, 시가에 해당하는 가액이 없는 경우에 기준시가(토지의 경우 개별공시지가)로 평가한다. 다만, 기준시가(환산가액 포함)로 신고하면 과세당국이 감정평가를 받아 이의 금액으로 신고가액을 경정할 수 있음에는 늘 주의해야 한다(이에 대한 자세한 내용은 99페이지를 참조할 것).

PART 02

이번 '일반인 편'에서는 상속세를 내지 않을 정도의 재산을 가지고 있거나 자주 발생하는 증여에 대한 세금처리법을 알아보고자 한다. 상속 분야에서는 기본적인 상속세 절세법, 상속순위와 상속재산 분배받는 방법, 상속등기하는 방법 등이 주요 주제가 될 것이며, 증여 분야에서는 현금 증여와 부담부 증여, 자금출처조사 등이 될 것이다. 일반인 편에서 다루고 있는 주제들은 그 뒤에서 보게 될 VVIP(재산가)나 사업자 그리고 법인들의 상속·증여세를 다루기 위한 디딤돌 역할을 하게 되므로 이에 대해 한 치의 소홀함이 없이 학습할 필요가 있다.

일반인 편

일반인의
상속 절세법

일반인의 상속업무처리법

일반적으로 상속재산이 10억 원에 미달하면 상속세는 부과되지 않는다. 그렇다면 이 정도의 재산을 가지고 있는 집안에서는 상속을 대비하지 않아도 될까? 당연히 그렇지 않을 것이다. 이하에서는 일반인들이 알아둬야 할 상속업무(상속세 포함) 처리법을 알아보자.

Case | 서울 중구에서 평생을 거주한 봉○○ 씨가 운명했다. 그가 남긴 재산과 상속인 현황 등이 다음과 같을 때 물음에 답하면?

> **| 자료 |**
> · 주택 : 시가 5억 원
> · 예금 : 1,000만 원
> · 상속인 현황 : 배우자, 자녀 2명

☞ **물음 1** : 상속세는 나오는가?
☞ **물음 2** : 주택은 언제까지 등기를 해야 하는가? 등기절차는 어떻게 되는가?
☞ **물음 3** : 이 재산은 어떤 식으로 분할되어야 하는가?

Solution | 위의 물음에 맞춰 답을 찾아보면 다음과 같다.

· 물음 1의 경우
배우자가 있는 상황에서는 상속재산이 10억 원 이하까지는 상속세가 부과되지 않는다.

구분	상속공제액	비고
배우자 생존 시	10억 원	일괄공제+배우자상속공제* * 배우자상속공제는 5억 원~30억 원 사이에서 공제됨.
배우자 부존 시	5억 원	일괄공제

· 물음 2의 경우

주택 등 부동산에 대한 등기는 상속개시일이 속한 달의 말일로부터 6개월(비거주자는 9개월) 내에 관할 등기소에서 한다. 등기를 하기 위해서는 상속인들 간에 합의된 '상속재산분할협의서'가 미리 작성되어야 한다.

· 물음 3의 경우

유언이 있으면 그에 따르고, 유언이 없는 경우에는 상속인들 간의 협의분할에 의해 분할하면 된다. 만일 이 부분이 여의치 않으면 법원의 조정 또는 판결에 따라 분할할 수도 있다.

돌발 퀴즈!

1. 만일 상속등기 기한 내에 등기를 못해 취득세를 납부하지 않으면 어떻게 되는가?

일단 무신고 가산세 20%가 있으며, 납부지연에 따른 납부지연가산세(하루 2.2/10,000)가 있다.

2. 상속등기가 안 되어 있는 부동산은 처분이 가능한가?

피상속인의 명의로 되어 있으므로 처분이 가능하지 않다. 따라서 이러한 상황에서는 상속등기를 한 후에 처분해야 한다.

Consulting 일반적으로 상속재산가액이 10억 원 이하까지는 상속세가 부과되지 않는다. 다만, 사전에 증여한 재산이 있거나 배우자가 없는 상황에서 상속이 발생하면 상속세가 나오는 경우가 있으므로 이 부분을 점검해야 한다. 상속이 발생한 경우 일반적인 업무처리 방법은 다음과 같다.

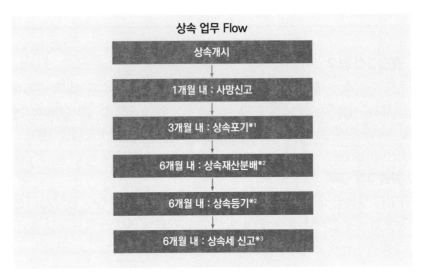

상속 업무 Flow

상속개시

↓

1개월 내 : 사망신고

↓

3개월 내 : 상속포기*1

↓

6개월 내 : 상속재산분배*2

↓

6개월 내 : 상속등기*2

↓

6개월 내 : 상속세 신고*3

*1 : 상속포기는 상속부채가 상속재산보다 많은 경우에 관할 가정법원에 신청하는 제도를 말한다. 3 개월의 기간이 주어진다. 참고로 상속개시일로부터 3개월이 지난 시점에서 부채가 발견된 경우에는 상속포기제도가 아닌 한정승인제도를 이용한다. 한정승인제도는 상속재산의 범위 내에서 상속부채를 책임지는 제도를 말한다.

*2 : 상속등기는 상속개시일이 속하는 달의 말일로부터 6개월(비거주자는 9개월) 내에 해야 하므로 원칙적으로 그 이전에 상속재산분배가 완료되어야 한다.

*3 : 상속세 신고는 상속개시일이 속하는 달의 말일로부터 6개월(비거주자는 9개월) 내에 한다. 만일 이 기간이 지난 후에는 기한 후 신고를 통해 상속세를 신고할 수 있다.

※ 상속세 신고를 해야 하는 경우(적극적 검토 요망)

상속재산가액이 10억 원(배우자 없는 경우는 5억 원)에 미달하는 경우에는 상속세 신고를 하지 않아도 된다. 하지만 다음과 같은 경우에는 상속세 신고 여부를 적극적으로 검토해야 한다.

☑ 사전에 증여재산가액이 있는 경우
☑ 유증 또는 사인증여로 상속된 재산이 있는 경우

☑ 상속포기에 의해 손자녀에게 상속재산이 이전되는 경우
☑ 향후 처분 시 양도소득세가 나올 수 있는 상속 부동산이 있는 경우 등

실전연습

서울에 사는 K씨가 운명했다. 그가 남긴 재산에는 주택 1채와 토지가 있다. 상속인에는 배우자와 자녀 3명이 있다. 상속인들은 이 재산을 어떻게 배분하고 신고하는 것이 절세에 도움이 될까? K씨의 배우자는 K씨 명의의 주택에서 그와 평생을 같이 해 왔다. 해당 토지는 임야로써 현재 시세는 5억 원이나 공시지가는 1억 원에 불과하다.

위의 물음에 따라 주택과 토지로 나눠 세금 측면에서 가장 도움이 되는 재산분배방법과 신고방법을 찾아보자.

① 주택

K씨와 그의 배우자가 함께 거주한 상속주택은 배우자가 상속받는 것이 바람직하다. 세법은 배우자가 무주택상태에서 상속을 받으면 비과세 보유기간을 당초 피상속인이 취득한 날로부터 따져 2년이면 비과세를 적용하기 때문이다.

→ 따라서 이처럼 비과세를 받을 수 있는 경우에는 상속세를 신고할 필요가 없다.

② 토지

피상속인(K씨)이 남긴 토지는 향후 양도 시 양도소득세 과세가 예상되는 부동산에 해당한다. 따라서 향후 양도소득세 계산 시 취득가액 입증이 중요한데 만일 신고를 하지 않으면 기준시가로 취득가액이 결정될 수 있다. 따라서 이러한 상황에서는 미리 시가로 신고해두는 것이 후일을 생각하면 좋다. 위의 내용을 정리하면 다음과 같다.

신고를 하지 않는 경우	기준시가로 신고하는 경우	시가로 신고하는 경우
양도가액 5억 원 – 취득가액 1억 원 = 양도차익 4억 원	양도가액 5억 원 – 취득가액 1억 원 = 양도차익 4억 원	양도가액 5억 원 – 취득가액 5억 원 = 양도차익 0원

③ 결론

상속주택은 상속세 신고가 불필요해 보이나, 상속 토지(임야)는 상속세 신고를 해두면 유리한 상황이다. 따라서 결론적으로 토지에 대해서는 신고가 필요하므로 주택도 포함해서 상속세 신고를 다음과 같이 해두도록 한다.

구분	재산평가기준	비고
주택	기준시가	향후 신고가격과 관계없이 양도소득세 비과세 가능
토지	시가(감정평가액 등)	취득가액을 시가로 해서 양도차익을 축소시킬 수 있음.

돌발 퀴즈!

앞의 토지의 경우 시가는 어떻게 구하는가?

시가는 상속일 전후 6개월(유사매매사례가액은 6개월 전~신고일) 내의 매매사례가액이나 감정평가액 등을 포함한다. 따라서 일반적으로 2(기준시가 10억 원 이하는 1) 이상의 감정평가법인의 감정을 받아 입증하면 된다.

※ 상속재산의 양도소득세 절세법

☑ 상속 시 시가로 신고하면 좋을 부동산은 향후 처분 시 양도소득세가 나올 것으로 예상되는 부동산(예 : 상가 등)이다. 따라서 비과세나 감면이 예상되는 경우에는 굳이 시가로 신고를 하지 않아도 된다.

☑ 시가는 2(기준시가 10억 원 이하는 1) 이상의 감정평가를 받아 이를 관할세무서에 신고하는 방법으로 입증하면 된다.

☑ 상속 부동산을 감정평가로 신고하면 상속재산가액이 커져 상속세 과세에 영향을 미칠 수 있다. 따라서 이 점을 고려해서 감정평가를 받는다.

▶ 감정평가와 시가 불인정 통지 안내문

상속세 등을 신고할 때 감정평가를 통해 인위적으로 상속재산 등의 크기를 줄이려는 행위가 종종 있다. 그래서 다음과 같은 규정을 두어 이러한 문제를 예방하고 있으므로 감정평가를 제대로 받는 것이 중요하다.

기 관 명

수신자
제 목 **시가 불인정 감정기관 사전통지 및 의견 제출 안내**

1. 평소 국세행정에 협조해주신 데 대해 감사드립니다.

2. 납세의무자(○○○)가 제시한 귀 감정기관의 아래 감정가액을 검토한 바, '상속세 및 증여세법 시행령' 제49조 제1항 제2호 단서(감정가액이 기준금액에 미달하는 경우 등)에 해당되어 다른 감정기관에 재감정을 의뢰한 결과, 귀 감정기관의 감정가액이 재감정기관의 **감정가액의 100분의 90에 미달해서 같은 법 시행규칙 제15조 제3항의 부실감정에 해당되므로** 귀 감정기관이 평가하는 감정가액은 향후 1년의 범위 내에서 정하는 기간동안 시가로 인정되는 감정가액으로 보지 않게 됩니다.

3. 따라서 '상속세 및 증여세 사무처리규정' 제62조 제1항에 따라 부실감정기관 지정 전에 귀 감정기관의 의견을 청취하고자 사전통지 하오니 이에 대한 의견이 있으면, 20 . . . 까지 제출해주시기 바라며, 의견을 제출하지 아니하는 경우 시가 불인정 감정기관으로 지정됨을 알려드립니다.

○ **검토 결과**

감정한 재산	〈관련 재산의 내용(종류, 수량, 소재지 등)을 정확히 기재〉			
감정서 번호				
감정평가기준일				
감정평가 금액 (원)	① 귀 감정기관의 평가금액		비율 (%)	(①/②)
	② 다른 감정기관의 평가금액 평균액			

210㎜×297㎜(신문용지 54g/㎡)

상속(증여)재산평가와 절세전략

상속세 또는 증여세를 계산할 때 가장 먼저 해야 하는 것 중의 하나가 바로 상속재산가액(또는 증여재산가액)을 평가하는 것이다. 그렇다면 상속재산은 어떤 기준에 의해 평가할까?

Case | 광주광역시에 거주한 송○○ 씨의 유산에는 주택과 토지 그리고 상가, 비상장 주식, 자동차 등이 있다. 상증법상 상속재산가액은 얼마인가?

구분	시세	비고
아파트	5억 원	· 기준시가 3억 원 · 상속개시 전 유사아파트 매매가 4억 5,000만 원
토지	1억 원	· 기준시가(공시지가) 5,000만 원
상가	2억 원	· 기준시가 1억 원
비상장 주식	?	· 세법상 평가액 1,000만 원
자동차	1,000만 원	· 중고차 가격 1,000만 원

Solution | 위의 자료에 따라 상증법상 상속재산가액을 계산하면 다음과 같다.

구분	시세	상증법상 평가액	비고
아파트	5억 원	4억 5,000만 원	유사매매사례가액 적용
토지	1억 원	5,000만 원	기준시가 적용
상가	2억 원	1억 원	기준시가 적용
비상장 주식	?	1,000만 원	세법상 평가액 적용
자동차	1,000만 원	1,000만 원	중고가격 적용
	8억 1,000만 원	6억 2,000만 원	

※ 상증법상 재산평가와 절세전략

☑ 상증법은 시가를 원칙으로 재산평가를 하도록 하고 있다.

☑ 시가가 없는 경우에는 매매사례가액 등을 적용한다.

☑ 시가로 신고하는 것이 유리한 경우에는 매매사례가액을 적극적으로 찾는다.

☑ 매매사례가액이 없는 경우에는 인위적으로 2(기준시가 10억 원 이하는 1) 이상의 감정평가를 실시해서 신고하도록 한다.

☑ 기준시가가 유리한 경우에는 굳이 감정평가를 할 필요가 없다. 다만, 실무적으로 기준시가가 20억 원(이론상 추정시가와 기준시가의 차이가 10억 원 이상인 경우 등. 상증법 사무처리규정 제72조 참조)이 넘어가는 상가 빌딩은 과세관청에서 감정평가를 받아 이의 금액으로 과세할 수 있으므로 이 부분을 검토해야 한다(단, 최근 이러한 과세행정에 대해 법원이 제동을 걸고 있으므로 반드시 전문 세무사를 통해 이 부분을 확인할 것. 이하 동일).

Consulting | 상속재산가액(또는 증여재산가액) 평가는 다음과 같은 순서대로 결정한다.

---

① 시가 → ② 유사시가(매매사례가액·감정평가액·수용가격·경매가격) → ③ 기준시가

시가는 제삼자 간에 거래되는 금액을, 유사시가는 상속일 전후 6개월·증여일 전 6개월 후 3개월 동안 해당 재산의 거래금액(이를 매매사례가액이라고 함)이나 감정평가액 등이 있는 경우 그 금액을 말한다. 단, 해당 자산에 대한 유사시가가 없으면 당해 상속 또는 증여재산과 위치 및 면적 등이 유사한 재산(예 : 동일지역 내, 기준시가와 전용면적의 차이가 ±5% 내의 재산 등)에 대해 이 제도를 확대 적용한다. 만일 이들 금액이 없으면 보충적인 평가방법에 따라 평가할 수밖에 없다. 여기서 보충적인 방법이란 부동산의 경우에는 기준시가(토지는 공시지가)와 임대료 환산가액, 기타의 경우에는 법에서 별도로 정해져 있다.

원칙적 평가방법			보충적 평가방법*
시가	유사시가		

불특정 다수인 간의 거래금액 (시장가격)	① 당해 재산에 대한 일정기간* 중 다음의 가격
	  – 매매사례가액
	  – 경매·공매·수용가액
	  * 상속·증여일 전 6개월 후 상속은 6개월·증여는 3개월(계약일 기준)
	② 위 ①의 가격이 없는 경우 위치·면적 등이 유사한 재산에 대한 일정기간* 중 다음의 가격
	  – 매매사례가액
	  – 경매·공매·수용가액
	  * 상속·증여일 전 6개월~상속세 또는 증여세 신고일까지의 기간
			· 부동산 : 기준시가,
			  임대료 환산가액
			· 기타 재산 :
			  법정
			  (이 장의 심층분석 참조)

* 부동산을 보충적 평가방법으로 평가해 상속세나 증여세를 신고하는 경우 과세관청에서 감정평가를 받은 금액으로 상속세 등이 경정될 수 있음에 유의할 것(상증법 사무처리규정 제72조 참조).

실전연습

경기도 수원시에 살고 있는 성길수 씨는 15년 전에 상속받은 부동산(토지)을 처분하고자 한다. 그런데 문제는 상속받은 부동산의 취득가액이 너무 낮아 양도소득세가 많이 나올 수 있다는 것이다. 해법은 없는가?

| 자료 |
· 양도예상가액 : 5억 원
· 상속 당시의 시가 : 5억 원(기준시가 1억 원)
· 장기보유특별공제 : 30%
· 세율 : 6~45%

위 성씨의 고민을 순차적으로 해결해보자.

STEP1 세금예측

취득가액을 시가로 계산하는 경우와 기준시가로 계산한 경우의 세금을 예측해보면 다음과 같다.

구분	시가로 신고하는 경우	기준시가로 신고하는 경우
양도가액	5억 원	5억 원
−취득가액	5억 원	1억 원
=양도차익	0원	4억 원
− 장기보유특별공제		1억 2,000만 원
− 기본공제		250만 원
=과세표준	0원	2억 7,750만 원
×세율(6~45%)		38%, 1,994만 원(누진공제)
= 산출세액	0원	8,551만 원

☞ 시가로 신고한 경우에는 양도소득세를 한 푼도 내지 않아도 된다.

STEP2 세법규정 검토

소득세법에서는 상속을 거친 부동산을 양도할 때의 취득가액은 상속 당시의 상증법상의 평가액으로 한다고 하고 있다. 즉 '시가 → 유사시가(매매사례가액, 경매가격, 수용가액, 감정평가액 등) → 기준시가' 순으로 평가를 하므로 이러한 순서에 따라 신고가액을 정해야 한다. 따라서 상속 당시에 시가가 존재함을 납세의무자가 입증하지 못하면, 일반적으로 기준시가가 취득가액이 되는 문제가 발생한다.

STEP3 분세해결

취득가액을 시가로 하기 위해서는 상속개시일 전 6개월~상속세 신고일(통상 1년) 사이에 유사한 재산이 거래된 적이 있는지 등을 조사해 매매사례가액을 찾아내는 것이 중요하다. 만일 매매사례가액 등이 없다면 기준시가에 의한 방법으로 신고해야 한다.

☞ 이러한 점 때문에 상속이 발생할 때 감정평가를 받아 이의 금액으로 신고해두는 지혜가 필요하다.

매매사례가액 등은 어떻게 조사할 수 있을까?

매매사례가액은 국토교통부의 실거래가조회 또는 국세청 홈택스의 상속/증여재산 평가하기 메뉴에서 찾아볼 수 있다. 다만, 여기서 주의할 것은 두 시스템 모두 거래내역 등록시기가 늦어 뒤늦게 매매사례가액이 발견된 경우가 많다는 것이다. 따라서 매매사례가액으로 신고하는 것보다는 감정평가를 받아 신고하는 것이 나은 대안이 되는 경우가 많다(감정평가를 받으면 해당 금액으로 신고가액이 고정되는 효과가 발생한다). 물론 감정평가가 모든 상황에서 유용한 것은 아님에 유의해야 한다(저자의 카페로 문의).

소급감정도 가능할까?

1. 현재시점에서 상속받은 때로 소급해서 감정평가를 의뢰하면 그 감정평가액으로 취득가액을 사용할 수 있을까?

일반적으로 가능하지 않다. 하지만 대법원은 소급감정도 객관적이고 합리적인 방법으로 평가한 경우라면 하나의 감정가액도 시가로 본다(대법2010두8751, 2010. 09. 30)라고 하고 있다. 참고로 과세당국은 소급감정을 인정하고 있지 않고 있다. 따라서 개별적인 소송을 통해 이 문제를 해결할 수밖에 없다.

2. 상속세는 신고하지 않았지만 미리 감정평가를 받아두었거나 매매사례가액을 찾아둔 경우 해당 금액을 향후 양도 시 취득가액으로 사용할 수 있을까?

상속재산가액은 상속개시일을 기준으로 평가하므로 상속세 신고와 관계없이 해당 가액을 취득가액으로 할 수 있다(양도, 서면인터넷방문상담4팀-158, 2008. 1. 17). 다만, 과세당국에서 기준시가로 상속재산가액을 결정을 한 경우에는 이의 금액을 수정해야 하므로 궁극적으로 관할 세무서에서 이의 금액을 경정하는 결정이 있어야 한다. 이 과정에서 상속세가 증가할 수도 있음에 유의해야 한다.

무주택자의 상속, 유주택자의 상속 그리고 절세

피상속인이 주택을 유산으로 남긴 경우에 어떤 식으로 상속재산을 분배받을 것인지, 그리고 이러한 분배와 세금의 관계는 어떻게 되는지에 대해 알아보자.

Case 서울 용산구에서 거주하던 홍○○ 씨가 운명을 달리하면서 주택 1채를 남겼다. 그의 유족에는 자녀 3명과 손자녀 6명이 있다.

☞ **물음 1** : 상속세가 나오려면 어떤 조건을 충족해야 하는가? 단, 상속공제 중 일괄공제만 고려한다.

☞ **물음 2** : 상속인은 누구이며 상속재산은 어떻게 배분되는가?

☞ **물음 3** : 향후 이 주택을 처분할 때 양도소득세는 어떻게 부과되는가?

Solution 위의 물음에 대해 순차적으로 답을 찾아보면 다음과 같다.

· **물음 1의 경우**

위의 주택가격이 5억 원 이상이 되어야 한다. 배우자가 없는 상황에서는 상속공제액이 5억 원(일괄공제)으로 축소되기 때문이다.

· **물음 2의 경우**

상속인은 자녀 3명이 된다. 한편 상속재산은 '유언 → 협의분할 → 법원 조정 등'의 순서대로 분할된다. 통상 상속인 간에 협의분할에 의해 분배하는 경우가 많다. 사례의 경우 이의가 없는 한 1/N으로 분배하는 것이 합리적이다.

이 주택을 1/N으로 하되 명의는 한 명으로 하고, 지분대가를 현금으로 주는 경우 세금관계는 어떻게 될까?

이는 세법상 양도로 보아 양도소득세 과세의 대상이 된다. 아래 예규를 참조하자.

"피상속인의 재산을 상속함에 있어서 공동상속인 중 1인이 상속을 포기한 대가로 다른 상속인들로부터 현금을 지급받는 경우에는 그 상속인의 지분에 해당하는 재산은 다른 공동상속인에게 유상이전된 것으로 본다 (재산-575, 2011. 11. 30)."

· 물음 3의 경우

추후 이 주택을 양도하면 양도소득세제도가 적용된다. 양도소득세는 일반적으로 '비과세 → 과세'순으로 검토해야 하므로, 먼저 비과세를 받을 수 있는지부터 검토하는 것이 정석이다.

비과세가 되는 경우		과세가 되는 경우
· 무주택자가 상속을 받은 경우로써 보유기간이 2년이 될 때 ☞ 1주택자가 상속을 받은 경우에는 다른 일반주택을 처분 시에 비과세함에 유의		· 장기보유특별공제 : 상속개시일 이후부터 적용 · 세율 : 피상속인의 취득일로부터 기간적용

Consulting | 상속주택은 누가 받느냐에 따라 세금관계가 달라진다. 이를 확인해보자. 참고로 상속주택은 피상속인과 상속인의 주택(지분주택 포함) 수 등에 따라 취득세와 양도소득세 등에 많은 영향을 미친다. 따라서 지분을 정하기 전에 세금관계를 파악하는 것이 좋다. 또한 주택을 상속받

은 상속인의 경우 상속주택과 일반주택을 양도할 때 처분순서에 따라 세금관계가 달라질 수 있으므로 양도 전에 반드시 이에 대한 검토를 하도록 한다.

무주택자가 상속받는 경우	· 동일세대원이 상속받은 경우 : 피상속인의 취득일로부터 양도일까지의 보유기간을 따져 비과세 여부를 판단한다. · 동일세대원이 아닌 자가 상속받은 경우 : 상속개시일로부터 양도일까지의 보유기간을 따져 비과세 여부를 판단한다.
1주택자가 상속받는 경우	· 상속주택을 먼저 양도하는 경우 : 양도소득세가 과세된다. · 일반주택을 먼저 양도하는 경우 : 비과세요건(2년 보유 등)을 갖춘 경우라면 비과세를 받을 수 있다. 단, 동일세대원이 상속을 받아 2주택이 된 경우에는 비과세를 적용하지 않는다(단, 동거봉양의 경우에는 비과세 가능).
공동상속을 받는 경우	· 공동으로 상속을 받은 경우에는 상속지분이 가장 큰 상속인(지분이 같으면 피상속인이 당해 주택에 가장 오래 거주한 기간, 거주한 기간이 같으면 피상속인이 상속 당시 거주한 주택순으로 정함)의 것으로 한다.

※ 소수지분자의 주택 수 카운트방법

상속주택을 공동으로 소유한 경우, 일반적으로 지분율이 가장 큰 사람의 주택으로 간주한다(같은 경우에는 '당해 주택에 거주한 자 → 최연장자'의 순). 따라서 소수지분자의 주택은 그의 주택으로는 간주되지 않는다. 그 결과 소수지분자가 본인이 소유하고 있는 다른 주택을 처분하더라도 소수지분 상속주택에 의해 과세의 내용이 달라지지 않는다. 즉 소수지분자는 다른 주택을 언제든지 자유롭게 처분할 수 있다(단, 2개 이상이 소수기분은 제외).

앞의 사례에서 상속주택을 1/N으로 상속받은 경우 주택 수는 어떻게 따지게 될까? 지분이 균등한 경우에 해당하므로 '① 당해 주택에 거주하는 자 → ② 최연장자'순으로 주택 수를 판정하게 된다.

실전연습

경기도 성남시에 거주하고 있는 김철민 씨는 배우자와 각각 한 채씩의 집을 보유하고 있다. 김씨는 배우자의 집을 처분해 받은 자금을 가지고 자녀에게 일부를 증여하고, 나머지 잔금으로 은퇴생활을 영위하고자 한다. 김씨가 보유한 집은 상속으로 받은 주택이다. 이러한 상황에서는 어떻게 하는 것이 세금을 아낄 수 있는 방법인가?

사례의 경우 가장 좋은 절세방법은 비과세를 받는 것이다. 그렇다면 김씨는 어떻게 해야 비과세를 받을 수 있을까?

STEP1 주택 비과세제도 이해

김씨가 주택에 대해 양도소득세 비과세를 받기 위해서는 다음의 것들 중 하나에 해당되어야 한다.

① 1세대가 1주택을 2년 이상 보유(조정지역은 2년 거주)한 경우
② 1세대가 일시적으로 2주택을 보유 및 거주한 경우(기존 주택은 3년 내 양도 요)
③ 1세대가 상속·농어촌주택 등을 포함해서 2주택을 보유한 경우

STEP2 해법 찾기

김씨와 그의 배우자가 보유한 주택은 위 ③에 해당될 수 있다. 그렇다면 아무런 주택을 먼저 처분해도 비과세를 받을 수 있을까?

아니다. 소득세법 시행령 제155조 제2항에서는 상속주택이 아닌 일반주택(2013년 2월 15일 이후 취득해서 양도하는 분부터는 상속개시 당시 보유한 주택을 말함)을 먼저 처분해야 비과세를 적용한다고 되어 있다. 따라서 사례의 경우 김씨의 배우자가 보유한 주택을 처분하면 비과세를 받을 수 있다(일반주택의 취득시점, 처분순서 등에 따라 비과세 여부가 달라짐에 유의해야 한다).

Tip 동거주택상속공제(상증법 제23조의 2)를 활용하는 절세방법

주택을 보유한 상태에서 상속이 발생하면 동거주택상속공제를 상속주택가액(담보 채무는 제외)의 100%(6억 원 한도)까지 적용한다. 다만, 다음의 요건을 충족해야 한다.

☑ 피상속인과 상속인(직계비속과 상속인이 된 직계비속의 배우자로 한정한다)이 상속개시일부터 소급해서 10년 이상(상속인이 미성년자인 기간은 제외한다) 계속해서 하나의 주택에서 동거할 것

☑ 피상속인과 상속인이 동거주택 판정기간에 계속해서 1세대를 구성하면서 대통령령으로 정하는 1세대 1주택(일시적 2주택의 경우 상속개시일 현재 피상속인과 상속인이 동거하는 주택을 동거주택으로 함)에 해당할 것

☑ 상속개시일 현재 무주택자로서 피상속인과 동거한 상속인이 상속받은 주택일 것
　예) K씨의 보유재산이 15억 원짜리 주택 한 채만 있는 경우(동거주택상속공제 제외한 상속공제액은 10억 원)
　상속재산가액 : 15억 원
　- 기본상속공제 : 10억 원
　- 동거상속주택공제 : 6억 원(15억 원×100%, 6억 원 중 작은 금액)
　= 상속세 과세표준 : 0원
　☞ 이 사례는 1세대 1주택자로서 고가주택을 보유한 상황에서 상속이 발생할 때 적용되는 절세방법에 해당한다.

영농인의 상속, 비영농인의 상속 그리고 절세

상속받은 농지는 매매나 증여로 받은 농지보다 양도소득세 감면이 폭넓게 적용되고 있다. 따라서 농지는 가급적 상속으로 이전받는 것이 좋다. 그렇다면 비영농인도 마찬가지일까? 이하에서 이와 관련된 절세법을 알아보자.

Case

충남에 거주하고 있는 유○○ 씨는 1994년 작고한 부친이 소유하던 농지가 2024년에 공공사업용으로 수용이 될 것으로 알고 세금문제를 알아보고 있다. 이 토지는 그의 부친이 8년 이상 경작을 했던 것으로 현재까지 막내 동생이 농사를 짓고 있다. 다만, 부친이 작고한 후 지금까지 상속등기를 하지 못했으며 곧 협의분할 또는 지분상속등기를 하고자 한다.

☞ 물음 1 : 협의분할 또는 법정지분 상속등기를 할 경우라도 전체를 자경농지로 보아 양도소득세 감면을 받을 수 있는가?

☞ 물음 2 : 법정지분으로 등기를 하면 실질적인 경작자의 지분에 해당하는 부분에 대해서만 자경농지에 대한 감면을 받는가?

Solution

위의 물음에 대해 순차적으로 답을 찾아보면 다음과 같다.

· 물음 1의 경우

부친이 8년 이상 자경하던 농지를 공동소유로 상속등기를 하는 경우 상속개시일 이후 3년이 지나면 1년 이상 계속해서 재촌자경한 사실이 있는 경우에만 부친의 경작기간을 포함해서 자경기간을 산정하는 것이 원칙이다. 따라서 막내 동생이 상속개시일 이후 계속 자경을 하고 있으므로 부친의 자경기간을 통산해서 자경기간이 8년 이상이 되므로 막내 동생 지분에 대해서는 감면을 받을 수 있다.

· 물음 2의 경우
만약 지분대로 상속등기가 되면 상속개시일 이후 1년 이상 계속해서 자경하지 않은 다른 상속인들의 지분에 대해서는 감면이 적용되지 않는다.

돌발 퀴즈!

만일 상속농지를 막내 명의로 등기한 다음에 양도하면 전체에 대해 자경감면을 받을 수 있는가?
그렇다. 따라서 사례의 경우에는 막내 명의로 등기를 하는 것이 바람직하다. 단, 양도 후 처분대금을 나누는 경우에는 증여에 해당될 수 있다.

☞ 영농인이 농지를 상속받으면 양도소득세 감면 측면에서 상당히 유리하다.

Consulting | 농지를 상속받은 경우에는 증여로 받는 경우에 비해 세금혜택이 많다. 이를 요약해서 정리하면 다음과 같다.

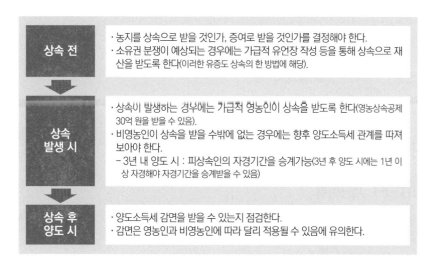

상속 전	· 농지를 상속으로 받을 것인가, 증여로 받을 것인가를 결정해야 한다. · 소유권 분쟁이 예상되는 경우에는 가급적 유언장 작성 등을 통해 상속으로 재산을 받도록 한다(이러한 유증도 상속의 한 방법에 해당).
상속 발생 시	· 상속이 발생하는 경우에는 가급적 영농인이 상속을 받도록 한다(영농상속공제 30억 원을 받을 수 있음). · 비영농인이 상속을 받을 수밖에 없는 경우에는 향후 양도소득세 관계를 따져 보아야 한다. 　－3년 내 양도 시 : 피상속인의 자경기간을 승계가능(3년 후 양도 시에는 1년 이상 자경해야 자경기간을 승계받을 수 있음)
상속 후 양도 시	· 양도소득세 감면을 받을 수 있는지 점검한다. · 감면은 영농인과 비영농인에 따라 달리 적용될 수 있음에 유의한다.

※ 영농상속공제

피상속인이 상속개시일 이전 8년 전부터 계속해서 직접 영농에 종사한 경우로 상속재산 중 농지의 전부를 영농에 종사하는 상속인이 상속받은 경우에 최고 30억 원을 공제한다. 이 공제의 한도는 종전에는 20억 원이었으나 2023년부터 30억 원으로 상향조정되었다. 참고로 이 공제와 가업상속공제가 동시에 적용되는 경우에는 하나만 선택할 수 있다.

☞ 상속농지의 절세법

☑ 상속을 받을 때에는 가급적 영농인이 상속을 받는 것이 유리할 수 있다.

☑ 상속개시일로부터 3년 내에 처분하면 상속인이 자경하지 않더라도 피상속인의 자경기간을 승계 받을 수 있다.

☑ 상속개시일로부터 3년이 경과한 후에 처분하면 상속인이 1년 이상 자경해야 피상속인의 자경기간을 승계 받을 수 있다.

실전연습 경기도 화성시에 살고 있는 이영찬 씨는 10년 전에 상속받은 농지를 처분하고자 한다. 이 농지는 자경한 농지가 아니라 감면을 받을 수 없으며 비사업용 토지에 해당한다. 자료가 다음과 같을 때 좋은 해법은 없는가?

| 자료 |
- 양도예상가액 : 5억 원
- 상속 당시의 시가 : 5억 원(기준시가 1억 원)
- 장기보유특별공제율 30% 적용
- 세율 : 16~55%

위의 이씨의 고민을 순차적으로 해결해보자.

STEP1 세금예측

취득가액을 시가로 신고하는 경우와 기준시가로 신고하는 경우의 세금을 예측해보면 다음과 같다.

구분	시가로 신고하는 경우	기준시가로 신고하는 경우
양도가액	5억 원	5억 원
–취득가액	5억 원	1억 원
=양도차익	0억 원	4억 원
–장기보유특별공제		1억 2,000만 원
–기본공제		250만 원
=과세표준	0원	2억 7,750만 원
×세율(16~55%)		48%, 1,994만 원(누진공제)
=산출세액	0원	1억 1,326만 원

이처럼 시가로 신고하는 경우에는 양도소득세를 한 푼도 내지 않아도 된다. 그런데 기준시가로 평가해서 신고하면 양도차익이 발생해서 과세가 된다. 비사업용 토지의 2년 이상 보유 시의 세율은 16~55%가 되며 장기보유특별공제도 적용된다. 이를 기준으로 계산하면 대략 1억 1,000만 원의 산출세액이 계산된다.

STEP2 솔루션(해법)

일단 취득 당시의 시가를 확인하는 것이 중요하다. 따라서 상속개시일의 전후 6개월(1년) 사이에 유사한 재산이 거래된 적이 있는지 등을 조사해 매매사례가액을 찾아내도록 한다. 만일 매매사례가액 등이 없다면 기준시가에 의한 방법으로 신고해야 한다.

☞ 이러한 점 때문에 농지는 8년 자경 감면이 매우 중요하다.

Tip 증여농지와 세무상 문제점

증여로 취득한 농지를 양도하는 경우에는 증여받은 날 이후 수증자가 자경한 기간으로 자경감면 또는 대토감면요건을 판단하는 것이므로 증여자의 자경기간과 합산해서 자경감면기간을 산정하지 아니한다. 한편 배우자나 직계존비속으로부터 토지를 증여받아 이를 10년 내에 양도하는 경우에는 이월과세제도가 적용됨에 유의해야 한다. 따라서 토지를 증여받은 경우에는 증여 후 5년(10년) 뒤에 양도하는 것이 이익이 된다.

상속등기 시 지분을 어떤 식으로 나누느냐에 따라 다양한 세금관계가 파생한다. 이하에서 이에 대해 살펴보자.

Case 2010년 6월 10일에 모친이 운명하면서 1주택을 상속재산으로 남겼으나 부득이한 사정으로 현재까지 미등기된 상태다. 상속인으로는 자녀 4인이 있으며, 2012년 6월 중에 장남이 운명해서 장남의 상속인은 그의 배우자와 자녀 2명이다. 상속개시일 전에 모친의 주택에서 거주한 상속인들은 없다.

☞ **물음 1** : 만일 상속등기를 하지 못한 경우 해당 상속주택은 세법상 누구의 소유로 보는가?
☞ **물음 2** : 만일 해당 주택을 자녀들이 공동상속으로 받는 경우 세법은 누구의 소유로 보는가?
☞ **물음 3** : 만일 해당 주택을 차남이 받는 경우로써 차남이 소유한 일반주택을 처분하면 세금이 나오는가?

Solution 위의 물음에 순차적으로 답을 찾아보면 다음과 같다.

· **물음 1의 경우**
미등기 상속주택에 대한 상속지분은 상속인들 간에 균등한 것으로 본다. 다만, 향후 협의분할에 의한 상속등기가 이루어지는 경우 상속등기 시 지분의 내용에 따라 소유자의 주택에 대한 과세 판단이 달라질 수 있다.

· **물음 2의 경우**
당해 주택에 거주하는 자가 없는 경우 상속인 중 최연장자의 소유주택으로 본다. 따라서 사례의 경우 최연장자인 장남의 소유로 본다.

· 물음 3의 경우
세법에서는 상속주택 외에 일반주택 등 2주택이 있는 경우로써 일반주택을 처분하면 양도소득세 비과세 규정을 적용한다. 따라서 일반주택을 2년 이상 보유한 경우라면 일반주택에 대해서는 비과세를 받을 수 있다.

Consulting | 상속으로 받은 부동산을 단독으로 등기한 경우와 지분으로 등기한 경우, 부동산을 처분할 때 세금의 크기에 영향을 준다. 이를 정리하면 다음과 같다.

① 단독등기를 한 경우
단독등기를 한 경우 해당 상속인의 소유 부동산으로 보게 된다. 따라서 다음과 같은 효과가 발생한다.

구분	내용
주택	무주택자인 경우에는 비과세가 가능하며, 유주택자인 경우에는 상속주택 외 일반주택을 처분하면 비과세를 받을 수 있다.
토지	농지의 경우 감면이 적용되며, 그 외의 경우에는 양도소득세가 나온다.
상가	양도소득세가 나온다.

② 지분등기를 한 경우
지분에 따라 등기를 한 경우에는 다음과 같은 효과가 발생한다.

구분	내용
주택	1개의 소수지분권자는 주택 수에서 제외된다. 과세되는 경우 지분상당액만큼 과세된다.
토지	지분대로 감면규정과 과세규정이 적용된다.
상가	지분대로 과세규정이 적용된다.

실전연습

경기도 파주시에 거주한 K씨가 운명했다. 그의 상속인에는 배우자, 아들 2명, 딸 2명(장녀는 출가)이 있다. 그가 남긴 재산 중에는 주택 1채와 토지가 있다. 주택은 무주택자인 어머니가 상속받고 토지는 어머니를 제외한 자녀 4명이 법정상속지분대로 받기로 했다. 실익은 얼마나 있을까? 토지의 경우 과세표준은 1억 원이라고 가정한다.

☑ 주택의 경우 → 동일세대원으로서 무주택자인 상속인이 피상속인의 주택을 상속받은 경우, 피상속인의 보유기간과 합산해서 비과세 요건을 따지게 된다. 따라서 문제가 없다.

☑ 토지의 경우 → 이를 단독으로 받는 경우와 지분으로 받는 경우 세금을 비교해보자.

① 단독으로 받는 경우 : 1억 원×6~45%

= 1,956만 원(1억 원×35%-1,544만 원)

② 균등하게 받은 경우 : [1억 원/4명×6~45%]×4명

= [2,500만 원×15%-126만 원]×4명=996만 원

☞ 향후 양도소득세가 나오는 상황에서는 단독으로 등기하는 것보다는 균등하게 등기하는 것이 바람직할 수 있다.

> **Tip**
>
> **상속등기와 관련해서 다음에 대한 답을 찾으면?**
>
> ☑ 상속등기를 하지 않으면 세법은 누구의 재산으로 간주하는가?
> → 상속등기가 되어 있지 않으면 세법은 균등 상속한 것으로 본다.
> ☑ 상속등기를 하지 않았다면 양도소득세에서 취득시기는 언제인가?
> → 상속에 의한 취득시기는 등기일이 아니라 상속개시일, 즉 운명일이 된다.
> ☑ 상속등기를 나중에 하는 경우 취득세 등을 내야 하는가?
> → 취득세 납부기한으로부터 7년이 지나기 전까지는 취득세를 내야 한다.

상증법상 상속 또는 증여재산가액은 원칙적으로 시가로 평가하나, 시가가 없는 경우에는 보충적 평가방법에 의해야 한다.

1. 부동산과 유형자산

구분		내용
부동산 및 부동산 권리	토지	개별공시지가(지정지역 안의 토지는 '개별공시지가×배율')
	건물	건물의 신축가격·구조·용도·위치·신축연도 등을 참작해서 매년 1회 국세청장이 산정·고시하는 다음과 같은 방법으로 평가 ㉠ 건물의 기준시가=㎡당 금액×평가대상 건물의 연면적(㎡) ㉡ ㎡당금액=건물신축가격×구조지수×용도지수×위치지수×경과 연수별잔가율×개별건물의 특성에 따른 조정률
	주택	– 지정 아파트, 연립주택 : 기준시가(국세청) – 소규모 연립주택·다세대주택·단독주택 　: 개별주택가격(국토교통부, 2005. 7. 13 이후 사용)
	지정 상업용 건물, 오피스텔	국세청장이 수도권과 5대 광역시에서 3,000㎡ 이상인 대형상가와 오피스텔에 대해서 매년 1회 이상 토지·건물을 일괄산정한 가액을 구분소유 면적 으로 나누어 ㎡당 가액으로 고시한 금액(최초고시일 : 2005. 1. 1, 시행일 : 2005. 1. 1 이후 상속·증여재산부터 사용)
	부동산에 관한 권리 (분양권, 회원권 등)	분양권 : 평가기준일까지의 불입금액+평가기준일 현재의 프리미엄
기타의 유형자산		· 차량·선박 등 : 처분 시 취득예상가액 → 장부가액 → 지방세법 제80조 제1항에 의한 시가표준액을 순차적으로 적용 · 상품 등이 재고자산 : 처분 시 취득예상가액 → 장부가액

부동산에 대한 기준시가는 국토교통부에서 운영하고 있는 '부동산공시가격 알리미(www.kais.kr)에서 조회할 수 있다. 다만, 이곳에 없는 상가 등에 대한 기준시가는 국세청 홈택스 홈페이지 등을 통해 조회할 수 있다(저자 문의).

2. 주식

	상장 주식·코스닥 상장 주식	평가기준일 전후 2개월간의 한국증권선물거래소 최종시세가액의 평균액
주식	비상장 주식 (하한 : 순자산 가치의 80%, 2017년 개정세법)	① 부동산 과다보유법인 이외 일반법인의 1주당 평가액 $$\frac{(1주당\ 순손익가치 \times 3) + (1주당\ 순자산\ 가치 \times 2)}{5}$$ ② 부동산 과다보유(자산가액 중 부동산가액이 50% 이상) 법인의 1주당 평가액 $$\frac{(1주당\ 순손익가치 \times 2) + (1주당\ 순자산\ 가치 \times 3)}{5}$$ ③ 2004. 1. 1 이후 청산 중인 법인과 자산가액 중 부동산이 차지하는 비율이 80% 이상인 경우 : 순자산 가치로만 계산

3. 채권, 예·적금, 담보재산, 정기금(연금)

국공채 등	채권	상장 국공채·사채 = 다음 중 큰 금액 ㉠ 평가기준일 이전 2개월간의 평균액 ㉡ 평가기준일 이전 최근일의 최종시세가액
	예·적금	평가기준일 현재 예입총액 + 경과기간에 대한 미수이자 − 원천징수세액 상당금액
담보 제공된 재산	저당권이 설정된 재산	다음 중 큰 금액 ㉠ 상속세 및 증여세법상 평가액 ㉡ 당해 재산이 담보하는 채권액
	전세권이 등기된 재산	다음 중 큰 금액 ㉠ 상속세 및 증여세법상 평가액 ㉡ 등기된 전세금
	임대차 계약이 체결된 재산	다음 중 큰 금액 ㉠ 상속세 및 증여세법상 평가액 ㉡ 임대보증금 + 연간임대료/12%
정기금을 받을 권리	유기정기금	$$\sum \frac{각\ 연도에\ 받을\ 정기금액}{(1+이자율)^n}$$ · 이자율 : 3.0%(국세청고시, 수시변경 가능) · n : 평가기준일로부터 경과연수 · 유기정기금 평가액은 1년분 정기금액의 20배를 한도로 한다.
	무기정기금	그 1년분 정기금액 × 20배
	종신정기금	$$\sum \frac{각\ 연도에\ 받을\ 정기금액}{(1+이자율)^n}$$ · 이자율 : 3.0% · n : 평가기준일로부터 정기금 수령자가 통계청에 의한 기대여명의 연수

※ 상업용 건물에 대한 감정가액 경정제도에 대한 문제점

아파트와는 달리 상업용 건물은 유사한 재산이 거의 없다. 이에 따라 실무에서는 감정평가를 하지 않는 이상 보충적 평가방법(임대료 환산가액, 기준시가)으로 신고하는 경우가 많다. 그런데 2019년부터 이 방법으로 상속세나 증여세를 신고하면 신고기한 경과 후 결정기한(상속세 9개월, 증여세 6개월) 내 평가심의위원회의 심의를 거쳐 매매가액이나 감정가액 등으로 경정할 수 있는 근거가 마련되었다. 예를 들어 기준시가가 30억 원인 상업용 건물을 기준시가로 상속세 등을 신고할 경우, 국세청에서 100억 원으로 감정을 받아 이 금액으로 과세하겠다고 이 위원회에 요청하면, 그 위원회는 이를 심의해 승인할 수 있다는 것이다. 그런데 이렇게 감정평가액으로 신고가액이 바뀌면 당연히 본세가 늘어나지만, 신고불성실가산세와 납부지연가산세는 부과되지 않는다. 이러한 제도는 납세자의 입장에서는 이를 받아들이기가 상당히 벅차다. 본세가 증가되는 것도 문제지만 다음과 같은 문제점들이 있기 때문이다.

첫째, 적용 대상의 애매모호함이다.

이 제도는 원래 오피스텔과 상업용 건물 등 비주거용 건물을 대상으로 도입되었으나 모든 부동산에 관해 적용할 수 있는 것으로 해석하고 있다. 이렇게 되면 언제든지 과세관청의 편의에 따라 신고가액이 바뀔 수 있는 불합리한 결과가 발생한다. 이는 납세자의 재산권이 심히 침해되는 결과를 낳는다.

둘째, 대상자 선정방식이 공개되지 않는 것도 문제가 된다.

실무에서 감정평가액으로 경정하는 대상은 기준시가 20억 원이 넘는 비주거용 건물로 알려져 있다. 하지만 투명한 세무행정이 되기 위해서는 선정방식을 공개할 필요가 있다. 이에 국세청은 2023년 7월 3일 상증법 사무처리규정 제72조를 개정해 추정시가와 기준시가의 차이가 10억 원 이상인 경우 등을 고려해 대상자를 선정하도록 하고 있으나, 여전히 투명한 세무행정과는 거리가 먼 것으로 평가받고 있다(이에 대한 자세한 내용은 저자의 《가족 간 부동산 거래 세무 가이드북》을 참조하기 바란다).

셋째, 납세자에 대해서는 소급감정을 허용하지 않는 것도 문제다.

국세청은 사실상 소급감정을 하면서 납세자에 대해서는 이를 허용하지 않는 것은 두말할 필요 없이 부당하다(재삼46014-1612, 1996. 7. 8, 재삼46330-274. 1999. 6. 30).

☞ 이러한 문제점 등이 지적되면서 최근 법원에서 이 제도에 대해 제동을 걸기 시작했다. 머지않아 이 제도가 폐지될 가능성도 있어 보인다.

일반인의
증여 절세법

금융자산의 증여설계

일반인들이 자산을 증여할 때 가장 신경 써야 하는 부분은 현금 같은 금융자산을 증여하거나 부동산을 부채를 포함해서 증여하는 것 등이 된다. 이하에서 이에 대해 순차적으로 알아보자. 복잡한 증여사례 등에 대해서는 PART 03을 참조하기 바란다.

Case | 서울 강서구 화곡동에 거주하는 홍기팔 씨는 본인이 소유한 비상장 주식을 다음과 같이 증여하려고 한다. 증여재산 공제는 어떻게 적용될까? 증여세 과세표준까지 파악해보라.

- 딸 1,000주(세법상 평가액 1억 원)
- 사위 500주(세법상 평가액 5,000만 원)
- 외손자 500주(세법상 평가액 5,000만 원)
- 친손자 500주(세법상 평가액 5,000만 원)
- 위의 수증자(증여를 받는 사람)는 모두 성년자(만 19세 이상)에 해당함.

Solution | 이는 증여자와 수증자의 관계를 먼저 파악하고 그에 맞는 증여재산공제를 적용하면 바로 해결될 수 있는 사례에 해당한다.

위의 자료에 맞춰 답을 찾아보면 다음과 같다.

구분	증여재산가액	증여재산공제	과세표준	비고
딸	1억 원	5,000만 원	5,000만 원	직계비속에 해당
사위	5,000만 원	1,000만 원	4,000만 원	친족에 해당
외손자	5,000만 원	5,000만 원	0원	직계비속에 해당
친손자	5,000만 원	5,000만 원	0원	직계비속에 해당

위에서 외손자녀도 직계비속에 해당한다.

Consulting | 증여재산공제는 증여재산가액에서 차감되는 금액으로 증여세를 낮추는 역할을 한다. 다만, 이 공제는 수증자를 기준으로 그 증여를 받기 전 10년 이내에 공제받은 금액과 합해서 한도를 정하고 있다.

증여재산공제액

구분	증여재산공제액	비고
배우자로부터 수증	6억 원	10년간의 공제금액(이하 동일)
직계존속으로부터 직계비속 수증	5,000만 원 (미성년자는 2,000만 원)	성년자는 만 19세 이상을 말함.
직계비속으로부터 직계존속 수증	5,000만 원	혼인·출산 증여공제 신설 (1억 원, 아래 참조)
기타 친족으로부터 수증	1,000만 원	
제삼자로부터 수증	0원	

* 혼인·출산 증여공제 신설(2024년)

2024년부터 자녀가 혼인하고, 출산하면서 직계존속(부모, 조부모, 외조부모)으로부터 증여받으면 최대 1억 원을 추가로 공제한다. 따라서 일반 증여공제 5,000만 원을 포함하면 최대 1억 5,000만 원(부부의 경우 3억 원)을 증여세 없이 마련할 수 있을 것으로 보인다. 이 공제는 혼인일 또는 출생일 전후 2년 내를 기준으로 2024년 이후 증여분에 대해 적용한다. 따라서 2023년에 혼인하고, 2024년에 증여한 경우에도 이 공제를 적용받을 수 있다(상증법 제53조의 2 참조).

실전연습 경기도 용인시에서 거주하고 있는 용석팔 씨는 외할아버지로부터 1억 원 정도를 증여받으려고 한다. 용씨의 부친은 이미 작고했다.

☞ **물음 1** : 만약 손자인 용씨의 어머니(외할아버지의 직계비속)가 돌아가신 상태에서 이 돈을 증여받으면 할증과세가 되는가?

☞ **물음 2** : 증여세 계산 시 동일인에게 10년 이내에 증여받은 금액이 1,000만 원 이상이면 합산해서 과세하는데, 이때 동일인은 외할아버지와 외할머니를 말하는 것인가?

☞ **물음 3** : 현재 돌아가신 외할머니로부터 생전에 현금 1억 원을 증여받았는데, 이 금액을 외할아버지로부터 받은 금전에 포함시켜 증여세를 내야 하는가?

물음에 순차적으로 답을 찾아보면 다음과 같다.

· 물음 1의 경우

수증자가 증여자의 자녀가 아닌 직계비속인 경우에는 증여세 산출세액의
30%*에 상당하는 금액을 가산한다. 그러나 증여자의 최근친인 직계비속
이 운명해서 그 사망자의 최근친인 직계비속(손자)이 증여받은 경우(대습
증여를 말함)에는 이 제도가 적용되지 않는다. 따라서 사례의 경우에는 할
증과세가 적용되지 않는다.

* 수증자가 증여자의 자녀가 아닌 직계비속이면서 미성년자인 경우로서 증여재산가액이 20억 원을
  초과하는 경우에는 40%가 적용된다.

· 물음 2의 경우

증여자가 수증자의 직계존속인 경우에는 증여자의 배우자를 동일인으로
보아 증여받은 것을 합산한다. 따라서 외할머니와 외할아버지는 세법상
동일인에 해당한다.

· 물음 3의 경우

직계존속의 배우자가 사별한 경우에는 동일인으로 보지 아니한다. 따라
서 외할머니가 운명 후 외할아버지로부터 증여받는 경우 외할머니의 증
여재산은 합산하지 아니한다(재산-58, 2010. 2. 1).

하면 안 되는 증여와 하면 좋을 증여

① **하면 안 되는 증여**
   ☑ 단독 명의를 공동 명의로 전환하는 경우 → 취득세가 나오는 경우가 많음.
   ☑ 양도소득세가 감면되는 신축주택, 임대주택사업용 주택 → 감면혜택이 박탈될 수 있음.
② **하면 좋을 증여**
   ☑ 취득가액이 낮은 경우 → 이를 올리기 위해 배우자에게 증여(단, 5년, 2023년 이후 증여
     분은 10년 후에 양도)
   ☑ 상속세가 걱정되는 경우 → 10년 합산과세기간을 피해 사전에 증여
   ☑ 자금출처를 만들어 두려고 하는 경우 → 자금출처 입증 시 유리

현금증여 비과세, 차입 대 증여, 무상대여

현금 등 금융자산과 관련해서 가장 쟁점이 되는 부분은 단순 금융거래가 증여에 해당하는지, 차입거래로 인정받을 수 있는지 등이다. 이하에서 일반인들이 알아둬야 할 현금거래와 관련된 세무상 쟁점들을 알아보자.

Case | 경기도 고양시에 거주하고 있는 김상기 씨는 자녀들 명의로 매월 펀드 및 적금을 불입하고 있다. 이 불입금은 가족이나 지인들로부터 받은 용돈을 저축한 것으로써 앞으로 자녀들의 교육비 등의 용도로 필요할 때마다 인출해서 사용할 예정이다.

☞ 물음 1 : 불입한 펀드나 적금도 증여에 해당하는가? 만약 이를 교육비로 사용할 목적인 경우에도 증여에 해당하는가?

☞ 물음 2 : 만약 증여에 해당하면 증여세 신고는 어떻게 하는가? 만일 신고를 하지 않으면 어떤 불이익이 있는가?

☞ 물음 3 : 저축한 돈을 자녀가 성인이 되었을 때 결혼자금 등으로 사용한 경우에도 증여에 해당하는가?

Solution | 위의 물음에 대해 순차적으로 답을 찾아보자.

· 물음 1의 경우

원칙적으로 자녀 명의로 계좌를 개설해서 매월 펀드나 적금을 증여목적으로 부모가 이체하는 경우 이는 증여에 해당한다. 다만, 자녀의 향후 교육비 등에 대비해서 매월 펀드나 적금에 가입해서 그 금전을 자녀의 교육비 및 생활비에 사용하는 경우에는 비과세되는 증여재산에 해당한다. 한편 생활비 및 교육비 등의 명목으로 받아 이를 예·적금하거나 전세자금, 주택 등의 매입자금 등으로 사용하는 경우에는 증여세가 비과세되는 생활비로 보지 아니한다.

· 물음 2의 경우

매월 일정금액을 몇 년간 불입하는 펀드(적금)를 증여목적으로 불입하는 경우로 증여세 신고는 입금할 때마다 하는 것이 원칙이다. 하지만 매번 하는 것이 번거롭기 때문에 다음과 같은 평가방법을 이용해 1회로 신고를 끝낼 수 있다(서면4팀-1137, 2008. 5. 8).

※ 유기정기금 평가방법 : Min(①, ②)

① 유기정기금 평가방법=$[각 연도에 받을 정기금액/(1+3.0\%)]^n$

   n : 평가기준일부터의 경과연수

② 1년분 정기금액의 20배

· 물음 3의 경우

저축한 돈을 성인이 되어 인출해서 증여하는 경우에는 그 시기에 성년인 자녀에게 증여세가 과세되는 것이 원칙이다. 다만, 증여세를 신고한 후 금전을 모아서 자녀가 유학비로 사용하거나 부동산 취득 등을 하는 경우에는 추가의 증여세 과세문제는 발생하지 아니한다.

☞ 일반적으로 추가되는 수익에 대한 증여세를 피하기 위해서는 미리 증여세 신고를 해두는 것이 안전하다(단, 보험은 예외적으로 보험금에 대해 과세함에 유의할 것).

※ 비과세되는 증여재산

☑ **사회통념상 인정되는 피부양자의 생활비 및 교육비**

단, 이에 해당되는지 여부는 부모와 수증자와의 관계, 수증자가 부모의 민법상 피부양자에 해당하는지 여부, 수증자의 직업·연령·소득·재산상태 등 구체적인 사실을 확인해서 관할세무서장이 판단함 → 예를 들어 아버지의 생계능력이 있는 상태에서 할아버지가 손자에게 과도한 생활비 등을 지급하는 경우 이에 대해 증여세 과세가 가능함.

☑ **기념품, 부의금**

사회통념상 인정되는 물품 또는 금액은 증여세를 면제함.

☑ **축하금이나 용돈**

자녀가 축하금, 용돈의 명목으로 증여받아 실제로 용돈으로 사용하는 경우에는 증여세가 비과세됨. 다만, 용돈의 명목으로 증여받아 예금 및 펀드에 가입하거나 또는 세뱃돈으로 받은 경우에도 원칙적으로 증여세 과세대상에 해당하나 생일 및 입학, 결혼 등의 사유로 증여받은 사회통념상 인정되는 축하금(혼수용품 포함)은 증여세가 비과세됨.

Consulting | 일반인들이 현금 등 금융자산을 증여할 때 발생하는 세무상 쟁점들을 정리하면 다음과 같다.

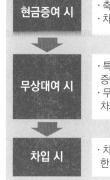

현금증여 시	· 축의금, 생활비 등과 증여세 관계를 정확히 이해할 필요가 있다. · 차명계좌에 대한 현금증여추정제도를 이해할 필요가 있다.
무상대여 시	· 특수관계자로부터 2억 원 이상을 무상으로 대여받으면 연간 4.6% 상당액을 증여로 보게 된다. · 무상대여가 자칫 증여로 둔갑하는 것을 방지하기 위해서는 미리 금전소비대차계약서(무상) 등을 갖출 필요가 있다.
차입 시	· 차입임을 입증하지 못하면 증여로 볼 수도 있다. 따라서 자금거래 시 이에 대한 거래증빙을 철저히 보관해서 두도록 한다(필요시 금전소비대차계약서 보관).

앞의 현금거래 시 세무상 쟁점 중 주요 내용을 세부적으로 살펴보면 다음과 같다.

1. 자녀의 용돈, 축하금에 대한 과세판단

① 증여사실을 객관적으로 입증하는 경우

자녀가 용돈, 축하금으로 금전을 증여받아 예금을 하거나 펀드 및 주식을 취득한 경우 용돈, 축하금의 구체적인 증여자(세뱃돈 등을 증여한 사람) 및 증여시기(금전의 수령일), 증여금액이 금융자료 등에 의해서 객관적으로 각각 입증되는 경우에는 각 증여시기마다 각각 금전을 증여받은 것으로 보아 일단 증여세가 과세(과세미달 및 비과세 포함)된다. 다만, 이렇게 입증을 한 경우에는 이러한 용돈 등에 의해 자녀가 예금을 하거나 펀드 및 주식을 취득하는 경우에도 추가의 증여세 과세문제는 발생하지 아니한다. → 즉 당초 증여 당시의 용돈 등만 문제가 된다는 뜻이다. 그 결과 증여재산공제범위 내의 금액은 전액 비과세처리된다.

② 증여사실을 객관적으로 입증하지 못하는 경우

부모 등으로부터 세뱃돈 및 용돈, 축하금으로 증여받은 사실을 일일이 입증하지 못하는 경우에는 자녀가 인출해서 부동산취득자금 등으로 실제 사용하는 시점에 이자 및 펀드수익, 주식 가치 상승금액 등을 포함해서 부모님 등으로부터 증여받은 것으로 추정해서 상증법 제45조(재산 취득자금 등의 증여 추정)에 의해서 증여세가 과세된다. → 추가되는 수익에 대해서도 증여세가 과세될 수 있다는 뜻이다.

2. 차명계좌에 대한 증여추정제도

2013년 1월 1일 이후 신고하거나 결정(또는 경정)하는 분부터 그 계좌에 보유하고 있는 재산은 명의자(자녀)가 취득한 것으로 추정해서 이를 증여재산가액으로 보는 제도를 말한다. 예를 들어 자녀 명의의 예금계좌로 입금되어 자녀가 쉽게 그 예금을 인출해서 처분할 수 있도록 했다면 그러한 예금은 증여된 것으로 추정된다. 따라서 자녀 명의의 계좌로 입금한 것이 증여가 아닌 다른 목적으로 행해진 특별한 사정이 있는 경우라면 그에 관한 입증책임은 이를 주장하는 납세자에게 있다. 그 결과 이를 납세자가 입증하지 못하면 이에 증여세가 부과된다. → 참고로 2014년 11월 29일부터 차명계좌에 대해 형사처벌(5년 이하의 징역 또는 5,000만 원 이하의 벌금. 병과가능)이 강화되었다.

돌발 퀴즈!

1. 자녀 명의로 된 차명계좌에서 발생한 금융소득은 누구에게 합산하는가?
본인(즉, 부모)소득으로 보아 다른 소득과 합산과세한다.

2. 단순히 자녀 명의의 예금계좌에 현금을 입금한 후 본인이 관리해오다가 당해 예금을 인출해서 본인이 사용한 것으로 확인되는 때에는 증여로 추정하는가?
그렇지 않다. 실질적인 소유자는 본인(부모)이 되기 때문이다.

3. 차명계좌에 해당하는 경우에 자녀 명의로 된 예금 등을 실질 소유자인 본인(부모)의 계좌로 이체, 즉 환원하는 것 또한 별도의 증여에 해당하는가?
그렇지 않다. 이는 증여와 무관하다.

3. 현금의 무상대여

2억 원 이상의 금전을 무상으로 또는 적정이자율(4.6%)보다 낮은 이자율로 대부받은 경우에는 그 금전을 대부받은 날에 무상으로 대부받은 금액에 적정이자율(4.6%)을 곱한 가액, 적정이자율보다 높은 이자율로 대부받은 경우에는 대부금액에 적정이자율을 곱한 가액에서 실제 지급한 이자상당액을 차감한 가액을 증여받은 것으로 본다. 참고로 1년 이내에 수차례로 나누어 대부받은 경우에는 그 대부받은 금액을 합산해서 2억 원 여부를 판단한다.

4. 차입과 증여의 구분

자금거래가 금전소비대차 또는 증여에 해당되는지는 당사자 간 계약, 이자지급사실, 차입 및 상환 내역, 자금출처 및 사용처 등 구체적인 사실을 종합해서 관할세무서장이 판단한다.

실전연습

서울 강남구 역삼동에 살고 있는 강탄탄 씨는 사업자금을 필요로 하는데, 은행에서 대출을 받을까, 아니면 부친으로부터 자금을 충당하고 이자를 지급할까 고민하고 있다. 만일 강씨가 부친에게 적정이자를 지급하는 방식으로 차입을 하면 상증법상 증여세 문제는 없을까?

위의 물음에 대한 답을 순차적으로 찾아보자.

STEP1 쟁점은?

강씨가 부친으로부터 차입한 금액에 대해 증여세가 과세될 수 있는지가 관건이다.

STEP2 세법상의 규정은?

세법은 직계존비속 간 금전소비대차는 원칙적으로 인정하지 아니하며, 부모님이 자녀에게 현금을 빌려주는 경우 자녀가 증여받은 것으로 추정한다. 다만, 직계존비속 간 사실상 금전소비대차계약에 의해서 자금을 차입해서 사용하고, 추후 이를 변제하는 사실이 이자 및 원금변제에 관한 증빙 및 담보설정, 채권자확인서 등에 의해서 확인되는 경우에는 차입한 금전에 대해서는 증여세가 과세되지 않는다.

STEP3 해법은?

일단 강씨의 입장에서는 해당 거래를 할 때마다 금융증빙자료(차용증, 금융거래내역 등) 등을 구비해서 세무조사 시 객관적으로 이를 입증할 필요가 있다.

※ 관련 심판례 : 조심2011서252, 2011. 08. 09

차용증서 없이 금전소비대차한 경우라도 실제로 상환하였다면 금융거래
를 통하여 변제된 객관적 사실만큼 구체적인 것은 없다고 할 것이므로,
이 건도 청구인이 어머니에게 상환한 것이 금융증빙으로 확인되는 2억
5,200만 원은 금전소비대차로 인정함이 타당하다.

차용증은 반드시 구비해야 하는가?

그렇지 않다. 특수관계인 간 차용증을 작성하지 아니한 경우에도 금전소
비대차임을 입증하면 문제가 없으나, 후일을 대비해 이를 작성해두는 것
이 좋다(필요시 공증을 받아두는 것도 괜찮음).

부담부 증여설계법(재산평가 포함)

부동산을 증여하는 방법에는 크게 두 가지가 있다. 하나는 부채 없이 부동산을 넘기는 방법이고, 다른 하나는 부채와 함께 부동산을 넘기는 방법이다. 특히 후자의 경우에는 약방의 감초처럼 부동산 증여 시 절세의 대안으로 자주 등장한 것인 만큼 이에 대해서는 검토를 꼼꼼히 할 필요가 있다.

Case | 어떤 사람이 성년인 자녀에게 5억 원짜리 부동산을 증여하고자 하는데, 이 부동산에 담보된 2억 원의 채무를 수증자가 인수하는 조건으로 증여하고자 한다. 이 경우 순수하게 5억 원을 증여받는 경우와 부채를 인수하는 조건으로 증여받는 경우의 세금차이를 알아보자.

※ 저당권 등이 설정되어 있는 부동산의 증여재산가액 평가법

만일 위의 부동산에 저당권이나 전세권 등이 설정되고 임대차계약이 체결된 경우라면 다음과 같이 증여재산가액을 평가한다. 참고로 이 사례에서는 증여재산가액을 5억 원으로 가정했다.

☑ **시가가 있는 경우**

→ Max[시가, 임대료 등 환산가액, 채권잔액(임대보증금+금융채무)]
'임대료 등 환산가액'은 '임대보증금+임대료/12%'에 해당하는 금액을 말한다.

☑ **시가가 없는 경우**

→ Max[기준시가, 임대료 등 환산가액, 채권잔액(임대보증금+금융채무)]

Solution | 위의 물음에 대한 답을 찾아보자.

STEP1 채무인수 없이 증여를 받는 경우

채무를 감안하지 않는 상태에서 증여세를 계산하면 다음과 같다.

· 증여세 과세표준=4억 5,000만 원(증여재산가액 5억 원-증여재산공제 5,000만 원)
· 증여세 산출세액=4억 5,000만 원×20%-1,000만 원(누진공제)
 =8,000만 원
· 납부세액=8,000만 원-8,000만 원×3%(신고세액공제)=7,660만 원

STEP2 증여받은 자가 채무를 인수하는 경우

구분	금액	비고
증여재산가액 (+) 증여재산가산액	500,000,000원	
(=) 총증여재산가액 (-) 부담부 증여 시 인수채무	500,000,000원 200,000,000원	인수채무액은 양도세 대상
(=) 과세가액 (-) 증여공제 (-) 감정평가수수료공제	300,000,000원 50,000,000원	성년자 공제
(=) 과세표준 (×) 세율	250,000,000원 20%(1,000만 원)	1,000만 원은 누진공제액
(=) 산출세액 (+) 세대생략가산액	40,000,000원	과세표준×20%-1,000만 원
(=) 산출세액 합계 (-) 세액공제 (+) 가산세	40,000,000원 1,200,000원	증여세액공제 3%
(=) 납부세액	38,800,000원	

STEP3 결과해석

채무 없이 증여한 것과 비교해볼 때 3,800만 원 정도 저렴하다. 다만, 세법은 인수한 채무는 유상양도의 대가로 보아 이에 대해서는 양도소득세를 부과한다. 따라서 이에 대한 양도소득세와 앞에서 계산된 증여세를 합한 금액과 순수한 증여 시의 증여세와 비교해야 한다. 결국 부담부 증여에 의한 방식이 유용하려면 양도소득세가 낮게 나와야 할 것이다.

☞ 참고로 2019년 1월 1일 이후 상속 또는 증여분에 대한 신고세액공제 율이 5%에서 3%로 인하되었다.

※ 부담부 증여와 세무처리

세법은 부담부 증여 시의 채무에 대한 인정 여부에 따라 과세방법을 달리 정하고 있다.

구분		증여세를 계산할 때	양도소득세를 계산할 때
일반적인 부담부 증여		인수채무액을 공제	채무인수액에 상당하는 부분은 유상양도로 간주
배우자·직계존비속 간 부담부 증여	원칙	인수채무액을 공제하지 않음.	채무인수액에 상당하는 부분은 유상양도로 보지 않음.
	예외	채무의 인수사실이 객관적으로 입증 되는 경우에는 인수채무액을 공제	채무인수액에 상당하는 부분은 유상양도로 간주

Consulting | 부담부 증여에 대한 업무 플로우는 다음과 같다.

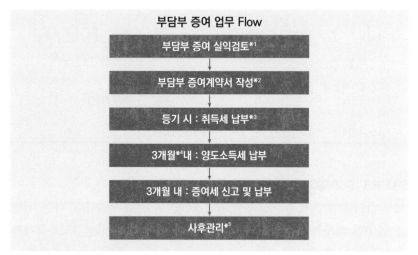

부담부 증여 업무 Flow

부담부 증여 실익검토*1
↓
부담부 증여계약서 작성*2
↓
등기 시 : 취득세 납부*3
↓
3개월*4내 : 양도소득세 납부
↓
3개월 내 : 증여세 신고 및 납부
↓
사후관리*5

*1 : 실익검토 : 부담부 증여를 할 것인지, 순수증여를 할 것인지, 또는 매매를 할 것인지 등을 검토한다.
*2 : 증여계약서 작성 : 118페이지 샘플처럼 작성을 한다. 이때 금융기관으로부터 부채 잔고 증명서 를 발급받아 부채를 확인해야 한다.
*3 : 취득세 : 유상취득분(부채)과 무상취득분(증여)으로 나눠 취득세를 부담하게 된다.
*4 : 2017년 이후 부담부 증여분부터 3개월로 연장되었다.
*5 : 사후관리 : 사후적으로 부채를 누가 갚았는지에 대한 세무조사가 진행될 수 있으므로 부채 상환 시 이 부분에 관심을 두도록 한다.

※ 부담부 증여 시의 부채관리법

부담부 증여는 부채와 함께 부동산을 증여하는 것을 말한다. 이 증여를 인정받기 위해서는 다음과 같은 조건을 모두 충족해야 한다.

☑ 증여일 현재 증여재산에 담보된 채무가 있어야 한다.
☑ 담보된 당해 채무는 반드시 증여자의 채무이어야 한다.
☑ 당해 채무를 수증자가 인수한 사실이 증여계약서, 자금출처가 확인되는 자금으로 원리금을 상환하거나, 담보설정 등에 의해 객관적으로 확인되어야 한다.

실전연습   서울시 마포구에 거주하고 있는 김용미 씨는 아버지로부터 아파트를 증여받고자 한다. 공인중개사무소에서 알아본 결과 시세는 대략 3억 원 정도가 되었으나 정부에서 발표한 공동주택가격(기준시가)은 2억 원 가량이 되었다. 김씨는 이 집에 담보된 채무 1억 5,000만 원을 인수하는 조건으로 증여받아 2억 원을 기준으로 증여세와 양도소득세를 신고했다. 그런데 얼마 후에 관할세무서에서는 세금을 더 내라는 통지서를 보냈다. 왜 그랬을까?

위의 사례는 부모가 자녀 등에게 부동산을 증여할 때 자주 등장하는 유형에 해당한다. 왜 그런지 다음 절차에 따라 이를 살펴보자.

STEP1 쟁점은 무엇인가?

앞의 증여대상 주택가격은 시세 3억 원과 기준시가 2억 원으로 파악되고 있다. 그런데 김씨는 시세가 아닌 기준시가인 2억 원으로 신고했다. 이에 관할세무서는 김씨가 신고한 과세표준을 인정하지 않고 시세로 과세했다.

STEP2 세법규정은 어떻게 되었는가?

세법은 증여일 전 6개월부터 증여세 신고일까지의 기간 사이에 당해 증여 재산과 유사한 재산이 거래된 적이 있어 해당 거래금액이 밝혀지면 이를 시가로 보아 과세할 수 있다. 이를 '유사매매사례가액'이라고 한다. 참고로 2017년 이후부터는 동일단지 내 주택이 평가대상 주택과 기준시가 및 전용면적에서의 차이가 ±5% 내에 해당하면, 이 주택을 평가대상 주택과 동일 또는 유사재산에 해당하는 것으로 인정한다(상증규칙 제15의 2).

STEP3 어떻게 대응해야 하는가?

사례의 경우 유사한 재산에 대한 매매사례가액이 발견되었다. 따라서 이 금액을 기준으로 과세가 될 가능성이 높아졌다. 만약 김씨가 세무서에서 제시한 금액이 부당하다고 판단되는 경우에는 정식적인 불복절차를 거칠 필요가 있다.

※ 유사매매사례가액 적용을 피하기 위한 방법

☑ 증여받은 자산의 취득가액은 원칙적으로 시가를 기준으로 한다.

☑ 만일 해당 재산에 대한 시가가 없는 경우에 한해 해당 재산과 면적, 위치, 용도, 종목 및 기준시가가 동일하거나 유사한 다른 부동산에 대한 매매사례가액(평가기준일 전 6개월부터 신고일까지의 매매사례가액인 시가 포함)도 시가에 포함된다.

  ☞ 증여일 전 2년 이내의 것도 안심할 것은 아니므로 주의해야 한다. 여기에 더 나아가 앞으로는 증여세 신고기한으로부터 6개월 내에 매매사례가액이 있는 경우, 이 금액으로도 증여세가 나올 수 있음에 유의해야 한다(2019년 개정세법).

☑ 유사매매사례가액을 확인하기 위해서는 당해 증여받은 부동산과 면적, 위치, 용도 및 종목, 도로와의 거리, 개별공시지가, 토지 형태 등이 동일하거나 유사한 다른 부동산에 대한 매매사례가액 등을 반드시 확인해야 한다(기준시가와 전용면적 차이가 ±5% 이내인 주택의 매매사례가액을 인정

함. 이때 매매사례가액이 여러 개 있는 경우에는 기준시가 차이가 가장 작은 것을 매매사례가액으로 함에 유의해야 함. 홈택스에서 자료 제공).

☑ 확인방법에는 국토교통부 실거래가 조회, 인근 공인중개사무소 탐문, 주변 지번 등기부등본 열람 등이 있다(공동주택은 국세청 홈택스를 통해 조회하는 것도 하나의 방법이다).

☞ 부동산 증여 시 매매사례가액의 적용 여부를 두고 납세자와 과세당국 간에 마찰이 매우 심하다. 따라서 부동산을 증여하기 전에 이에 대해서는 충분하게 검토해야 한다(신고가액을 고정시키고 싶다면 감정평가를 받는 것이 좋다).

부담부 증여의 대상 부동산

부담부 증여는 대부분의 부동산에 대해 실행될 수 있다.
☑ 사전 대출이나 전세보증금이 있는 주택
☑ 사전 대출이 있는 토지
☑ 사전 대출이나 전세보증금이 있는 상가
☑ 중도금 대출이 있는 분양권 등

부담부 증여계약서

부담부 증여 시 증여계약서의 샘플을 살펴보면 다음과 같다.

(부담부)부동산 증여계약서

증여자 **홍길동**(이하 "갑"이라고 한다)와 수증자 **강감찬**(이하 "을"이라 한다)은 아래 표시의 부동산(이하 "표시 부동산"이라고 한다)에 관해 다음과 같이 증여계약을 체결한다.

[부동산의 표시]
1. 서울 ○○구 ○○동 ○○번지 건물 ○○㎡

제1조 (목적) 갑은 갑 소유 표시 부동산을 이하에서 정하는 약정에 따라 을에게 증여하고, 을은 이를 승낙한다.

제2조 (증여시기) 갑은 을에게 2000년 ○월 ○○일까지 표시 부동산의 소유권이전등기와 동시에 인도를 한다.

제3조 (부담부분) 을은 표시 부동산의 증여를 받는 부담으로 증여자의 ○○은행에 대한 다음 채무를 인수한다.
  ① 일반 대출액 총 ○억 원 중 잔액 ○억 원에 대한 원금 및 이자채무

제4조 (계약의 해제) 을이 다음 각 호에 해당할 경우, 갑은 본 계약을 해제할 수 있다.
  1. 본 계약서에 의한 채무를 이행하지 아니한 때
  2. 갑 또는 그 배우자나 직계혈족에 대한 범죄 및 반인륜적 행위를 한 때
  3. 생계유지에 지장을 줄 만한 도박, 음주 등에 의해 재산을 낭비할 염려가 있는 때

제5조 (계약의 해제 후 조치) 제4조에 의한 본 계약의 해제가 되었을 경우, 을은 갑에 대해 지체 없이 표시 부동산의 소유권 이전등기와 동시에 인도를 해야 한다.
  이 경우 계약해제일까지 을이 지출한 대출상환금은 그때까지 표시 부동산을 사용, 수익한 대가와 상계된 것으로 한다.

제6조 (비용 및 제세공과금의 부담) 표시 부동산의 소유권이전과 관련한 제반 비용 및 조세 공과금 등은 을이 부담한다.

제7조 (담보책임) 표시 부동산의 증여는 제2조에 의한 등기 및 인도일의 상태를 대상으로 하며, 갑은 표시 부동산의 멸실, 훼손에 대해 책임을 지지 아니한다.

이 계약을 증명하기 위해 계약서 2통을 작성해서 갑과 을이 서명날인한 후 각각 1통씩 보관한다.

2000년 ○월 ○○일

증여자	주 소					
	성 명	홍길동	주민등록번호		전 화 번 호	
수증자	주 소					
	성 명	강감찬	주민등록번호		전 화 번 호	

부담부 증여와 부채상환에 대한 자금출처조사

부담부 증여 시 부채상환은 부채를 인수한 자녀 등이 하게 되는데, 이때 상환
자금의 원천에 대한 조사가 매년 정기적으로 이루어진다. 주의하기 바란다.

【상속세 및 증여세 사무처리규정 별지 제17호 서식】(2011.04.01 개정)

부채 상환에 대한 해명자료 제출 안내

문서번호 : 재산 -

· 성명 :　　　　　　귀하　　　　　· 생년월일 :

안녕하십니까? 귀댁의 안녕과 화목을 기원합니다.

　20　.　.　, 귀하의 상속·증여세 결정(또는 자금출처조사) 당시 인정(확인)된 부채가 현재 변제된 것
으로 확인되었습니다. 이에 귀하가 해당 부채를 상환하였는지를 확인하고자 하니 20　.　. 까지
아래의 해명자료를 제출해주시기 바랍니다.(제출 요청 근거 : '상속세 및 증여세법' 제84조)

해명 요청 사항	해명 사항에 대한 증거 서류
- 상환일자 : - 상환금액 : - 상환수단 : - 상환자금 출처 :	

　해명 자료를 제출할 때에는 이에 대한 증거 서류를 함께 보내 주시기 바라며, 요청한 자료를 제출
하지 않거나 제출한 자료가 불충분할 때에는 증여받은 것으로 추정되어 세금이 부과되거나 사실 확인을 위
한 조사를 할 수 있음을 알려드립니다.

년　　월　　일

기 관 장

210㎜×297㎜(신문용지 54g/㎡)

부동산 소유권이전방법(상속 대 증여 대 매매) 선택

부동산 소유권을 이전하는 방법은 생각보다 상당히 다양하다. 예를 들어 상속이나 증여가 있다. 또한 매매도 있을 수 있다. 이하에서는 FC나 PB 등이 자산관리 컨설팅을 할 때 기본적으로 알아두면 좋을 자산이전방법에 대해 연구해보자.

Case | 경기도 광명시에 거주한 신영수 씨는 성년인 아들에게 재산을 물려주는 방법에 증여나 양도 등이 있다는 것을 알게 되었다. 그런데 증여와 양도 중 어떤 것이 좋을지 판단이 쉽지 않았다. 신씨의 답답한 마음을 해결해보자.

| 자료 |
· 부동산 양도가액 또는 증여가액 : 5억 원
· 부동산 취득가액 : 3억 원
· 세율 : 증여세는 20% 구간, 양도소득세는 38% 구간
· 이 외 취득세 등은 무시하기로 함.

Solution | 신씨의 궁금증을 풀기 위해서는 다음과 같이 현금유출액을 구한다.

구분		증여	양도	차이
증여세, 양도세	재산가액	5억 원	5억 원	–
	공제액, 필요경비	5,000만 원	3억 원	-2억 5,000만 원
	과세표준	4억 5,000만 원	2억 원	2억 5,000만 원
	세율	20%	38%구간	-18%
	누진공제	1,000만 원	1,994만 원	-994만 원
	산출세액	8,000만 원	5,606만 원	2,394만 원
	최종 납부할 세액	7,660만 원[*1]	6,166만 원[*2]	1,494만 원
현금유출액		7,660만 원	6,166만 원	1,494만 원

[*1] 신고세액공제 3% 적용 후의 금액 : 8,000만 원×(100%-3%) = 7,660만 원
[*2] 지방소득세 10% 포함 후의 금액 : 5,606만 원+5,606만 원×10% = 6,166만 원

※ 사례 해석

- 증여와 양도는 무상이전 대 유상이전 방식이다.
- 증여는 증여재산공제(사례 5,000만 원)를 적용해서 과세표준을 산출하고, 양도는 취득가액을 차감해 과세표준을 산출한다.
- 증여세율은 10~50%이고, 양도소득세는 6~45%(단, 보유기간이 1년 미만이면 원칙적으로 50%, 1~2년 미만이면 40%를 적용하되, 주택은 70%, 60%로 함)이 적용된다.
- 본 사례의 경우에는 과세표준은 양도가 유리, 세율은 증여가 유리하나 최종적으로는 양도가 좀 더 유리한 것으로 나왔다.

☞ **양도를 선택하는 경우 유의할 점** : 부모와 자식 간에 매매거래를 하는 경우에는 대가관계가 명백해야 한다. 여기서 대가관계가 명백하다는 것은 경매나 공매, 신고한 소득금액 또는 상속·수증재산의 가액 등으로 실제 유상양도라는 사실이 입증되어야 한다는 것을 말한다. 그렇지 않으면 가족 간의 양도는 증여로 보아 양도소득세가 아닌 증여세가 과세된다.

【추가분석】

만일 위 사례에서 증여재산에 부채가 2억 원이 포함되어 있다면 세금은 얼마나 될까? 이러한 증여방식을 부담부 증여라고 한다.

구분		증여	양도	계
증여세, 양도세	재산가액	3억 원	2억 원	5억 원
	공제액, 필요경비	5,000만 원	1억 2,000만 원*¹	–
	과세표준	2억 5,000만 원	8,000만 원	
	세율	20%	24%구간	
	누진공제	1,000만 원	576만 원	
	산출세액	4,000만 원	1,344만 원	
	최종 납부할 세액	3,880만 원	1,478만 원*²	2,402만 원
현금유출액		3,880만 원	1,478만 원	2,402만 원

*¹ 당초 취득가액×부채가액/전체 증여가액 = 3억 원×2억 원/5억 원 = 1억 2,000만 원
*² 지방소득세 10% 포함한 후의 금액 : 1,344만 원+1,344만 원×10% = 1,478만 원(만 원 단위 이하 절사)

☞ 부담부 증여는 증여와 양도가 결합된 방식으로 절세에 많은 도움을 받을 수 있다. 다만, 최근 증여 취득세 과세표준이 시가상당액으로 인상되어 종전보다 실익이 다소 줄어든 것으로 보인다.

Consulting | 가족 간에 자산(특히 부동산)을 이전하는 방법은 다음과 같이 다양하다. 따라서 실무에서는 세부담을 고려한 후 어떤 규제가 있는지도 아울러 고려해야 한다.

구분	양도	증여		상속
		순수	부담부	
거래방식	유상이전	무상이전	유상이전 + 무상이전	무상이전
과세표준	양도가액 – 취득가액 – 각종 공제	증여재산가액 – 증여 재산공제	양도소득세 과세표준+ 증여세 과세표준	상속재산가액 – 상속 공제
유의할 점	· 대가관계가 명백해야 함. · 저가 또는 고가양도 시 규제	· 증여재산가액 평가에 유의 · 사전증여 시 합산 과세에 유의	· 부채의 적격성에 유의	· 상속재산가액 평가에 유의 · 사전증여 시 합산 과세에 유의

☞ 실무적으로 네 가지 안을 놓고 세금계산을 한 후 유의할 점을 검토한다. 이때 취득세도 같이 검토하는 것이 좋다.

실전연습 | K씨는 10여 년 전에 아버지 명의를 빌려 주택을 구입했다. 본인 명의로 1채를 더 구입하면 1세대 2주택이 되어 향후 이에 대해 비과세를 받지 못할 것으로 생각했기 때문이다. 요즘 아버지가 편찮아서 이 주택을 처분하고자 하나 여의치가 않다. 그래서 하는 수 없이 이 부동산을 어떤 식으로든 본인 명의로 돌려놓고 싶은데 어떻게 하는 것이 좋을지가 궁금하다. 이에 대한 조언을 한다면?

일단 남의 명의로 된 부동산은 세법 이전에 부동산 실명제 위반으로 과징금 등의 제재를 받게 된다. 따라서 실무적으로 이러한 부분을 먼저 고려할 필요가 있다. 이러한 법률 위반 문제를 제쳐놓고 해당 부동산을 이전하는 방법은 다음과 같다.

첫째, 상속이 있다.

상속은 가장 저렴하게 재산을 이전할 수 있는 수단이 된다. 상속재산가액이 10억 원에 미달하면 상속에 따른 취득세만 부담하면 되기 때문이다. 하지만 상속이 발생할 때까지를 기다려야 하고, 상속분쟁이 발생할 수 있다는 단점이 있다.

둘째, 증여가 있다.

생전에 증여를 통해 자산을 이전받을 수 있다. 하지만 증여의 경우에는 증여세가 많이 나올 수 있다는 단점이 있다. 만약 증여로 이전하는 경우에는 부담부 증여 방식을 별도로 검토할 필요가 있다.

셋째, 매매가 있다.

매매 방식도 하나의 대안으로 검토할 수 있지만, 특수관계자 간의 거래에 대해서는 자금출처조사를 하기 때문에 매우 유의해야 한다. 한편 저가나 고가로 양도하는 경우에도 시가를 조사해서 과세할 수 있으므로 적정가액(통상 시세의 80% 선)을 잘 정하는 것도 중요하다.

부동산과 명의신탁

원래 부동산 등기는 실소유자가 자신의 명의로 하는 것이 원칙이다. 그런데 투기나 탈세 등을 위해 제삼자로 등기를 하는 경우가 있는데, 이를 '명의신탁'이라고 하고 명의신탁에 해당하면 법적효력을 무효로 한다. 다만, 채무의 변제를 담보하기 위해 가등기를 하거나 신탁법 등에 의해 신탁재산인 사실을 등기하는 경우, 종중 부동산의 명의신탁 또는 배우자 간의 명의신탁 등은 조세포탈이나 강제 집행 또는 법령상 제한을 피하기 위한 것이 아니라면 명의신탁에 해당하지 않는 것으로 한다. 부동산 등기와 관련해서 시장·군수 또는 구청장, 국세청장 등은 실명을 조사할 수 있는 권한이 있다(법률 제9조). 만약 부동산 실명제를 어긴 사실이 밝혀지면 과징금 등이 부과된다. 그 금액은 부동산 가액의 30%까지 될 수 있다. 이 외에 징역형을 받을 수도 있다.

증여재산의 반환, 증여계약의 해제

증여로 받은 재산을 반환하는 경우에는 자칫 증여세가 추가로 과세될 수 있다. 이하에서 이에 대해 알아보자.

Case | 경기도 남양주시에 거주한 최○○ 씨는 본인 소유의 농지를 2018년 5월에 자녀에게 증여등기해서 이전했다. 그런데 수증자가 증여받을 의향이 없는데도 증여등기 되었다고 다시 환원해서 등기이전할 것을 요구해서 부득이 2024년 6월 합의에 의해서 증여계약을 해제하고 최씨에게 부동산 소유권을 환원하였다.

☞ **물음 1** : 환원받은 부동산도 증여세 과세대상이 되는가?
☞ **물음 2** : 만일 환원받은 부동산이 취득원인무효가 되는 경우 그래도 증여세 과세대상이 되는가?
☞ **물음 3** : 환원받은 부동산에 대한 취득세는 환급을 받을 수 있는가?

Solution | 위의 물음에 맞춰 답을 찾아보면 다음과 같다.

· **물음 1의 경우**

세법에서는 증여한 재산을 증여세 신고기한 내 당초 증여자에게 반환하는 경우에는 처음부터 증여가 없었던 것으로 본다. 하지만 증여세 신고기한 경과 후 3개월 후에 반환하거나 재증여하는 경우에는 당초 증여와 반환·재증여 모두에 대해서 과세하고 있다.

· 물음 2의 경우

수증자 모르게 일방적으로 수증자 명의로 증여 등기한 경우, 즉 당초의 증여등기가 취득원인무효인 경우로써 판결에 의해서 그 재산상의 권리가 말소되는 때에는 증여세를 과세하지 아니한다. 즉 증여계약이 원인무효가 되는 경우에는 증여의 효력이 소급적으로 무효가 된다. 따라서 이런 경우에는 당초 증여분과 반환분에 대해서 증여세가 부과되지 않는다.

· 물음 3의 경우

원칙적으로 반환되는 부동산 등에 대해 취득세는 환급이 되지 않는다. 다만, 증여가 취득원인무효에 해당하는 경우에는 취득세를 반환받을 수 있다.

Consulting | 세법은 증여 후 증여계약의 해제로 반환하는 현금과 부동산에 대해서는 다음과 같이 증여세 과세 여부를 정하고 있다(상증세법집행기준 31-0-4).

반환 또는 재증여시기		당초증여에 대한 증여세 과세 여부	반환 증여재산에 대한 증여세 과세 여부
금전	금전(시기에 관계없음)	과세	과세
금전 외	증여세 신고기한 이내 (증여받은 날이 속하는 달의 말일부터 3개월 이내)	과세 제외	과세제외
	신고기한 경과 후 3개월 이내 (증여받은 날이 속하는 달의 말일부터 6개월 이내)	과세	과세제외
	신고기한 경과 후 3개월 후 (증여받은 날이 속하는 달의 말일부터 6개월 후)	과세	과세
기타	증여재산 반환 전 증여세가 결정된 경우	과세	과세

☞ 금전의 경우 금전거래가 되었다고 무조건 증여세가 과세되는 것은 아니다. 실질이 증여인지, 아닌지의 판단이 중요하다.

실전연습　경기도 포천시에 살고 있는 김○○ 씨는 8년 자경농지 감면 요건이 충족되는 토지를 소유하고 있던 중, 2023년 11월에 딸에게 이 토지를 증여했으며 증여받은 딸은 2024년 2월에 증여세 신고를 마쳤다. 그런데 딸이 직접 농사를 짓기가 형편상 어려워

2024년 4월에 증여해제등기를 하고 소유권을 김씨에게 다시 이전을 했다. 그러고는 2024년 5월에 다른 거주자에게 이 토지를 양도했다. 이 경우 김씨는 8년 자경농지 감면을 받을 수 있는가?

증여한 재산을 다시 이전받은 경우에는 세무상 위험이 매우 증가하게 된다. 이 사례를 가지고 좀 더 자세히 따져보자.

① 만약 김씨가 계속 보유한 상황에서 당해 농지를 양도한 경우
　　→ 8년 자경을 했으므로 감면을 받을 수 있다.

② 김씨가 증여 후 반환받은 농지를 제삼자에게 양도한 경우
　　→ 반환받은 후 8년 자경을 하지 않았으므로 감면규정을 받을 수 없다고 한다(과세당국 의견). 당사자 사이의 합의에 따라 증여세 신고기한 이후에 반환하는 경우에는 그 반환한 날에 재취득한 것으로 보기 때문이다.

☞ 이러한 상황이 발생하면 이의신청 등 불복절차를 밟아 진행하도록 한다.

③ 취득원인무효에 의해 농지를 반환받은 후 제삼자에게 양도한 경우
　　→ 증여 취득원인이 무효가 되므로 김씨는 감면을 받을 수 있다고 해석된다.

1. 영농자녀 증여농지 증여세 감면

증여일 전 3년 이상 계속 재촌·자경한 농지를 증여세 신고기한까지 영농에 종사하는 18세 이상의 자녀가 증여를 받은 경우에는 증여세를 100%(5년간 1억 원 한도) 면제한다(2025년까지 증여받은 분에 한함).

2. 압류를 피하기 위한 증여

A의 재산을 B로 증여하는 경우에는 증여일에 B의 재산이 된다. 이런 상황에서는 제삼자는 A에 대한 채권을 B로부터 회수하지 못하는 것이 원칙이다. 다만, 채무자가 채권자를 해하려고 B에게 부동산을 증여했다는 것이 입증되면 사해행위에 해당되어 증여가 취소될 수도 있다.

부동산이나 주식 등 금융자산을 취득할 때 자금출처조사가 진행될 수 있다. 많은 사람들이 관심을 가지고 있는 이 제도에 대해 알아보자.

1. 자금출처조사

'자금출처조사'란 어떤 사람이 재산을 취득하거나 부채를 상환했을 때 그 사람의 직업·나이 그동안의 소득세 납부실적·재산상태 등으로 보아 스스로의 힘으로 재산을 취득하거나 부채를 상환했다고 보기 어려운 경우, 세무서에서 소요자금의 출처를 제시하도록 해서 출처를 제시하지 못하면 다른 사람으로부터 증여를 받은 것으로 보아 증여세를 추징하는 것을 말한다.

2. 자금출처조사 대상자의 선정

자금출처조사 대상자는 다음과 같이 선정한다(상증세사무처리 규정 제29조).

① 국세청장은 자금출처 서면분석 대상자를 지방국세청장 또는 세무서장에게 출력한다.

② 지방국세청장 또는 세무서장은 제1항의 자금출처 서면분석 대상자를 서면검토한 후 그 결과에 따라 서면확인 대상자와 실지조사 대상자로 분류해야 한다.

③ 지방국세청장 또는 세무서장은 다음 각 호의 어느 하나에 해당되면 자금출처와 관련한 각종 세금을 누락한 혐의에 대해 수시로 자금출처조사 대상자로 선정할 수 있다.

  1. 탈세제보, 세무조사 파생자료, 정보자료 등에 따라 자금출처조사가 필요한 경우

  2. 재산취득과 관련된 세금을 누락한 혐의가 있어 지방국세청장 또는 세무서장이 자금출처조사를 할 필요가 있다고 인정하는 경우

④ 제2항 및 제3항에 따라 선정된 실지조사 대상자가 배우자 또는 직계존속과 직계비속으로부터 취득자금을 증여받은 혐의가 있는 경우에는 그 배

우자 또는 직계존속과 직계비속을 조사대상자로 동시에 선정할 수 있다.

3. 자금출처조사의 배제

자금출처조사는 모든 경우마다 다 하는 것은 아니며, 10년 이내의 재산취득가액 또는 채무상환금액의 합계액이 아래의 기준금액 미만인 경우에는 자금출처조사를 하지 않는다. 다만, 기준금액 이내라 하더라도 객관적으로 증여사실이 확인되면 증여세가 과세된다.

구분	취득재산		채무상환	총액한도
	주택	기타재산		
30세 이상	5,000만 원	5,000만 원	5,000만 원	1억 원
30세 이상	1억 5,000만 원	5,000만 원	5,000만 원	2억 원
40세 이상	3억 원	1억 원	5,000만 원	4억 원

4. 자금출처조사의 내용

취득자금의 80% 이상을 소명하지 않으면(취득자금이 10억 원 이상인 경우에는 소명하지 못한 금액이 2억 원 미만이 되지 않으면) 취득자금에서 소명금액을 뺀 나머지를 증여받은 것으로 보므로 소명자료는 최대한 구비해서 제출해야 한다.

자금출처로 인정되는 대표적인 항목과 증빙서류는 다음과 같다.

구분	자금출처로 인정되는 금액	증빙서류
근로소득	총급여액 – 원천징수세액	원천징수영수증
퇴직소득	총지급액 – 원천징수세액	원천징수영수증
사업소득	소득금액 – 소득세상당액	소득세 신고서 사본
이자·배당·기타소득	총급여액 – 원천징수세액	원천징수영수증
차입금	차입금액	부채증명서
임대보증금	보증금 또는 전세금	임대차계약서
보유재산 처분액	처분가액 – 양도소득세 등	매매계약서

참고로 자금출처는 자금거래내역 등으로 입증하는 것이 원칙이다.

재산 취득 시 자금출처에 대한 해명자료 제출 안내(상증세 사무처리규정 제30조)

지방국세청장(조사담당국장) 또는 세무서장(재산세과장)은 서면확인 대상자의 자금출처 서면확인을 실시하는 경우에는 재산취득자금출처에 대한 해명자료 제출 안내문(아래)을 우편으로 발송해서 해명자료를 제출하도록 안내해야 한다. 그리고 해명자료 등을 확인한 결과에 따라 다음 각 호와 같이 처리한다.

1. 각종 세금을 누락한 혐의가 없다고 인정되는 경우에는 '혐의 없음'으로 종결처리
2. 혐의 사항이 단순하고 경미한 경우에는 상속세(증여세) 기한 후 신고 (수정신고) 안내문을 우편으로 발송
3. 실지조사가 필요하다고 인정되는 경우에는 실지조사 대상자로 선정한다. 다만, 세무서장(재산세과장)은 지방국세청장(조사담당국장)의 승인을 받아 실지조사 대상자로 선정해야 한다.

재산 취득 자금출처에 대한 해명자료 제출 안내

문서번호 :   ·

· 성명 :   귀하   · 생년월일 :

안녕하십니까? 귀댁의 안녕과 화목을 기원합니다.

귀하가 아래의 재산을 취득한 것으로 확인되었으나 귀하의 소득 등으로 보아 자금원천이 확인되지 않는 부분이 있어 이 안내문을 보내드리니 20 .   .   .까지 아래 재산 명세에 대한 취득자금과 관계된 증빙자료를 제출해주시기 바랍니다.

취득한 재산 명세	
제출할 서류	1. 계좌 ○○○○○ 거래 명세서 2. ○○동 ○○번지 취득계약서 사본 등 증빙 3. 취득자금에 대한 금융증빙 4. 기타 해명할 내용
해명 요청 사항	1. 구체적으로 해명사항을 요청함. 2. 3.

요청한 자료를 제출하지 않거나 제출한 자료가 불충분할 때에는 사실 확인을 위한 조사를 할 수 있음을 알려드립니다.

증여세 신고서 작성

> **| 자료 |**
> · 금회 증여재산가액 : 3억 원
> · 5년 전 동일인으로 받은 사전증여재산가액 : 3,000만 원
> · 금회 증여재산에 담보된 채무액 : 1억 원
> · 위 채무액은 수증자가 인수하는 조건임.

증여세과세표준 신고서

수증자	성명, 주민등록번호, 주소 등	
증여자	성명, 주민등록번호, 주소 등	
구분	**금액**	**산출근거(실제 양식에는 없음)**
증여재산가액	3억 원	시가가 원칙이나 예외적으로 보충적 평가방법을 사용
증여재산가산액	3,000만 원	10년 내 동일인으로부터 받은 증여재산가액(합산 후 재 정산)
비과세 등	0	국가 등으로부터 받은 증여재산가액 등
채무액	1억 원	증여재산에 담보된 채무로서 증여자가 인수한 채무액
증여세과세가액	2억 3,000만 원	
증여재산공제	5,000만 원	성년자 공제
과세표준	1억 8,000만 원	
세율	20%	누진공제 : 1,000만 원
산출세액	2,600만 원	
세액공제	78만 원	− 기납부세액공제 : 0원 − 신고세액공제 : 2,600만 원×3%
가산세	0	신고불성실가산세 : 미달신고세액의 20% 납부지연가산세 : 미달납부세액×미납기간×0.022%
납부할 세액	2,522만 원	1,000만 원 초과 시 분납 가능

※ 구비서류
1. 증여자 및 수증자의 호적등본(제출생략 가능)
2. 증여재산 명세서 및 평가명세서(부표)
3. 채무사실 등 기타 입증서류

20 년 월 일

신 고 인   (서명 또는 인)
세무대리인   (서명 또는 인)

○○세무서장 귀하

증여재산 및 평가명세서

재산구분	재산종류	소재지	수량(면적)	단가	평가가액	평가기준
증여재산 가액	건물	서울 OO구			2억 원	기준시가
	토지	서울 OO구			1억 원	기준시가
증여재산 가산액	현금				3,000만 원	시가
합계					3억 3,000만 원	

※ 작성방법
- 재산구분 : 증여재산가액, 증여재산가산액, 비과세 금액, 과세가액 불산입에 대한 구분을 말함.
- 재산종류 : 건물, 토지 등
- 평가기준 : 원칙적으로 시가에 의하되, 시가를 적용하기 곤란한 경우 기준시가로 함.

☞ 증여일이 속한 달의 말일로부터 3개월 내에 수증자의 주소지 관할세 무서에 신고 및 납부한다.

PART 03

이번 'VVIP(Very Very Important Person, 고액재산가) 편'에서는 비교적 재산규모가 큰 재산가 집안의 상속세와 증여세 절세법을 알아보기로 한다. 이를 위해서는 재산평가방법은 물론이고, 상속세 계산구조와 상속공제제도를 활용하는 방법을 기본적으로 알고 있어야 한다. 한편 재산이 많은 집안은 세금 이외에도 재산분쟁을 겪을 가능성이 높기 때문에 이러한 부분에 대해서도 관심을 둘 필요가 있다. 아울러 상속재산이 어떤 식으로 배분되느냐에 따라 상속세에 많은 영향을 주기 때문에 이러한 부분도 별도로 검토할 필요가 있다.

VVIP(재산가) 편

| 핵심주제 |

Chapter 01 VVIP의 상속 절세법
이 장의 핵심주제들은 다음과 같다.
• 상속세 계산구조와 상속공제제도를 정확히 알고 있는가?
• 상속재산에 가산하는 것들과 차감하는 것들을 구분할 수 있는가?
• 상속추정제도를 정확히 아는가?
• 상속채무공제법을 알고 있는가?
• 배우자상속공제제도를 활용할 수 있는가?
• 상속세 납부와 그에 따른 절세법(종신보험 활용 등)을 알아본다.
• 상속세 세무조사 시 유의할 점은 무엇인가?

Chapter 02 VVIP의 증여 절세법
이 장의 핵심주제들은 다음과 같다.
• 재산가의 증여세는 어떻게 다루어야 하는가?
• 재산가들이 금융자산과 부동산 증여 시 어떻게 해야 절세할 수 있는가?
• 가족 간 유상거래와 세무리스크와의 관계를 알아본다.

Chapter 03 VVIP의 재산분배와 절세전략
이 장의 핵심주제들은 다음과 같다.
• 사전증여의사결정 전략을 알아본다.
• 유언에 따른 상속재산 분배와 세금의 관계를 알아본다.
• 신탁재산에 대한 상속·증여세 과세방법을 알아본다.
• 협의분할에 의한 상속재산 분배와 세금의 관계를 알아본다.
• 대습상속과 세대생략상속에 의한 재산분배와 세금의 관계를 알아본다.
• 유증, 상속포기, 사전증여와 종합상속공제 한도의 관계를 알아본다.
• 이혼에 따른 재산분할과 절세 관계는 어떻게 되는가?

VVIP의
상속 절세법

상속세 계산구조(상속공제 포함)

이제 상속재산가액이 10억 원이 넘는 VVIP(재산가)의 상속세 절세법에 대해 알아보자. 이를 위해서는 상속세 계산구조부터 정확히 이해할 필요가 있다. 참고로 VVIP의 증여세 절세법과 재산분배에 따른 상속세 절세법 등은 뒤에서 순차적으로 살펴보자.

Case | 서울 강남구 청담동에 살고 있는 김부자 씨는 다음과 같은 재산을 보유하고 있다. 상증법상 평가방법에 맞춰 재산가액을 평가해보라(현재 시점이 상속개시일이라고 가정한다).

| 보유한 재산 |
· A주택 : 시세는 5억~7억 원, 최근 고시된 기준시가 4억 원
· B주택(아파트) : 시세는 8억 원(기준시가 6억 원), 최근 유사아파트의 거래가액 7억 원
· 예금 : 5,000만 원, 미수이자 200만 원(원천세 제외한 금액)
· 보험 : 사망보험금 2억 원(김씨가 피보험자로 되어 있으며 보험계약자와 보험수익자는 배우자로 되어 있음)
· 주식 : 비상장 주식 10만주 보유(평가액 주당 10,000원, 최대주주는 아니며 가업상속공제 대상도 아님)
· 공과금 : 1,000만 원

Solution | 위의 물음에 맞춰 총상속재산가액을 평가하면 다음과 같다.

구분		금액	근거
상속 재산	A주택	4억 원	시가가 확인되지 않으므로 기준시가 적용
	B주택	7억 원	상속개시 전 6개월 내에 거래가 있으므로 이 매매가액을 시가로 함.
	예금	5,200만 원	예금원금과 이자소득세 등을 제외한 미수이자를 포함함.
	보험	0원	보험계약자와 피보험자(사고대상이 되는 사람)가 일치하지 않으면 상속재산에서 제외됨.
	주식	10억 원	비상장 주식은 법에 의한 주당평가액에 주식수를 곱해 산정함(10만주 ×1만 원).
	계	21억 5,200만 원	

구분		금액	근거
상속부채	대출금	0원	
	공과금 등	1,000만 원	
	계	1,000만 원	
순 상속재산		21억 4,200만 원	이 재산에 대해 상속세가 과세가 됨.

☞ 상속세 절세를 위해 처음에 해야 될 일은 상속재산과 상속부채의 목록을 정확하게 파악하는 것이다. 그런 후 건별로 상증법상 평가액을 계산하는 절차가 필요하다.

Consulting | VVIP 집안은 일반적으로 재산보유규모가 크므로 사전에 대비가 되어 있지 않으면 예기치 않은 상속세 부담으로 상당한 재산유출이 일어날 가능성이 높다. 따라서 상속이 발생하기 전에 미리 이에 대한 대비가 되어 있어야 한다. 일반적으로 재산가의 상속세 절세계획(Plan)은 다음과 같이 진행하는 것이 좋다.

구분	내용
1. 상속대상 재산 파악	· 재산종류와 규모파악(세법상 평가액으로 진행)
2. 피상속인의 연령 및 건강상태 파악	· 사망시점에 따른 세금계획 수립을 하기 위함. · 10년 단위로 실행
3. 절세방안 모색	· 대안 중 세부담최소화의 안을 선택하는 것이 원칙
4. 세금계획의 수정	· 상속재산의 변동이나 세법변경 등의 내용에 따라 수정
5. 세금납부 대책	· 연부연납, 물납 등 검토 · 사전증여 실행 · 보장성보험의 활용 등
6. 상속발생	· 상속재산분배 · 상속등기
7. 신고 및 사후관리	· 상속세 신고 · 사후관리

앞의 과정 전체가 물 흐르듯이 진행되어야 사후적으로 문제가 발생하지 않는다. 참고로 앞의 계획은 통상 상속개시일로부터 10년 이전부터 실행되어야 한다.

※ 상속재산 조회방법

상속재산과 상속부채는 다음과 같은 서비스를 통해 일괄조회를 할 수 있다.

① 금융자산

예금이나 보험, 카드사용 등 각종 금융자산은 금융감독원(부산, 대구, 대전, 광주지원도 가능) 소비자센터를 통해 일괄적으로 조회할 수 있다. 상속인이 직접 방문해서 신청해야 한다. 신청 시 제출할 서류는 사망자의 사망사실이 기재된 기본증명서 또는 사망진단서 원본, 상속인의 신분증(대리인이 가는 경우에는 위임장과 인감증명서가 추가로 필요) 등이 있어야 한다.

② 부동산

거주지에서 가까운 시·군·구청에 앞의 서류들을 제출하면 이를 확인받을 수 있다.

☞ 단, 2016년 2월 15일부터는 관할 시·구·읍·면·동 중 1곳만 방문하면 위의 금융자산과 부동산과 관련된 모든 정보를 제공받을 수 있다.

실전연습 앞의 사례의 경우 상속세는 얼마인가? 단, 유족에는 배우자와 성년인 자녀 2명이 있으며, 배우자가 상속받은 가액은 5억 원이 된다. 장례비용은 1,000만 원이 있다고 하자.

상속세 세율

과세표준	세율	누진공제액
1억 원 이하	10%	-
1억 원 초과 ~ 5억 원 이하	20%	1,000만 원
5억 원 초과 ~ 10억 원 이하	30%	6,000만 원
10억 원 초과 ~ 30억 원 이하	40%	1억 6,000만 원
30억 원 초과	50%	4억 6,000만 원

자료를 통해 상속세를 계산하면 다음과 같다.

① 상속과세가액 : 21억 3,200만 원

상속재산 21억 5,200만 원	−	공과금 1,000만 원	장례비용 1,000만 원 (최소 500만 원)	−	채무 0원	=	과세가액 21억 3,200만 원

② 기초공제 : 2억 원

③ 배우자상속공제 : 5억 원

④ 기타인적공제 · 자녀공제 : 1억 원(자녀 1인당 5,000만 원)

⑤ 일괄공제 : 5억 원(②+④ 대신 적용 가능함, 사례의 경우 일괄공제를 선택하는 것이 유리)

⑥ 금융재산공제 : 2억 원(예금과 주식가액의 20%, 한도 2억 원)

⑦ 과세표준 : 9억 3,200만 원(①-③-⑤-⑥, 일괄공제 유리)

⑧ 산출세액 : 2억 1,960만 원(9억 3,200만 원×세율 30%-누진공제 6,000만 원)

⑨ 납부할 상속세액 : 2억 1,960만 원(자진신고 시 ⑧의 3% 공제)

※ 사례의 경우 절세방안 찾기

위의 사례에서 절세대안을 찾아보면 다음과 같다.

☑ 배우자상속공제는 5억 원을 적용했으나 실무적으로는 이 공제가 30억 원까지 확대될 수 있다.

☑ 본인이 운영하는 법인기업의 주식에 대해서는 가업상속공제액을 600억 원까지 받을 수 있다. 사례의 경우에는 최대 10억 원을 공제받을 수 있다.

☑ 이 외 동거주택상속공제(6억 원 한도) 등도 있다.

Tip 상속이 발생할 때 점검해야 할 것들

☑ 피상속인과 상속인의 가족관계증명서에 의해서 상속인을 확인한다.

☑ 유언서 유무를 확인한다.

☑ 상속재산과 채무를 확인한다. 피상속인이 남긴 상속재산과 채무(가족 명의, 삼자 명의 등 포함)를 조사해서 그 목록과 일람표를 작성한다. 이때에는 채무 입증서류를 반드시 챙겨야 한다.

☑ 상속재산에 대한 평기를 정확하게 해야 된다.

☑ 상속개시일이 속하는 달의 말일로부터 6개월 이내에 상속세를 신고·납부해야 한다.

☑ 등기도 6개월 내에 해야 한다.

상속공제 적용법(종합한도의 중요성 포함)

피상속인의 배우자가 살아있는 한 배우자상속공제 5억 원과 일괄공제 5억 원 등 최소한 10억 원을 상속공제로 받을 수 있다. 하지만 상속재산의 구성형태나 상속받는 방법에 따라 공제액수가 차이가 나며, 이에 따라 세금효과도 달라질 수 있다. 그래서 상속공제 적용법에 대한 지식이 필요하다. 상속공제는 크게 인적공제(1~3)와 물적공제(4~8) 등 두 가지 형태로 나뉜다.

1. 기초공제
'기초공제'는 상속이 발생하면 무조건 2억 원을 상속세 과세가액에서 공제하는 것을 말한다. 이는 필요경비 성격에 해당된다고 볼 수 있다. 비거주자도 적용한다.

☞ 비거주자의 상속공제방법은 이 책의 부록을 참조할 것.

2. 인적공제
① 배우자상속공제
피상속인의 배우자가 생존한 경우 무조건 적용되는 제도다.

> ① 배우자가 상속을 받지 않거나 또는 5억 원 미만의 상속재산을 받은 경우 그리고 재산분할이 없는 경우에는 5억 원을 공제한다.
> ② 5억 원 이상의 상속재산을 받은 경우에는 실제 받은 금액을 공제한다. 다만, 이 금액은 다음의 금액을 한도로 한다.
> · 한도 : Min(배우자의 법정상속 재산가액, 30억 원)
> 여기서 '배우자의 법정상속 재산가액'은 원칙적으로 상속재산가액(상속인이 상속받을 수 있는 상속재산의 순액으로써 공과금과 채무 등이 공제된 후의 금액을 말함)에 배우자의 법정상속지분율을 곱해서 계산된다.

② 기타 인적공제
기타 인적공제의 내용은 다음과 같다.

종류	적용 대상자	공제액
자녀공제	자녀	1인당 5,000만 원
미성년자공제	상속인 및 동거가족 중 미성년자	1인당 '1,000만 원×19세에 달하기까지의 연수'
연로자공제	상속인(배우자 제외) 및 동거가족 중 65세 이상인 자	1인당 5,000만 원
장애인공제	상속인(배우자 포함) 및 동거가족 중 장애인	1인당 '1,000만 원×기대여명연수에 달하기까지의 연수'

종전의 자녀공제는 1인당 3,000만 원이었으나 2016년부터 5,000만 원으로 상향조정되었다. 이러한 기타 인적공제는 주로 상속인과 그의 동거가족에 대해 적용하는 제도에 해당한다.

3. 일괄공제

'일괄공제'는 기초공제와 기타 인적공제의 합계액이 5억 원에 미달하는 경우, 기초공제와 기타 인적공제 대신 일괄적으로 5억 원을 공제할 수 있는 제도다. 다만, 상속세를 신고하지 않는 경우에는 일괄공제를 강제 적용하며, 배우자가 단독상속을 받는 경우에는 일괄공제를 선택할 수 없다. 이를 요약하면 다음과 같다.

구분	일괄공제 적용 여부	최하 공제 예상액
일반적인 공동상속인 경우	선택 적용	10억 원(일괄+배우자)
무신고 경우	강제 적용	10억 원(일괄+배우자)
배우자 단독상속*의 경우	적용 불가(상증법 제21조 참조)	7억 원(기초+배우자)

* 피상속인의 배우자가 민법 제1003조의 규정에 의한 단독상속인이 되는 경우를 말한다.

4. 기업상속공제

상속으로 인해 가업을 승계받은 경우 가업상속재산가액의 100%(단, 피상속인의 가업 계속영위기간이 10년 이상 300억 원, 20년 이상 400억 원, 30년 이상이면 600억 원 한도)를 가업상속공제로 적용한다. 자세한 내용은 PART 05를 참조하라.

5. 영농상속공제

피상속인이 상속개시일 이전 8년 전부터 계속해서 직접 영농에 종사한 경우로 상속재산 중 농지의 전부를 영농에 종사하는 상속인이 상속받은 경우에 최고 30억 원까지 공제를 적용한다.

6. 금융재산상속공제

상속재산 중 부동산 등을 평가하는 경우 시가보다 낮게 평가될 가능성
이 높다. 하지만 금융자산의 경우는 시가를 반영하므로, 타 재산과의 과
세형평성 차원에서 금융재산공제를 적용한다(상증세법집행기준 22-19-1).

구분	금융재산 상속공제액
2,000만 원 이하	순금융재산가액 전액
2,000만 원 초과~1억 원 이하	2,000만 원
1억 원 초과~10억 원 이하	순금융재산가액×20%
10억 원 초과	2억 원

여기서 '순금융재산가액'이란 금융자산에서 금융채무를 차감한 금액을
말한다. 금융재산은 금융기관을 통해 입증되는 예금·보험·주식 등이며,
금융채무 또한 금융기관에 대한 채무를 말한다. 따라서 개인 간의 채무에
대해서는 금융재산공제를 받을 수 없음에 유의해야 한다(최대주주의 주식
도 공제불가. 상증법 제22조). 참고로 2016년부터는 상속세 과세표준 신고
기한까지 신고하지 아니한 타인 명의의 금융재산은 포함되지 아니한다.
따라서 신고기한 후에 이 사실이 적출되어 상속세가 추징되는 경우 이에
대한 공제를 받을 수 없음에 유의해야 한다.

7. 재해손실공제

상속세 신고기한 이내에 화재 등이 발생해서 손실이 발생한 경우 전액
을 공제한다.

8. 동거주택상속공제

거주자의 운명으로 상속이 개시되는 동거주택의 경우에는 동거주택의
100%를 6억 원까지 공제한다. 이 공제는 상속재산 중에 주택가액이 큰 경
우에 유용성이 높다. 예를 들어 주택가격*이 10억 원이고 기타 재산이 6억
원인 상태에서 상속이 발생하면, 동거주택상속공제로 6억 원을 공제받을
수 있고, 기타 배우자상속공제와 일괄공제로 10억 원을 받을 수 있으므
로 상속세를 내지 않아도 된다. 다만, 공제를 받기 위해서는 자녀 등이 10
년 이상 동거해야 하는 등의 조건을 충족해야 한다(89페이지를 참조할 것).

* 상속개시일 현재 해당 주택 및 주택부수토지에 담보된 피상속인의 채무액을 뺀 가액을 말한다(2017년 개정세법).

※ 상속공제제도 요약

구분	항목	공제내용	한도
1. 기초공제		2억 원	
2. 인적공제	– 배우자공제 – 자녀공제 – 미성년자공제 – 연로자공제 – 장애인공제	법정상속지분 내 실제 상속받은 가액 1인당 5,000만 원 1,000만 원×19세까지의 잔여연수 1인당 5,000만 원 1,000만 원×(상속개시일 현재 통계청장이 고시하는 통계표에 따른 기대여명의 연수)	최소 5억 원, 30억 원 한도
3. 일괄공제		5억 원	
4. 가업상속공제	가업을 10년 이상 영위	Min[가업상속재산×100%, 아래 한도] ※ 한도 10년 이상 : 300억 원 20년 이상 : 400억 원 30년 이상 : 600억 원	최대 600억 원 (가업영위기간에 따라 차등 적용)
5. 영농상속공제		영농상속재산가액	30억 원
6. 금융재산공제	순금융자산가액이 – 2,000만 원 이하 – 2,000만 원~1억 원 – 1억 원 초과	순금융자산=(금융자산–금융부채) 전액 2,000만 원 순금융자산가액×20%	2억 원
7. 재해손실공제	신고기한 이내에 화재·폭발·자연재해 등으로 인해서 상속재산이 멸실·훼손된 경우 당해 손실가액을 상속세 과세가액에서 공제		
8. 동거주택 상속공제	피상속인과 10년 이상 계속해서 동거한 주택이 1세대 1주택자인 상태에서 무주택자인 상속인이 상속받은 경우 주택가액의 100%를 6억 원 한도 내에서 공제		

☞ 주의 : 상속공제는 무작정 적용하는 것이 아니라 다음의 한도 내에서 공제된다. 이를 '상속공제 종합한도액'이라고 한다.

상속세 과세가액

– 선순위인 상속인이 아닌 자에게 유증·사인 증여한 재산가액

– 선순위인 상속인의 상속포기로 그다음 순위의 상속인이 받은 상속재산가액

– 상속세 과세가액에 가산한 증여재산가액(증여재산공제액과 재해손실공제액을 차감한 가액)

= 상속공제 종합한도액

예를 들어 배우자상속공제 등으로 인해 상속공제액이 40억 원이 나오더라도 위의 식에 의해 종합한도가 20억 원이라면, 20억 원만 공제받을 수 있다는 것이다. 이에 대한 내용은 매우 중요하므로 이 PART의 Chapter 03에서 별도로 살펴보도록 하겠다.

상속재산에 가산하는 것들과 차감하는 것들

상속세는 상속재산의 크기와 상속공제제도에 절대적으로 좌우되는 세금 항목에 해당한다. 이 중 상속재산의 크기에 영향을 주는 내용들을 살펴보자. 이때 상속재산에 가산되는 항목이 추가되면 상속세가 늘어나고 차감되는 항목이 추가되면 상속세가 줄어든다. 그렇다면 이러한 항목들에는 어떤 것들이 있을까?

Case | 서울 강남구 압구정동에 거주한 송○○ 씨는 운명하기 전에 재산의 일부를 다음과 같이 증여했다. 상속세 산출세액은 얼마나 될까? 단, 상속 시 발생한 상속재산가액은 10억 원이며, 상속공제액은 총 10억 원을 받을 수 있다고 가정한다.

사전증여한 재산현황

구분	수증자	증여금액	상속 시 시세	증여시기	비고
다가구주택	배우자	3억 원	5억 원	9년 전	
상가	자녀	5억 원	10억 원	8년 전	
토지	손자녀	2억 원	5억 원	7년 전	
계		10억 원	20억 원		

Solution | 위의 자료를 바탕으로 상속세를 계산하면 다음과 같다.

구분	금액	비고
상속 시의 재산가액	10억 원	
+사전에 증여한 재산가액	8억 원	· 배우자와 자녀에게 사전증여한 재산가액만 합산됨. · 합산되는 가액은 증여일 현재의 평가액임.
=총상속재산가액	18억 원	
−상속공제액	10억 원	자료상 가정
=과세표준	8억 원	
×세율	30%, 누진공제 6,000만 원	
=산출세액	1억 8,000만 원	

앞에서 손자녀에게 증여한 재산가액을 합산하지 않은 이유는 비상속인의 경우에는 합산하는 기간이 5년이기 때문이다. 배우자나 자녀의 경우에는 합산기간이 10년이다.

☞ 사전에 증여한 재산이 상속재산에 합산되는 경우에는 증여 당시의 신고가액이 합산된다. 따라서 가치상승분은 합산대상에서 제외된다.

Consulting │ 본래의 상속재산과 상속부채 그리고 본래의 상속재산에 가산되는 것들과 차감되는 것들을 살펴보면 다음과 같다.

① 본래의 상속재산과 상속부채

상속재산			상속부채	
내용		금액	내용	금액
본래	부동산 현금과 예금 주식이나 채권 특허권 기타(자동차, 각종 물건과 권리)		세금과 공과금 은행대출금 사채(私債) 임대보증금 기타	
			상속부채 계	
상속재산 계			순 상속재산	

② 본래의 상속재산에 가산되는 것들과 차감되는 것들

가산	차감
· 사전에 증여한 재산가액 · 보험금 · 퇴직금 · 신탁재산의 가액 · 상속개시일 전에 인출 · 처분한 가액	· 공익법인에의 출연한 금액 · 금양임야와 묘토인 농지가액 · 상속채무 · 장례비용 등

※ 장례비용 공제법

상속재산가액에서 공제하는 장례비=①+②

① 피상속인의 사망일부터 장례일까지 장례에 직접 소요된 금액(봉안시설 사용금액 제외)

· 장례비가 500만 원 미만 시 : 500만 원을 공제

· 장례비가 500만 원 초과 시 : Min[장례비용 증빙액, 1,000만 원]

② 봉안시설사용금액
  · Min[봉안시설비용 증빙액, 500만 원]

경기도 고양시에 거주하고 있던 김○○ 씨가 운명해서 상속인들
이 보험금 5억 원을 수령했다. 그의 재산에는 이 외 5억 원 상당
의 부동산이 있다. 이 경우 상속세는 얼마인가? 만일 상속세과세
가액 미달로 인해 상속세가 나오지 않는다면 보험금에 대한 증여
세는 과세되는가? 단, 상속공제액은 10억 원이라고 하자.

계약자	피보험자	수익자
김○○	김○○	법정상속인

다음과 같이 위에 대한 답을 찾아보자.

STEP1 보험에 대한 상속세 과세 여부 판단

비록 사망보험금이 상속재산에 포함되지만 보험금을 포함한 상속재산가
액이 10억 원이고, 상속공제액이 10억 원이므로 상속세 과세표준은 0원
이 된다. 따라서 상속세는 부과되지 않는다.

STEP2 보험에 대한 증여세 과세 여부 판단

이처럼 과세미달로 인해 상속세가 과세되지 않은 경우에는 증여세 과세
여부를 검토할 필요가 없다. 해당 보험금은 상속세 과세대상에 해당하기
때문이다.

☞ 만일 상속세 과세대상에 해당하지 않으면 증여세 과세 대상 여부를
   판단해야 한다(다음 참조).

보험과 상속·증여 과세 여부 판단

구분	보험계약자	피보험자	보험수익자	보험사고	과세관계
①	A	A	A	만기	상속세나 증여세 과세되지 않음.
				A의 사망	상속세
②	A	A	B	만기	증여세(A가 B에 증여)
				A	상속세
③	A	B	A	만기	상속세나 증여세 과세되지 않음.
				B의 사망	상속세나 증여세 과세되지 않음.
④	A	B	C	A의 사망	상속세(A가 불입한 보험료금액의 권리가 상속)
				B의 사망	증여세(A가 C에 증여)
				C의 사망	상속세나 비과세 과세되지 않음(만기에 A수령).

위 ①의 경우 보험계약자와 피보험자 그리고 보험수익자가 모두 동일인으로 되어 있으므로 만기보험금에 대해서는 증여세 문제는 없다. 그런데 만일 A가 사망한 경우에는 A의 돈으로 보험료를 불입했기 때문에 사망보험금은 A의 상속재산으로 보게 된다. 아래 예규를 참조하자.

※ 관련 규정 : 재산-108, 2010. 2. 23.
상증법 제8조의 규정에 의하여 피상속인의 사망으로 인하여 지급받는 생명보험 또는 손해보험의 보험금으로써 피상속인이 보험계약자가 된 보험계약(피상속인이 실질적으로 보험료를 지불한 경우 포함)에 의하여 지급받는 보험금은 이를 상속재산으로 보는 것이나, 상속인이 보험계약자로서 실질적으로 보험료를 지불한 경우에는 상속재산으로 보지 않는 것이며 피상속인이 교통사고 등으로 사망하여 그 유족이 수령하는 위자료 성격의 보상금에 대해서도 상속세가 과세되지 아니하는 것임.

공익법인, 금양임야와 묘토인 농지

1. 공익법인

종교단체 등 공익법인에 상속재산을 출연하면 상속세를 비과세받을 수 있다(자세한 내용은 PART 05를 참조할 것).

2. 금양임야

'금양임야'란 묘지를 보호하기 위해서 벌목을 금지하고 나무를 기르는 묘지 주변의 임야를 말하는 것으로써, 다음과 같은 요건을 충족하면 아래 3과 합해서 최고 2억 원까지 공제한다.

• 피상속인이 제사를 모시고 있던 선조의 분묘(무덤) 주변의 임야이어야 한다.
• 제사를 주재하는 상속인(공동으로 제사를 주재하는 경우에는 그 공동 상속인 전체)을 기준으로 9,900㎡까지만 비과세 된다.

3. 묘토인 농지

'묘토'라 함은 묘지와 인접한 거리에 있는 것으로서 제사를 모시기 위한 재원으로 사용하는 농지를 말하며, 다음과 같은 요건을 충족해야 한다.

• 피상속인이 제사를 모시고 있던 선조의 묘제(산소에서 지내는 제사)용 재원으로 사용하는 농지이어야 한다.
• 제사를 주재하는 자에게 상속되어야 한다.
• 제사를 주재하는 상속인을 기준으로 1,980㎡까지만 비과세 된다.

☞ 상속재산 중에 조상의 무덤이 있는 선산이 포함되어 있는 경우에는 최소한 비과세 대상 면적만이라도 제사를 주재하는 자가 상속을 받으면 절세할 수 있다.

상속추정, 상속세무조사에서 핵심인 이유

재산이 많은 상태에서 상속개시가 임박했다면 재산의 일부를 처분해서 은닉할 개연성이 높아진다. 상속재산을 은닉하면 그 금액에 한계세율만큼 세금이 줄어들기 때문이다. 그렇다면 과세당국은 이런 행위에 대해 가만히 보고만 있을까? 결코 그렇지 않을 것이다. 이하에서 상속개시일 전 1년 또는 2년 내에 재산변동이 일어나면 세무상 어떤 문제가 있는지 알아보자.

Case | 자료가 다음과 같을 때 상속세는 얼마인가?

| 자료 |
· 상속재산 : 12억 6,000만 원
· 상속개시일로부터 6개월 전에 3억 원을 인출함. 전액 용도입증이 불가능함.
· 상속채무 : 2억 원
· 상속공제액 : 10억 원
· 장례비용 : 1,500만 원
· 상속인 : 배우자, 자녀 2명
· 기타 사항은 무시함.

Solution | 위의 물음에 대해 답을 구하기 위해서는 먼저 상속추정제도에 대해 이해하고 있을 필요가 있다.

1. 상속추정제도

이 제도는 다음의 요건을 충족하는 경우 상속추정액을 상속재산가액에 포함시켜 과세하는 제도를 말한다.

· 상속개시일을 기준으로 소급해서 재산종류별(금융재산, 부동산과 권리,

기타 재산)로 1년 이내에는 2억 원, 2년 이내에는 5억 원 이상의 금액을 인출하거나 처분할 것(채무부담의 경우 별도로 적용됨)
· 위 금액에 대한 용도가 입증되지 않을 것

☞ **사례의 경우**

상속개시일로부터 6개월 전에 3억 원을 인출했으니 이 제도의 적용대상이 된다. 따라서 다음의 금액을 상속재산가액에 합산하게 된다.

· 인출한 금액-(인출금액×20%, 2억 원 중 작은 금액*)=3억 원-(3억 원×20%, 2억 원 중 작은 금액)=3억 원-6,000만 원=2억 4,000만 원

    * 용도불분명한 금액을 전액 상속재산가액에 포함시키는 것은 가혹하므로 처분·인출 대금 등의 20%와 2억 원 중 작은 금액을 차감한다.

이를 서식으로 표현하면 다음과 같다.

⑪ 재산인출/처분 (부담채무)가액	⑫ 사용처소명 금액	⑬ 미소명 금액	⑭ ⑪ 금액의 20%와 2억 원 중 적은 금액	⑮ 상속추정 여부 ⑬ 〉⑭	⑯ 상속추정 재산가액(⑬-⑭)
3억 원	0원	3억 원	6,000만 원	적용함.	2억 4,000만 원

2. 상속세 계산

위의 상속추정액을 반영해서 상속세를 계산하면 다음과 같다.

(단위 : 원)

구분	금액	비고
본래상속재산 (+) 간주상속재산가액 (+) 상속추정액 (+) 상속개시 전 증여재산가액	1,260,000,000 240,000,000	위에서 계산됨.
(=) 총상속재산가액 (−) 공과금 및 채무, 장례비	1,500,000,000 210,000,000	채무+장례비용(1,000만 원 한도)
(=) 과세가액 (−) 상속공제 (−) 감정평가수수료공제	1,290,000,000 1,000,000,000	자료상 가정
(=) 과세표준 (×) 세율	290,000,000 20%(1,000만 원)	1,000만 원은 누진공제액
(=) 산출세액 (+) 세대생략가산액	48,000,000	과세표준×20%-1,000만 원

(=) 산출세액 합계 (−) 세액공제 (+) 가산세	48,000,000 1,440,000	상속개시 말일~ 6개월 내 신고 시 3% 신고세액 공제 적용
(=) 납부세액	46,560,000	

Consulting 피상속인이 살아있을 때 본인 명의로 거래를 하거나 예금을 인출한 다음에 사망을 하면 과세당국이 이의 사용처를 밝혀내는 것은 불가능한 일이 된다. 그러므로 다음과 같은 기준에 따라 용도가 불분명한 금액을 상속재산에 포함시키고 있다.

추정대상	추정내용*
재산을 처분 또는 인출	상속개시일 전 재산종류별로 처분 또는 인출금액이 1년(2년) 내에 2억 원(5억 원) 이상인 경우로써 객관적으로 용도가 명백하지 아니한 경우에는 상속인이 상속받은 것으로 추정한다. ※ 위에서 '재산종류별'이라 함은 다음과 같이 구분한 것을 말한다. ① 현금·예금 및 유가증권 ② 부동산 및 부동산에 관한 권리 ③ 기타 재산
채무부담	상속개시일 전 채무부담액이 1년(2년) 내에 2억 원(5억 원) 이상인 경우로써 객관적으로 용도가 명백하지 아니한 경우에는 상속인이 상속받은 것으로 추정한다.

* 상속추정제도가 적용되는 경우 소명은 납세의무자가 하는 것이 원칙이다. 이 기간을 벗어나면 과세당국이 입증하는 것이 원칙이다.

☞ 위의 표에서 '객관적으로 용도가 명백하지 아니한 경우'란 다음에 해당하는 것을 말한다.

☑ 피상속인이 재산을 처분하거나 피상속인의 재산에서 인출한 금액을 지출한 거래상대방이 거래증빙의 불비 등으로 확인되지 아니하는 경우

☑ 거래상대방이 금전 등의 수수사실을 부인하거나 거래상대방의 재산상태 등으로 보아 금전 등의 수수사실이 인정되지 아니하는 경우

☑ 거래상대방이 피상속인과 특수관계에 있는 자로서 사회통념상 지출 사실이 인정되지 않는 경우

☑ 피상속인이 재산을 처분하고 받은 금전 등으로 취득한 다른 재산이 확인되지 아니하는 경우

☑ 피상속인의 연령·직업·경력·소득 및 재산상태 등으로 보아 지출 사실이 인정되지 아니하는 경우

추정상속재산가액의 계산 및 상속추정배제 기준(상증세법집행기준15-11-6)

구분	재산처분액·채무부담액
추정상속재산가액	용도불분명한 금액 − Min[① 처분재산가액·인출금액·채무부담액×20%, ② 2억 원]
상속추정의 배제	용도불분명한 금액 〈 Min[① 처분재산가액·인출금액·채무부담액×20%, ② 2억 원]

☞ 상속추정은 상속세 세무조사 시 핵심이 되므로 반드시 세무전문가의 도움을 받아 처리를 하기 바란다.

실전연습　서울에 거주하고 있는 Y씨의 통장거래 내역이 다음과 같다고 하자.

거래날짜	예입액	인출액	잔액	거래내역	비고
20X8. 05. 01.			10억 원		
20X8. 06. 30.		3억 원	7억 원	현금출금	사용처 불분명
20X9. 07. 31.		3억 원	4억 원	현금출금	사용처 불분명
20X9. 12. 30.		4억 원	0원	현금출금	사용처 불분명

☞ **물음 1** : 만약 20×9년 12월 31일에 Y씨가 사망한 경우 상속재산에 포함되는 예금은 얼마인가? 단, 상속추정에 의한 금액은 제외한다.
☞ **물음 2** : 상속추정제도가 적용되면 가산해야 할 상속재산가액은 얼마인가?
☞ **물음 3** : 상속추정제도를 적용받지 않으려면 어떻게 해야 하는가?

물음에 순차적으로 답을 찾아보면 다음과 같다.

· 물음 1의 경우
상속개시일 현재 잔고가 0원이므로 상속재산가액에 포함되는 금액은 없다.

· 물음 2의 경우

상속개시일(20×9. 12. 31)로부터 2년 이내에 인출한 돈이 10억 원이므로 상속추정제도가 적용된다. 그리고 전액 사용처가 불분명하므로 다음의 금액을 상속재산가액에 합산한다.

⑪ 재산인출/처분 (부담채무)가액	⑫ 사용처소명 금액	⑬ 미소명 금액	⑭ ⑪ 금액의 20%와 2억 원 중 적은 금액	⑮ 상속추정 여부 ⑬ 〉⑭	⑯ 상속추정 재산가액(⑬-⑭)
10억 원	0원	10억 원	2억 원	적용함	8억 원

☞ 인출한 금액이 10억 원이나 이 중 2억 원만큼은 소명을 하지 않더라도 상속재산가액에 포함되지 않는다.

· 물음 3의 경우

상속개시일로부터 소급해서 2년을 벗어나야 한다. 이 외 2년 내에 인출한 경우에는 사용처에 대한 증빙(병원비 등)을 잘 갖춰둬야 한다.

※ 실무적으로 알아둬야 할 상속추정제도

☑ 실무적으로 100만 원 이상이 넘어가는 인출금에 대해 용도를 확인하자.
☑ 상속추정제도 적용 시 사용처 입증은 납세의무자가 해야 한다.
☑ 상속추정제도가 적용되지 않는 구간의 사용처 입증은 과세관청이 해야 한다.

Tip 통장 인출금액의 추정상속재산가액 계산방법

피상속인의 전체 금융기관의 통장 또는 위탁자계좌(예 : 증권계좌) 등 전체 계좌를 기준으로 상속개시일 전 1년 또는 2년 이내 인출금액에서 이 기간 동안 당해 계좌로 재입금된 금전 등을 차감해서 계산한다(상증세법집행기준 15-11-2).

상속개시일 전 1년 또는 2년 이내에 인출한 금전 등의 합계액
– 당해 기간 중 예입된 금전 등의 합계
+ 예입된 금전 등이 당해 통장에서 인출한 금전이 아닌 것.
= 실제 인출한 금전 등의 가액

▶ 상속추정 계산사례

서울 송파구 잠실동에 거주하고 있는 K씨가 사망을 했다. 그의 계좌에는 다음과 같은 거래가 있었다. 통장거래금액은 부동산 처분과 관계가 없으며, 채무부담액 3억 원이 들어 있었다. 상속추정제도에 의한 상속재산가산액을 계산해보자. 단, 상속개시일은 20×4년 1월 1일이다.

☞ 해당 사례를 이해하는 것은 초보자로서는 상당히 힘들 수 있다. 따라서 이 부분은 건너뛰어도 무방하다.

통장거래

거래날짜	예입액	인출액	잔액	거래내역	비 고
20×1. 01. 01			4억 원	계좌이체	
20×1. 12. 01		1억 원	3억 원	현금출금	사용처 불분명
20×2. 03. 01		2억 원	1억 원	현금출금	사용처 불분명
20×2. 05. 01	1억 원		2억 원	현금입금	재입금
20×2. 12. 01		1억 원	1억 원	계좌이체	사용처 불분명
20×3. 01. 08		1억 원	0원	현금출금	사용처 불분명
20×3. 01. 09	1억 원		1억 원	현금입금	재입금
20×3. 05. 01		1억 원	0원	현금출금	사용처 불분명
20×3. 12. 01	3억 원		3억 원	현금입금	차입금 입금
20×3. 12. 02		3억 원	0원	현금출금	사용처 불분명
계	5억 원	9억 원	0원		

위의 자료에 따라 상속추정액을 계산하면 다음과 같다.

1. 상속추정제도 적용 대상 구분

구분		사례
(1) 재산처분에 대한 상속추정 적용 여부	① 현금·예금 및 유가증권	해당
	② 부동산 및 부동산에 관한 권리	미해당
	③ 기타 재산	미해당
(2) 채무부담에 대한 상속추정 적용 여부		해당

☞ 상속개시일로부터 2년 전의 것은 이 제도를 적용받지 않는다(사례의 경우 20×1년 12월 31일 이전의 것을 말한다).

☞ 앞의 사례는 위 (1)의 ①과 (2)에 대해 상속추정규정이 적용된다.

2. 현금·예금인출에 대한 상속추정제도 적용

현금·예금인출에 대한 상속추정제도를 적용하면 다음과 같다.

STEP1 상속추정제도 적용 여부 판단

구분	인출금액	예입금액	순인출금액	상속추정제도 적용 여부
(1) 1년 이내 인출 (20×3. 1. 1~20×3. 12. 31)	5억 원	1억 원	4억 원	2억 원 초과하므로 적용함.
(2) 2년 이내 인출 (20×2. 1. 1~20×3. 12. 31)	8억 원	2억 원	6억 원	5억 원 초과하므로 적용함.

☞ 채무부담액이 예금계좌에 입금되었다가 인출된 경우 그 인출된 금액을 예금인출액으로 보아 사용처 소명대상이 된다(서면4팀-1862, 2004. 11. 18). 부동산을 처분해서 입급했다가 인출된 경우도 동일하다.

STEP2 상속추정에 의해 가산할 금액계산

구분	⑪ 재산인출/처분 (부담채무)가액	⑫ 사용처소명 금액	⑬ 미소명 금액	⑭ ⑪ 금액의 20%와 2억 원 중 적은 금액	⑮ 상속추정 여부 ⑬ > ⑭	⑯ 상속추정 재산가액(⑬-⑭)
위(1)	4억 원	3억 원	1억 원	8,000만 원	적용함.	2,000만 원
위(2)	6억 원	3억 원	3억 원	1억 2,000만 원	적용함.	1억 8,000만 원

* 채무부담으로 입금한 금액은 재산처분 상속추정 시 사용처가 객관적으로 명백한 것으로 본다(서면4
  팀-1862, 2004.11.18). 이는 아래 채무부담에 대한 상속추정에서 별도로 검토가 된다. 그런데 앞 사
  례처럼 (1)과 (2)가 동시에 적용되는 경우에는 둘 중 큰 금액을 상속추정재산가액에 포함해야 한다
  (상증, 기재부재산세제과-1554, 2022. 12. 21).

3. 채무부담에 대한 상속추정제도 적용

채무부담에 대한 상속추정제도를 적용하면 다음과 같다.

STEP1 상속추정제도 적용 여부 판단

구분	인출금액	재예입금액	순인출금액	상속추정제도 적용 여부
(1) 1년 이내 인출 (20×3. 1. 1~20×3. 12. 31)	3억 원	0	3억 원	2억 원 초과하므로 적용함.
(2) 2년 이내 인출 (20×2. 1. 1~20×3. 12. 31)			해당사항 없음.	

STEP2 상속추정에 의해 가산할 금액계산

구분	⑪ 재산인출/처분 (부담채무)가액	⑫ 사용처소명 금액	⑬ 미소명 금액	⑭ ⑪금액의 20%와 2억 원 중 적은 금액	⑮ 상속추정 여부 ⑬ 〉⑭	⑯ 상속추정 재산가액(⑬-⑭)
위(1)	3억 원	0원	3억 원	6,000만 원	적용함	2억 4,000만 원
위(2)	해당사항 없음					

☞ 참고로 상속추정기간 이내에 증여한 재산가액은 사용처가 입증된 것으로 용도가 불분명한 재산가액으로 보지 않는다.
  물론 사전에 증여한 재산에 대해서는 증여세가 과세되는 한편 상속재산가액에 합산된다.

상속채무 활용법

채무가 있는 상황에서 상속이 발생한 경우 이 채무는 상속재산가액에서 차감된다. 하지만 이 채무가 공제되려면 피상속인이 부담해야 할 성질의 것임 등을 입증해야 한다.

Case 20×7년 4월에 부친이 작고했다. 상속인에는 모친과 자녀 4명이 있다. 유산이 다음과 같다고 할 때 상속세는 얼마가 나올까?

> **| 자료 |**
> · 주택 2채(실거래가 기준 : 8억 원)
> · 은행 예금 : 1,000만 원
> · 은행 대출 : 1억 원
> · 전세금 : 5억 원(20×7년 3월 체결, 전액 사용처 불분명)
> · 상속공제액 : 10억 원

Solution 위의 자료를 바탕으로 상속세를 계산하기 위해서는 상속채무인 전세금에 대한 내용부터 확인해야 한다. 일반적으로 상속개시일 현재 피상속인이 부담해야 할 채무는 상속재산가액에서 차감된다. 그런데 문제는 상속개시일 전 1년 또는 2년 이내에 채무를 부담한 경우에는 '상속추정'제도가 적용된다는 것이다. 즉 사례의 경우 상속개시일 1개월 전에 전세금 5억 원을 받았는데, 이 돈의 사용처를 상속인들이 별도로 입증해야 한다는 것이다. 만일 이를 입증하지 못하면 상속추정제도에 의해 해당금액이 상속재산가액에 합산된다. 따라서 사례의 경우에는 다음과 같이 계산된 금액을 합산한다.

· 상속추정에 의해 합산해야 할 가액 : 5억 원-(5억 원×20%, 2억 원 중 작은 금액) = 4억 원

이를 감안해서 상속세를 계산하면 다음과 같다.

구분	금액	비고
본래상속재산 (+) 간주상속재산가액 (+) 상속추정액 (+) 상속개시 전 증여재산가액	8억 1,000만 원 4억 원	
(=) 총상속재산가액 (−) 공과금 및 채무, 장례비	12억 1,000만 원 5억 원	전세보증금
(=) 과세가액 (−) 상속공제 (−) 감정평가수수료공제	7억 1,000만 원 10억 원	가정
(=) 과세표준 (×) 세율	0원	
(=) 산출세액	0원	

상속추정제도에 의해 4억 원이 합산되었지만 5억 원만큼 상속채무로 공제되어 전체적으로 1억 원만큼 상속재산가액을 줄이는 효과가 나타났다. 상속추정제도의 경우 사용처 불분명한 금액을 전액 합산하는 것이 아니라, 부담한 부채의 20%와 2억 원 중 적은 금액을 차감해서 합산하기 때문이다.

※ 전세보증금과 상속세 절세

☑ 전세보증금은 상속채무에 해당한다.

☑ 전세보증금에도 상속추정제도가 적용된다. 따라서 2년 이내의 임대보증금을 채무로 신고한 경우에는 그 사용처에 대한 증빙을 철저히 확보해두어, 나중에 그 사용처를 소명하지 못해 상속세를 추징당하는 불이익을 받지 않도록 해야 한다.

☑ 월세보다는 전세보증금이 더 나을 수 있다. → 시뮬레이션을 통해 최적안을 도출할 수 있다.

Consulting | 상속재산가액에서 차감하는 채무는 다음과 같이 공제를 받는다.

1. 공제 가능한 채무의 입증방법

상속세를 계산할 때 공제되는 채무금액은 상속개시 당시 피상속인의 채무로 상속인이 실제로 부담하는 사실이 다음 어느 하나에 의해 입증되어야 한다.

구분	채무의 입증방법
국가·지방자치단체 및 금융기관에 대한 채무	당해 기관에 대한 채무임을 입증할 수 있는 서류
기타의 자에 대한 채무	채무부담계약서, 채권자확인서, 담보 및 이자지급에 관한 증빙 등에 의해 그 사실을 확인할 수 있는 서류

2. 공제가능한 채무의 범위

① 연대 및 보증 채무

피상속인이 연대채무자인 경우에 상속재산에서 공제할 채무액은 피상속인의 부담분에 상당하는 금액에 한해 공제할 수 있다. 한편 피상속인이 부담하고 있는 보증채무 중 주 채무자가 변제불능의 상태에 있어 상속인이 주 채무자에게 구상권을 행사할 수 없다고 인정되는 부분에 상당하는 금액은 채무로 공제한다.

② 임대보증금

피상속인이 토지·건물의 소유자로서 체결한 임대차계약서상의 보증금은 채무로 공제된다.

③ 사용인의 퇴직금상당액에 대한 채무

피상속인이 사업상 고용한 사용인에 대한 상속개시일까지의 퇴직금 상당액(근로기준법에 의해 지급해야 할 금액을 말함)은 공제할 수 있는 채무에 해당한다.

3. 채무에 대한 입증책임

상속개시 당시 피상속인의 채무가 존재하는지 여부, 보증채무 및 연대 채무의 경우 주 채무자가 변제불능의 상태에 있어 피상속인이 부담하게 될 것이라는 사유 등에 대한 입증책임은 납세의무자에게 있다.

※ 관련 판례 : 수원지법2009구합9766, 2010. 06. 10
상속재산가액에서 공제할 상속채무는 상속세 과세가액 결정에 예외적으로 영향을 마치는 특별한 사유에 속하므로 그 존재사실에 관한 주장·입증책임은 과세가액을 다투는 납세의무자에게 있다고 보아야 한다.

실전연습　서울 강동구에 거주하고 있는 설청수 씨는 시가 10억 원 상당의 건물을 임대하면서 1. 보증금 4억 원에 월세 200만 원, 2. 보증금 1억 원에 월세 700만 원을 받는 두 가지 안을 검토하고 있다. 상속세에 어떤 영향을 주는지 보증금과 월세에 대해 검토하고 유리한 방안을 도출하라. 설씨의 재산은 20억 원 상당이 되며 상속공제예상액은 10억 원이라고 하자.

STEP1 쟁점
사례의 경우 상속이 발생하면 상속세 과세가 예상되는 상황이다. 따라서 어떤 안이 상속세에 더 유리한지 이를 파악하는 것이 중요하다.

STEP2 보증금 및 월세에 대한 상속세 규정
보증금은 상속재산가액에서 차감되나 월세는 그렇지 않다. 한편 상속개시일 전 1~2년 이내에 전세보증금에 대한 사용처에 대해서는 상속추정제도가 적용된다.

STEP3 결론도출
위의 경우 일반적으로 1안이 낫다고 판단을 내릴 수 있다. 설씨의 재산은 20억 원이므로 여기에서 보증금 4억 원을 차감하면 16억 원으로 상속재산가액을 낮출 수 있기 때문이다. 다만, 실무에서는 다음과 같은 상황도 고려해서 최종의사결정을 내려야 한다.

☑ **상속추정제도의 적용 여부**
→ 전세보증금도 채무에 해당하므로 상속추정제도를 적용받게 된다.

☑ **수익률 비교**

→ 월세와 전세보증금을 어떤 식으로 하느냐에 따라 수익률에 차이를 가져온다.

☑ **상속재산평가**

→ 월세와 임대보증금이 있는 경우 임대보증금으로 환산한 가액을 상속재산가액으로 할 수 있다.

상속·증여 관련 부채의 사후관리

상속이나 증여와 관련해서 발생한 부채는 사후관리를 받게 되는데 이에 대한 내용을 살펴보자.

☑ 상속세 및 증여세(부담부 증여 등을 포함)의 결정이나 재산취득자금 출처확인 등에서 인정된 부채를 국세통합시스템에 입력한다.

☑ 부채 사후관리 대상자에게 해명할 사항이 필요한 경우 부채 상환에 대한 해명자료 제출안내문을 우편으로 발송한다.

☑ 사후관리 결과 채권자 변동사실, 채무감소(변동)사실 등이 확인된 경우에는 즉시 그 사실을 국세통합시스템에 입력한다.

월세와 임대보증금, 어떤 것이 세금 측면에서 유리할까?

"상속세 측면에서 볼 때 월세와 전세보증금 중 어떤 것으로 임대차계약이 되면 유리할까?" 이에 대해 많은 사람들이 명쾌하게 답을 내리지 못하고 있다. 지금부터 대안별로 이 문제를 살펴보자. 참고로 전세보증금에 대해서는 5%의 수익을 얻을 수 있다고 하자.

> · 대안 1 : 월세만 연간 6억 원을 받는 경우
> · 대안 2 : 전세보증금만 120억 원을 받는 경우
> · 대안 3 : 월세는 연간 3억 원, 전세보증금은 60억 원을 받는 경우

이상과 같은 대안들은 수익 측면에서 모두 동일하다. 예를 들어 대안 2처럼 전세보증금 120억 원을 받은 경우 이에 대해 5%의 수익률을 적용하면 대안 1처럼 연간 6억 원의 수익(월세)이 나온다. 또한 대안 3도 마찬가지다.

그렇다면 상속세 측면에서도 같은 결과를 보일 것인가? 상속세는 우선 재산평가가 중요하므로 이를 기준으로 결론을 내려 보자. 단, 이 건물의 기준시가는 50억 원이라고 하자. 이때 기준시가로 상속세를 신고하더라도 감정평가액으로 경정되지 않는다고 하자.

대안 1 : 재산평가액
연간 6억 원의 임대료를 세법에서 정하고 있는 할인율 12%로 환산하면 50억 원의 평가액이 나온다. 따라서 앞에서 가정한 기준시가 50억 원과 동일하므로 대안 1에 의한 재산평가액은 최종적으로 50억 원이 된다. 부채는 따로 없으므로 최종 50억 원에 대해 상속세가 부과된다.

대안 2 : 전세보증금만 120억 원을 받는 경우
대안 1처럼 월세가 없으므로 전세보증금 120억 원과 기준시가 50억 원 중 큰 금액이 재산평가액이 된다. 따라서 이 경우에는 전세보증금 120억

원이 재산평가액으로 된다. 참고로 이 금액이 현금으로 그대로 남아 있는 경우에는 현금이 별도로 상속재산에 포함되며 동시에 부채에 해당하므로 전체 상속재산가액에 별다른 영향을 미치지 않는다. 결국 120억 원에 대해 상속세가 부과된다.

대안 3 : 월세는 연간 3억 원, 전세보증금은 60억 원을 받는 경우

이 경우에는 월세에 대해서는 12%로 환산한 금액에 전세보증금을 더해 평가를 해야 한다. 연간 3억 원을 12%로 환산하면 25억 원이 나오고 이에 전세보증금 60억 원을 더하면 대략 85억 원이 된다. 따라서 대안 3의 경우에는 85억 원에 대해 상속세가 부과된다.

구분	평가액	비고
대안 1	50억 원	
대안 2	120억 원	
대안 3	85억 원	

이상과 같이 월세나 보증금의 수수상황에 따라 상속재산가액이 최저 50억 원에서 최고 120억 원까지 변동될 수 있다. 따라서 상속세를 줄인다는 관점에서 보면 재산가액이 축소되는 것이 좋으므로 대안 1이 더 낫다고 할 수 있다. 하지만 대안 2에서 전세보증금으로 받은 현금이 상속개시 당시에 없다면 상속재산가액이 제로가 되므로 대안 2가 더 낫다고 할 수 있다. 즉 상속재산가액이 전세보증금인 120억 원으로 평가되나 이 금액이 다시 부채로 평가되므로 상속재산 크기에 영향을 주지 않는다. 따라서 전세보증금으로 받은 현금이 없다면 상속재산가액이 제로가 되는 것이다. 물론 전세보증금에 해당하는 현금 120억 원에 대한 사용처를 둘러싸고 세무조사 등이 강도 높게 진행될 수 있다.

☞ 결국 월세가 좋은지, 전세보증금이 더 좋은지는 상황별로 달라진다고 할 수 있다. 다만, 일반적으로 상가 등을 임대하면서 받은 보증금은 부채에 해당하며, 이는 상속재산에서 차감되어 과세표준금액을 이루게 된다. 반면 월세는 부채에 해당되지 않으므로 차감될 것이 없다. 따라서 재산가액이 많은 사람들은 월세보다는 보증금을 받으면 부채로 인정받을 수 있어 상속세가 줄어들 수 있다.

배우자상속공제와 절세포인트

배우자상속공제는 재산가들의 상속세 절세를 위해 매우 중요한 제도에 해당한다. 최대 30억 원까지 상속공제를 받을 수 있기 때문이다. 이하에서 이와 관련된 내용들을 살펴보자.

Case | 다음 내용을 바탕으로 상속세를 계산해보자.

| 자료 |
· 상속재산 : 30억 원(배우자 상속분 20억 원)
· 상속인 : 배우자, 자녀 3명(배우자의 법정상속지분비율은 1.5/4.5)
· 기타 사항은 무시함.

Solution | 사례는 배우자상속공제를 통한 상속세 절세법을 살펴보기 위한 것이다. 이를 위해서는 배우자상속공제제도부터 살펴볼 필요가 있다.

☞ 배우자상속공제액 : 배우자가 실제 상속받은 가액을 공제하되 최대한 도는 다음 중 작은 금액으로 한다. 즉 사례의 경우 배우자는 20억 원을 상속받았으나 한도인 다음 ①의 10억 원만큼만 공제받는다. 따라서 실제 한도를 초과한 금액 10억 원에 대해서는 공제혜택이 주어지지 않는다.

① 배우자의 법정상속지분가액*=30억 원×1.5/4.5=10억 원
② 30억 원

* 배우자의 법정상속지분이 많아지면 30억 원 한도 내에서 배우자상속공제액도 늘어날 가능성이 높다.

위에서 계산된 배우자상속공제액을 포함해서 상속세를 계산하면 다음과 같다.

구분	금액	비고
본래상속재산 (+) 간주상속재산가액 (+) 상속추정액 (+) 상속개시 전 증여재산가액	3,000,000,000	
(=) 총상속재산가액 (−) 공과금 및 채무, 장례비	3,000,000,000 0	
(=) 과세가액 (−) 상속공제 (−) 감정평가수수료공제	3,000,000,000 1,500,000,000	일괄공제 5억 원+배우자상속공제 10억 원
(=) 과세표준 (×) 세율	1,500,000,000 40%	누진공제 1억 6,000만 원
(=) 산출세액 (+) 세대생략가산액	440,000,000	
(=) 산출세액 합계 (−) 세액공제 (+) 가산세	440,000,000 13,200,000	3%
(=) 납부세액	426,800,000	

Consulting | 배우자상속공제는 피상속인(사망자)의 배우자가 있는 경우에 상속재산가액에서 공제할 수 있는 제도를 말한다. 이 공제는 최소 5억 원을 받을 수 있고, 최대 배우자가 상속받은 재산가액을 공제받을 수 있다. 다만, 무분별한 상속공제를 억제하기 위해 이에 대한 최고 한도를 다음과 같이 정하고 있다.

• Min[배우자 법정상속분, 30억 원]

따라서 배우자상속공제는 다음 중 가장 작은 금액이 공제금액이 된다.
① 배우자가 실제 상속받은 금액(단, 배우자가 승계하기로 한 채무와 공과금을 차감함)
② 배우자의 법정상속분*(단, 가산한 증여재산중 배우자 수증분의 증여세 과세표준을 차감함)
③ 30억 원

* 자녀는 1, 배우자는 1.5의 법정상속지분을 갖는다.

배우자상속공제 요약(상증세법집행기준 19-0-1)

구분	분할기간 내에 배우자 상속재산을 분할한 경우	무신고, 미분할
배우자상속 공제액	· 5억 원에 미달 시 5억 원 공제 · 배우자가 실제 상속받은 금액 · 한도 : Min[① (상속재산가액×법정지분율)-배우자사전증여재산의 증여세과세표준, ② 30억 원]	5억 원

※ 배우자상속공제 적용 시 주의할 점

☑ 배우자가 단독 상속받은 경우에도 배우자가 '실제 상속받은 금액'을 공제금액으로 할 수 있다.

☑ 배우자상속공제는 최대 30억 원까지 적용 가능하다. 다만, 원칙적으로 배우자상속재산분할기한*까지 상속재산이 분할되어야 한다.

   * 배우자상속재산분할기한 : 상속세과세표준신고기한의 다음 날부터 9개월이 되는 날을 말한다.

☑ 재산분할기한 내에 부동산이나 주식 등의 재산에 대해서는 배우자 명의로 등기나 명의개서 등을 반드시 이행해야 함에 유의해야 한다. 이에 대한 의무를 이행하지 않으면 5억 원을 초과한 부분에 대해서는 배우자상속공제가 적용되지 않는다.

☑ 만일 위의 배우자상속재산분할기한을 넘긴 경우에는 그 기한으로부터 6개월 내에 상속재산미분할신고서를 제출하면 5억 원을 초과해서 배우자상속공제를 받을 수 있다.

🔴 돌발 퀴즈!

상속분할 사실은 상속세 신고기한의 다음 날부터 9개월 내에 반드시 신고해야 하는가?
원칙적으로 해야 한다. 하지만 2010년 1월 1일 이후 상속분부터는 배우자상속재산분할기한까지 배우자의 상속재산을 분할한 후 그 사실을 신고하지 않더라도 배우자 명의로 등기 등을 완료한 경우라면 5억 원을 초과해서 배우자상속공제를 적용한다(다음 예규 참조).
→ 즉 상속분할 사실신고는 등기가 되어 있다면 이로 갈음하겠다는 취지다.

※ 관련 규정 : 재산-3894, 2008. 11. 21

상증법 제19조 규정에 따른 배우자상속공제는 상속재산을 분할(등기·등록·명의개서 등을 요하는 재산의 경우에는 그 등기·등록·명의개서 등이 된 것에 한함)하여 상속세 신고기한의 다음 날부터 6개월(현 9개월)이 되는 날까지 배우자의 상속재산을 신고하거나 신고한 배우자가 실제 상속받은 재산에 의하여 계산하는 것이며, 상속세 신고기한까지 총상속재산가액 중 상속인 간의 협의분할서에 의하여 배우자가 실제 상속받았거나 받을 금액을 "상속인별 상속재산 및 평가명세서(별지 제9호 서식 부표 2)"에 기재하여 신고하고 동 기한까지 배우자 명의로 등기·등록·명의개서 등을 한 경우에도 적용되는 것이다.

※ 관련 규정 : 상증법 제19조 【배우자상속공제】

① 생략

② 배우자상속공제는 상속세과세표준신고기한의 다음 날부터 9개월이 되는 날까지 배우자의 상속재산을 분할(등기·등록·명의개서 등이 필요한 경우에는 그 등기·등록·명의개서 등이 된 것에 한정)한 경우에 적용한다. 이 경우 상속인은 상속재산의 분할사실을 배우자상속재산분할기한까지 납세지 관할세무서장에게 신고하여야 한다(단, 미신고 하더라도 등기 등이 되어 있으면 문제가 없다).

③ 제2항에도 불구하고 대통령령으로 정하는 부득이한 사유*로 배우자상속재산분할기한까지 배우자의 상속재산을 분할할 수 없는 경우로써 배우자상속재산분할기한[부득이한 사유가 소(訴)의 제기나 심판청구로 인한 경우에는 소송 또는 심판청구가 종료된 날]의 다음 날부터 6개월이 되는 날(배우자상속재산분할기한의 다음 날부터 6개월을 경과하여 따른 과세표준과 세액의 결정이 있는 경우에는 그 결정일을 말한다)까지 상속재산을 분할하여 신고하는 경우에는 배우자상속재산분할기한 이내에 분할한 것으로 본다. 다만, 상속인이 그 부득이한 사유를 배우자상속재산분할기한까지 납세지 관할세무서장에게 신고하는 경우에 한정한다. → 상속재산미분할신고서를 사전에 제출해야 된다(다음 그림 참조).

　① 상속인 등이 상속재산에 대해 상속회복청구의 소를 제기한 경우
　② 상속인이 확정되지 아니하는 부득이한 사유 등으로 배우자상속분을 분할하지 못하는 사실
　　을 관할세무서장이 인정하는 경우

앞의 내용을 그림으로 표현하면 다음과 같다.

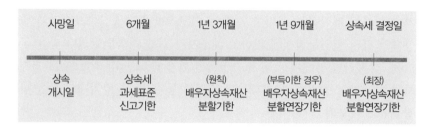

| 사망일 | 6개월 | 1년 3개월 | 1년 9개월 | 상속세 결정일 |
| 상속
개시일 | 상속세
과세표준
신고기한 | (원칙)
배우자상속재산
분할기한 | (부득이한 경우)
배우자상속재산
분할연장기한 | (최장)
배우자상속재산
분할연장기한 |

☞ 배우자상속공제 적용사례

상속개시일이 2023년 6월 1일인 경우에 맞춰 위의 내용들을 요약정리하면 다음과 같다. 단, 소송 등이 있는 경우에는 별도로 검토해야 한다.

구분	상속세 신고기한	배우자상속재산 분할기한 내	배우자상속재산분할 기한 다음 날~6개월 내	배우자상속재산분할기한 다음 날~6개월 경과 시
적용기한	2023. 12. 31	2024. 9. 30	2025. 3. 30	2025. 4. 1 이후
배우자상속공제	5~30억 원 공제	좌동	좌동	5억 원 공제
조건	등기·명의개서 완료	등기·명의개서 완료	상속재산미분할 신고서 사전 제출	-

실전연습　서울 강남구 압구정동에 살고 있는 재산가인 박○○ 씨가 갑자기 사망했다. 그의 재산은 대략 60억 원 정도가 되는데 문제는 상속세 신고기한까지 상속인들끼리 합의가 이루어지지 않아서 민법상 법정상속지분에 따라 배우자상속공제를 적용해서 상속세를 신고 납부했다.

☞ **물음 1** : 배우자상속공제는 얼마를 받았을까? 단, 상속인에는 배우자와 자녀 3명이 있다.

☞ **물음 2** : 상속세 신고기한까지 등기가 되지 않았는데 이 경우 20억 원 상당액의 배우자상속공제를 받아도 문제가 없는가?

☞ **물음 3** : 상속세 신고 후 상속재산에 대한 협의가 완료되어 박씨의 배우자가 총지분의 50%를 받기로 했다. 이 경우 배우자상속공제를 소급해서 적용받을 수 있는가? 단, 상속재산미분할신고서를 적법하게 제출했다.

물음에 대해 순차적으로 답을 찾아보면 다음과 같다.

· 물음 1의 경우

먼저 배우자의 법정상속지분은 1.5/4.5이며 법정상속지분가액은 20억 원(60억 원× 1.5/4.5)이다. 따라서 이 금액이 공제한도액이 되므로 이 금액이 배우자상속공제로 적용된다.

· 물음 2의 경우

그렇다. 다만, 원칙적으로 배우자상속재산분할기한(원칙 : 법정상속세 신고기한 다음 날~9개월 내, 소송 등의 경우 소송 등이 종료된 날의 다음 날~6개월 내)까지 상속분할 즉 등기(주식이나 채권 등은 명의개서)가 완료되어야 한다.

· 물음 3의 경우

배우자상속재산분할기한 내에 적법하게 분할 받은 것에 해당하므로 소급해서 적용받은 수 있을 것으로 판단된다(이 건에 대해 반아 지다하기 바람).

단기재상속에 대한 세액공제

배우자가 사망한 경우 배우자상속공제를 5억 원 초과해서 받기 위해 배우자 상속분이 많아지는 경우가 많다. 이러한 상황에서 상속을 받은 배우자가 얼마 뒤에 사망하게 되면 과세된 상속재산에 대해 또 상속세가 부과되는 불합리한 점이 대두된다. 이에 상증법은 향후 10년 내에 재차상속이 발생하는 경우 다음과 같이 단기재상속에 따른 세액공제를 적용하고 있다(상속세 및 증여세법 제30조).

① 상속개시 후 10년 이내에 상속인 또는 수유자의 사망으로 다시 상속이 개시되는 경우에는 전의 상속세가 부과된 상속재산 중 재상속분에 대한 전의 상속세 상당액을 상속세산출세액에서 공제한다.

② 제1항의 규정에 의해 공제되는 세액은 제1호에 의해 계산한 금액에 제2호의 공제율을 곱해 계산한 금액으로 한다. 다만, 제1호의 경우에 전의 상속재산가액 중 다시 상속된 것이 전의 상속세과세가액 상당액을 초과할 때는 그 초과액은 없는 것으로 본다.

③ 제1항의 규정에 의해 공제되는 세액은 제1호에 의해 계산한 금액에 제2호의 공제율을 곱해 계산한 금액으로 한다. 다만, 제1호의 경우에 전의 상속재산가액 중 다시 상속된 것이 전의 상속세과세가액 상당액을 초과할 때는 그 초과액은 없는 것으로 본다.

1. 전의 상속세산출세액 × $\dfrac{\text{재상속분의 재산가액} \times \dfrac{\text{전의 상속세과세가액}}{\text{전의 상속재산가액}}}{\text{전의 상속세과세가액}}$

2. 재상속기간 공제율

공제율	공제율
1년 이내 100%	6년 이내 50%
2년 이내 90%	7년 이내 40%
3년 이내 80%	8년 이내 30%
4내 이내 70%	9년 이내 20%
5년 이내 60%	10년 이내 10%

④ 제2항 제1호의 산식 중 재상속분의 재산가액은 전의 상속재산가액에서 전의 상속세상당액을 차감한 것을 말한다.

☞ 위의 내용은 상당히 난해하다. 실무에서는 세무전문가와 논의하기 바란다.

상속재산미분할신고서

상속재산에 대한 협의분할이 법정상속세 신고기한(상속개시일이 속하는 달의 말일~6개월)으로부터 9개월 내에 되지 않는 경우에는 배우자상속공제를 5억 원을 초과해서 받을 수 없게 된다. 이러한 경우에는 아래와 같은 신고서를 배우자상속재산분할기한의 다음 날부터 6개월이 되는 날까지 납세지 관할세무서장에게 신고하고 재산을 분할한 경우에는 이를 배우자상속재산분할기한 이내에 분할한 것으로 보아 5억 원을 초과해서 배우자상속공제를 적용한다.

상속재산미분할신고서

구분	성명	주민등록번호	주소		
신고인	①	②	③	(☎ :)	
피상속인	④	⑤	⑥	⑦ 신고인과의 관계	
⑧ 상속개시 연월일		⑨ 상속개시 원인		⑩ 피상속인 직업	

상속재산				
⑪ 소재지	⑫ 종류	⑬ 수량(면적)	⑭ 단가	⑮ 금액

상속재산 미분할 사유

'상속세 및 증여세법' 제19조 제2항 및 같은 법 시행령 제17조 제3항에 따라 상속재산을 분할할 수 없는 사유를 위와 같이 신고합니다.

년   월   일

신고인 　　　　　(서명 또는 인)

세무서장 귀하

구비서류	신고인 제출서류	담당 공무원 확인사항 (담당 공무원의 확인에 동의하지 아니하는 경우 신고인이 직접 제출해야 하는 서류)	수수료
구비서류	1. 피상속인의 가족관계증명서 1부 2. 상속회복청구의 소에 관한 입증서류 1부 3. 상속인이 확정되지 아니한 사유를 입증할 수 있는 서류 1부	상속인의 가족관계증명서(1부)	없음.

상속세 납부와 절세설계

상속세는 상속개시일이 속하는 달의 말일로부터 6개월 내에 피상속인의 사망당시 주소지 관할세무서에 신고 및 납부한다. 물론 상속세가 없는 경우에는 신고를 하지 않아도 무방하나, 향후 양도소득세 절세를 위해서는 미리 신고를 해두면 유용하다. 이하에서는 상속세 납부와 관련된 내용들을 알아보기로 한다.

Case 서울 서초구에 거주하고 있는 김○○ 씨가 사망하면서 주택 1채와 토지를 유산으로 남겼다. 상속인은 자녀 5명이며 상속재산 중 주택은 장남이, 토지는 나머지 형제자매들이 균등하게 상속을 받았다. 상속세는 대략 1억 원 정도가 나와서 분배받는 비율에 따라 장남이 6,000만 원, 나머지는 각각 1,000만 원씩 부담하기로 했다. 그러던 중 장남이 해당 주택을 처분해 주식에 투자를 하다가 모두 탕진을 해서 상속세를 낼 처지가 못 되었다. 이 경우 장남이 내야 할 상속세를 나머지 형제자매들이 내야 하는가?

Solution 그렇다. 상속세에 대해 공동상속인 간 연대납세의무가 있기 때문이다. 이 경우 부과된 상속세에 대해 각자가 받았거나 받을 재산(자산총액-부채총액-상속세)을 한도로 연대해서 납부할 의무가 있다. 구체적으로 나타내면 다음과 같다.

구분	상속재산분배비율	분배받은 상속재산가액	상속세배부액	연대납부액*	비고
A(장남)	60%	6.6억 원	6,000만 원	1억 원 내에서 연대납부의무 부담.	연대납부 의무가 있음.
B	10%	1.1억 원	1,000만 원		
C	10%	1.1억 원	1,000만 원		
D	10%	1.1억 원	1,000만 원		
E	10%	1.1억 원	1,000만 원		
계	100%	11억 원	1억 원	6,000만 원	

* 관할세무서는 연대납부자 중에서 특정인을 골라 채권을 회수할 수 있다.

상속포기자도 상속세 연대납세의무를 지는가?

상속을 받지 않으면 이 의무가 없다. 다만, 상속포기한 상속인이라 하더라도 상속개시 전 10년 이내에 피상속인으로부터 증여받은 재산이 있거나 사용처 불분명으로 추정상속재산이 있는 경우에는 상증법 제3조에 따라 상속세 납세의무 및 연대납세의무가 있다.

Consulting 상속세는 원칙적으로 현금으로 일시에 납부해야 하나 현금이 부족한 경우에는 다음과 같이 다양한 방법으로 상속세를 낼 수 있다.

구분	납부방법
분납	납부할 금액이 1,000만 원을 초과하는 경우 현금을 2회에 나누어 내는 방법이다. 1회는 신고 때 나머지 1회는 신고기한 경과 후 2개월 내에 납부할 수 있다.
물납	납부할 금액이 2,000만 원을 초과하는 현금 대신 부동산이나 주식 등의 물건으로 납부할 수 있는 제도를 말한다(참고로 증여는 물납이 허용되지 않는다).
연부연납	납부할 금액이 2,000만 원을 초과하는 경우 연 단위로 나눠서 납부할 수 있는 제도를 말한다. 통상 11회로 나누어 10회*를 연부연납 할 수 있다. 연부연납 한 금액에 대해서는 가산금이 부과된다(가산율 : 3.5%).

* 11회 중 1회는 상속세 신고 때 납부를 한다. 나머지 10회는 연간 1회로 납부할 수 있다. 다만, 각 회분의 분할납부 세액이 1,000만 원을 초과하도록 연부연납기간을 정해야 하므로 금액이 적은 경우에는 그 횟수가 축소될 수 있다.

실전연습 상속세는 현금납부가 원칙이나 현금이 미리 준비되지 않으면 상당히 곤란한 입장에 처해질 가능성이 높다. 그래서 일찌감치 상속세 납부재원으로 종신보험이 추천되곤 했다. 어떤 원리로 종신보험이 추천되었는지 아래 자료를 통해 살펴보자.

| 자료 |
· 현재 나이 : 60세
· 가족 현황 : 배우자 58세, 분가한 자녀 2명
· 현재 소유한 부동산 : 주택 등 30억 원
· 기타 재산 : 2억 원

STEP1 상속세 예측

앞과 같은 자료를 토대로 상속세를 예측해보자. 상속공제액은 배우자상속공제와 일괄공제를 합한 10억 원이 가능하다고 하자. 그리고 이 상속재산은 물가상승 등의 영향을 받지 않는다고 가정하자.

· 상속세 과세표준 : 32억 원-10억 원=22억 원
· 상속세 산출세액 : 22억 원×상속세 세율(10~50%)
                              =22억 원×40%-1억 6,000만 원(누진공제)
                              =7억 2,000만 원

STEP2 앞 사례의 문제점

상속인은 원칙적으로 상속세를 현금으로 납부해야 하나 사전에 준비가 되어 있지 않으면 부동산을 처분하거나 부동산으로 세금을 납부해야 하는 상황에 몰리게 될 수 있다. 그렇게 되면 상속재산을 온전히 지켜내기가 힘들게 된다.

STEP3 상속세 납부에 대한 대책

상속세 납부재원은 사망 시 보험금을 많이 수령할 수 있는 보험상품이 안성맞춤이다. 그런데 상속에 의한 보험금이 상속재산에 포함되지 않으려면 다음과 같은 형식으로 계약하는 것이 필요하다(아래는 예시).

보험계약자	피보험자	보험수익자
자녀	부	자녀

이렇게 가입을 해두면 상속세와 증여세 문제가 없다. 다만, 보험계약자가 부(아버지)의 재산으로 보험료를 납입했다면 이는 실질과세원칙에 의해 부(아버지)의 유산으로 보아 상속세가 과세될 수 있음은 별개의 문제가 된다.

VVIP들의 보험플랜

최근 보험회사에서는 보험을 통한 상속·증여플랜을 가동해서 수익을 올리고 있다. 예를 들어 종신보험의 경우 앞과 같은 상속세 납부대책의 하나로 각광을 받고 있으며, 평생 연금혜택을 받으며 상속도 가능한 연금보험도 많은 관심을 불러일으키고 있다. 이외 저축성 보험차익에 대한 비과세플랜이나 법인 CEO들을 대상으로 하는 보험플랜도 마찬가지다.

연부연납 방법

연부연납을 신청하는 경우 납세의무자는 담보를 제공해야 한다. 이와 관련된 내용들을 간략히 정리해보자.

① 담보의 종류
금전, 주식 등 유가증권, 납세보증보험증권, 납세보증서, 토지, 건물 등

② 담보의 평가
토지와 건물의 경우 : 기준시가 등 보충적 평가방법에 의한다. 다만, 2015년 2월 3일 이후는 감정가액도 가능하다.

③ 담보의 제공방법
· 금전이나 유가증권 : 공탁수령증
· 납세보증 : 납세보증보험증권 또는 납세보증서
· 토지, 건물 : 등기필증(세무서장은 이에 의해 저당권 설정을 위한 등기 또는 등록 절차를 밟아야 할 국기법 제21조), 보험에 든 건물은 화재보험증권 제출

④ 담보의 제공액
납세담보를 제공할 때에는 담보할 국세의 100분의 120(현금, 납세보증보험증권 또는 납세보증서는 100분의 110) 이상의 가액에 상당하는 담보를 제공해야 한다.

상속세 세무조사

상속이 발생하면 상속개시일이 속한 달의 말일로부터 6개월 이내에 상속세를 신고 및 납부해야 한다. 그리고 난 후 관할세무서의 조사를 거쳐 상속세 신고내용이 확정된다. 지금부터는 상속세 세무조사에 대해 살펴보자.

Case | 서울 강남구 대치동에 살고 있는 서용춘 씨는 최근 상속세 신고를 세무대리인에게 의뢰해 신고를 마쳤다. 그런데 얼마 뒤 관할세무서로부터 신고한 상속세서류에 대해 조사를 하겠다는 통지서를 받았다. 서씨는 갑자기 왜 조사를 하겠다고 하는 것인지 의아하게 생각하고 있다. 세무서에서는 왜 상속세 신고서에 대해 조사하겠다고 한 것일까?

Solution | 그 이유는 상속세는 정부부과방식에 의해 납세의무가 확정되기 때문이다. 즉 납세의무자가 직접 신고하든, 세무대리인이 신고하든 납세의무가 바로 확정되지 않고 과세당국의 확인을 거쳐야 비로소 납세의무가 확정된다는 뜻이다. 증여세도 또한 같다. 참고로 소득세나 부가가치세 같은 세목은 납세의무자가 신고할 때 확정이 된다.

☞ 세무조사기관과 조사기간
상속세에 대한 세무조사기관과 조사기간은 대략 다음과 같다.
① 지방국세청 조사국 결정(상속재산가액이 30~50억 원을 초과하는 경우)
  ☑ 조사기간 : 보통 3개월
  ☑ 금융기관 자료조회 : 상속개시일 전 10년 이내 거래분을 조회
② 일선 세무서 조사결정
  ☑ 조사기간은 보통 2개월
  ☑ 금융기관자료조회 : 통상 상속개시일 전 2년 이내 거래분을 조회

Consulting | 상속세 신고를 잘못하면 상속세 조사 시 막대한 세금이 추징될 수 있다. 실무에서 자주 발생되는 오류들을 정리하면 다음과 같다.

① 재산평가 오류

아파트의 경우 매매사례가액에 주의해야 한다. 빌딩은 시가가 존재하지 않으므로 대개 임대료 등 환산가액과 기준시가 중 큰 금액으로 평가액이 결정된다. 이때 환산가액은 임대보증금과 연간 임대료를 12%로 환산해 합산해서 계산한다는 점에 주의해야 한다.

→ 상가나 빌딩의 기준시가가 20억 원(이론적으로는 추정시가와 기준시가의 차이가 10억 원)이 넘어가는 경우에는 과세당국에서 감정평가를 받아 이의 금액으로 과세할 수 있음도 참고해야 한다(단, 최근 법원에서 이에 대한 제동을 걸고 있으므로 이 부분도 참고하기 바란다).

② 사전증여한 재산가액의 누락

상속개시일로부터 소급해서 10년(비상속인은 5년)간 발생한 증여금액은 상속재산가액에 합산되는데, 이때 사전증여한 금액을 누락한 경우가 있다.

→ 사전에 증여한 재산이 있는지는 관할세무서를 통해 확인하는 것이 좋다.

③ 상속추정 오류

상속개시일 전 2년 이내에 세법에서 정한 인출금 등이 있는 경우, 이를 소명해야 하는데 잘못 소명하는 경우가 많다.

→ 금융자료를 정확히 분석하는 것이 좋다.

④ 배우자상속공제 오류

배우자가 실제 상속받은 금액을 배우자상속공제로 받기 위해서는 원칙적으로 배우자상속재산분할기한 내에 상속재산이 분할되어야 하고, 배우자상속분은 반드시 이 기간 내에 등기나 명의개서 등이 되어야 한다.

→ 등기나 명의개서가 안 되어 있는 경우가 왕왕 있다.

⑤ **기타오류**

이 외에도 다양한 오류들이 발생할 수 있으므로 반드시 상속세무실무에
밝은 세무전문가와 함께하는 것이 좋다.

☞ 상속·증여세 신고와 관련해서 가산세가 없는 경우

원래 가산세는 신고불성실가산세(10~40%)와 납부지연가산세(미납기간에
따라 일일 2.2/10,000)가 있다. 그런데 다음의 사유가 발생한 것에 한해서
신고불성실가산세를 부과하지 않는다.

☑ 신고한 재산에 대한 평가가액의 적용방법 차이(예 : 기준시가로 신고했으
나 매매사례가액으로 고지한 경우 등)로 미달 신고한 경우
☑ 신고한 재산으로써 소유권에 관한 소송 등의 사유로 인해 상속 또는 증
여재산으로 확정되지 아니한 금액
☑ 상속공제나 증여공제의 적용착오로 미달 신고한 금액
☑ 보충적 평가방법으로 신고된 상속 또는 증여재가액이 감정평가액으로
경정된 경우(이 경우에는 납부지연가산세도 면제된다)

실전연습　　경기도 고양시에 살고 있는 팽현기 씨는 세무대리인을 통해 부친
에 대한 상속세 신고서를 접수했다. 상속인들이 상속세로 낸 금
액은 10억 원 정도가 되었다. 이러한 상황에서는 상속세 조사가
정교하게 이어질 것으로 보이는데, 과세당국은 신고한 상속세서
류에 대해 어떤 관점에서 조사를 할까?

일반적으로 상속재산이 큰 경우에는 조사강도가 매우 세다. 팽씨의 경우
가 이에 해당한다. 그렇다면 과세당국은 어떤 항목들을 위주로 조사하는
지 알아보자. 참고로 실무에서는 재산의 크기나 재산의 종류 등에 따라
다양한 조사기법이 동원되므로 상속전문세무사와 함께 이에 대한 대책
을 마련하는 것이 좋다.

① 부동산

☑ 상속개시일 전 10년간 취득 및 양도한 부동산(상속인 및 피상속인)에 대해 검토 후 구체적으로 거래상황을 조회하거나 거래 관련자에게 직접 확인해 실지매매계약서 사본 등을 수집한다.

☑ 수용·공매·경매 등의 경우 관계기관에 지급일자·지급계좌·지급방법 등을 조회한다.

☑ 상속세 과세자료전 및 DB자료상 보유재산 등을 검토해 신고누락 여부를 확인한다.

☑ 상속개시일 전후 6개월 이내에 거래된 부동산의 매매, 감정가액, 수용, 경매, 유사매매사례가액 등의 거래가액이 시가로 적정하게 산정되었는지도 검토한다.

☑ 기타 기준시가 적용의 적정 여부, 감정평가 가액의 적정 여부, 임대용 부동산에 대한 임대료 환산가액 평가의 적정 여부 등을 확인한다.

② 금융자산

☑ 2~10년 내의 계좌에 대해 현금흐름을 조사한다. 이때 가족에게 입금된 현금에 대해서는 증여 여부를 확인하게 된다. 따라서 이에 대한 해명이 미흡하면 먼저 증여세를 과세하게 되고, 이후 상속재산가액에 합산해 상속세로 정산한다. 물론 선 발생한 증여세액은 상속세 정산 때 일부 세액공제가 된다.

☑ 비상장 주식의 경우 피상속인 및 상속인의 주식 보유 현황을 TIS(국세청 통합전산시스템)와 주식변동상황명세서 등을 통해 확인한다. 이와 아울러 주식 평가방법이 세법규정과 일치하는지 검토한다.

☑ 채권의 경우 이자상당액이 상속재산에 적정하게 계산되었는지 검토한다.

☑ 파생상품이나 누락한 금융자산이 있는지 조사한다.

③ 기타

☑ 사전에 증여한 재산이 있는지 등을 점검한다.

☑ 피상속인의 사업용 재산은 소득세 신고 시 첨부된 재무제표 및 비치된 장부 등을 통해 확인한다.

☑ 근로소득 발생처에 퇴직급여 미수령 또는 과소수령 여부 등을 확인한다.

☑ 공제되는 임대보증금 채무의 적정 여부를 검토하고, 사채 등 가공 채무를 채무공제로 신고했는지 등을 점검한다.

☑ 배우자상속공제 시 명의개서 등이 되었는지를 검토한다.

☑ 이 외 각종 공제제도를 정확히 적용했는지도 조사한다.

상속세 재조사

상속재산가액이 30억 원 이상인 경우에는 상속인별로 상속개시 당시의 재산현황과 상속개시 후 5년이 되는 시점의 재산현황을 파악해 비교·분석하고 있다. 분석결과 그 증가요인이 객관적으로 명백하지 않은 경우, 당초 결정한 상속세액에 누락이나 오류가 있었는지 여부를 조사한다. 따라서 30억 원 이상의 재산을 상속받은 경우에는 상속 후 5년이 지날 때까지 계속 관심을 기울이는 것이 좋다.

억울한 세금과 납세자권리구제제도

상속세(또는 증여세) 등과 관련해서 억울하거나 부당한 과세는 불복 등의 절차를 거쳐 구제받을 수 있다. 실무적인 도움을 받고 싶다면 저자의 카페로 문의하기 바란다. 전문 변호사와 연계된 팀이 도와줄 것이다.

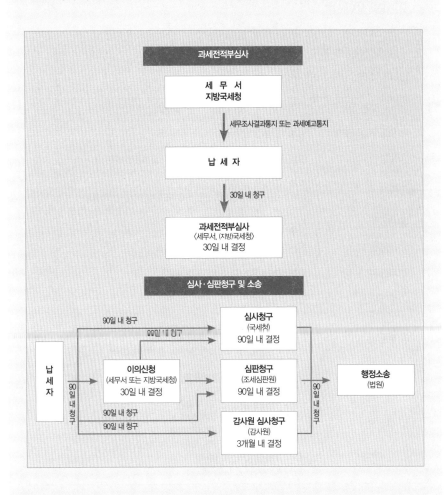

상속세 신고를 위한 자료준비 요령

1. 기본 준비서류

　1) 상속인의 주민등록등본, 제적등본 각 1부
　2) 피상속인의 가족관계증명원 1부
　3) 사망진단서

2. 상속재산목록 자료

　1) 피상속인의 소유재산

구분	내용
① 현금·예금(금융자산)	금융기관 통장 입출금 내역(또는 통장사본)
② 보험	보험금수령내역서(위탁자계좌 잔고확인서 및 예금잔액증명서)
③ 주식	주식 보유내역 및 최근 거래내역 (상속개시일 전 3개 사업년도 법인세 세무조정계산서 및 결산서 포함)
④ 채권 등	채권, 펀드, 파생상품 보유내역 및 거래내역
⑤ 무체재산	전신가입권, 전세 계약서 사본, 회원권 등
⑥ 차량운반구 등	차량(차량등록원부 또는 자동차등록증사본)
⑦ 무형자산	관련 입증서류
⑧ 부동산	· 토지와 건물 등기부등본, 토지대장등본, 건축물관리대장, 공시지가확인원 · 상속개시일 현재 대출금 원장(원리금 내역) · 임대용 건물(전세계약서 사본, 상속개시 전 2년 이내의 것)
⑨ 기타자산	· 법인의 가수금 등의 피상속인 채권 · 관계회사 대여금(가지급금) · 매출누락으로 주식 과소평가 확인 · 사업용 자산 및 영업권 누락 여부 · 피상속인이 관리하는 차명계좌 여부 · 손자의 외국유학비 송금액(사전증여 여부 확인) · 주식, 부동산 명의신탁 여부 · 동산(귀금속, 골동품, 미술품 등) 등

2) 합산대상 증여재산

① 상속개시일 전 5(10)년 이내의 증여재산

② 증여세 제척기간 : 10(15)년

3) 간주상속재산

보험금, 신탁재산, 퇴직금 등 : 지급정산내역서(해당 기관 발행) 및 원천
징수영수증 사본

4) 추정상속재산

① 상속개시일 전 처분 재산 1년(2년) 이내 2억 원(5억 원) 이상 예금
인출 또는 처분한 재산내역

② 상속개시일 전 부담채무 1년(2년) 이내 2억 원(5억 원) 이상 부담
한 채무내역

3. 공과금, 장례비, 채무자료

1) 공과금 : 공과금 증명서, 영수증, 청구서 등

2) 장례비(장례식장비, 묘지, 비석 구입비 등)

① 500만 원 공제(1,000만 원 한도 : 지출증빙 구비 시)

② 추가공제 : 납골시설 및 수목화장에 소요되는 비용(각각 500만 원
한도 : 증빙 구비)

3) 채무 : 소비대차계약, 연대채무, 보증채무, 개인사업체의 채무, 사용
인의 퇴직금, 임대보증금, 전세계약서 사본

① 금융기관 : 금융기관의 확인서, 부채증명서, 원리금 명세서 등

② 기타채무 : 채무부담계약서, 채권자확인서, 담보설정 및 이자지급
증빙 등 영수증

4. 상속세 비과세 자료

1) 문화재 보호구역 안의 토지

2) 분묘에 속한 $9,900m^2$(3,000평) 이내의 금양임야와 $1,980m^2$(600평) 이
내의 묘토인 농지

3) 국가 등에 증여한 재산

4) 이재구호품 등으로 유증한 재산 등

5. 상속세 과세가액불산입 자료
1) 공익법인(종교, 자산, 학술, 기타 공익목적사업)에 출연한 재산
2) 공익신탁재산

※ 피상속인 금융거래자료 신청방법
1. 신청서류 : 직접 방문신청
  ① 피상속인의 가족관계증명서(사망일시가 표시되지 않았으면 사망진단
     서 첨부)
  ② 신청인(상속인) 신분증, 도장
  ③ 위임 시 : 위임장(인감날인), 상속인 인감증명서, 대리인 신분증 지참
2. 신청관서
  ① 금융감독원 본지점 및 출장소 등 접수
3. 조회범위
  ① 피상속인 명의의 예금
  ② 대출거래계좌 및 보증채무 보유 유무 조회
  ③ 사망 이후 해지계좌 조회
4. 출력된 계좌번호로 해당 은행에 입출금내역 조회(상속개시일 전 2년, 상
   속개시일 전 2년 전부터 10년까지)
  ☞ 조사 시 계좌 입출금 내역은 10년 정도 분을 출력함.
5. 조회대상 금융기관
   우체국, 새마을금고, 은행, 증권, 생명보험, 손해보험, 종합금융회사, 상
   호저축은행, 여신전문금융회사(카드, 리스, 할부금융, 캐피탈, 신기술금융),
   신용협동조합, 산림조합중앙회, 증권예탁결제원 등 전 금융기관

  ☞ 관할 시·구·읍·면·동 중 1곳만 방문하면 모든 부동산 및 금융자산 정
     보를 제공받을 수 있다. 다만, 세부적인 금융거래내역은 각 금융기관
     을 통해 입수해야 한다.

서울에서 거주하고 있는 J씨가 사망했다. 그의 유산과 상속인의 현황이 다음과 같을 때 상속세는 얼마나 될까?

| 자료 |
- 상속재산 현황
  - 거주주택(A) : 2억 원(기준시가 1억 5,000만 원)
  - 서울주택(B) : 3억 원(기준시가 2억 5,000만 원), 전세보증금 1억 5,000만 원
  - 토지 : 12억 원(기준시가 8억 원)
  - 보험금 : 2억 원
  - 금융기관 채무 : 1억 원
  - 위 부동산들은 시가가 확인되지 않는다. 따라서 기준시가로 평가한다.

- 상속인현황
  - 배우자 Y씨 : 70세
  - 자녀 : 성년인 1남 1녀

- 상속재산의 분배
  - 거주 주택 : 배우자 Y씨
  - 나머지 재산 : 자녀들에게 분배

- 기타 : 장례비용은 영수증상으로 1,000만 원이 확인된다.

위의 자료를 토대로 상속세 신고서를 작성해보면 다음과 같다.

상속세과세표준신고 및 자진납부계산서

신고인	성명, 주민등록번호 등 기재
피상속인	

상속원인		상속개시일	

구분	금액	구분			금액
상속세 과세가액 ①	11억 4,000만 원	신고불성실가산세 등			
상속공제계 ②	10억 2,000만 원	자진 납부할 세액 ③			1,358만 원
과세표준	1억 2,000만 원	납부방법	납부 및 신청일자		–
세율	20%	연부연납세액			–
산출세액	1,400만 원	물납			
세대생략가산액	–	현금	분납	20 년 월 일	358만 원
산출세액계	1,400만 원		신고 납부	20 년 월 일	1,000만 원

세액공제	증여세액공제		20 년 월 일
	외국납부세액공제		
	단기재상속공제		신고인 세무대리인
	신고세액공제(3%)	42만 원	
	계	42만 원	○○세무서장 귀하

※ 구비서류
1. 피상속인의 제적등본 및 상속인의 호적등본(생략 가능)
2. 상속세과세가액계산명세서
3. 상속인별 상속재산 및 평가명세서
4. 채무·공과금·장례비용 및 상속공제 명세서
5. 상속개시 전 1(2)년 이내 재산처분·채무부담내역 및 사용처소명명세서

우선, 상속세과세가액인 11억 4,000만 원이 어떻게 나왔는지를 서식을 통해 알아보자.

상속세과세가액계산명세서

가. 상속받은 총재산명세

재산 종류	소재지	수량(면적)	가액	비고
A주택			1억 5,000만 원	기준시가
B주택			2억 5,000만 원	기준시가
토지			8억 원	
보험금			2억 원	
계			14억 원	

나. 상속세과세가액 계산

총상속재산가액	상속재산가액	14억 원
	상속개시 전 처분 재산 등 산입액	–
	계	14억 원
비과세재산가액	금양임야, 문화재 가액 등	–
과세가액불산입액	공익법인 출연재산가액	
	공익신탁 재산가액	
	계	–
공제금액	공과금	
	장례비용(사례 : 영수증 보관)	1,000만 원
	채무(사례 : 전세보증금과 대출금)	2억 5,000만 원
	계	2억 6,000만 원
증여재산가산액(10년 내 증여금액 합산)		–
상속세과세가액		11억 4,000만 원

※ 작성방법
• 상속세 과세가액 : 총상속재산가액 – (비과세 + 과세가액불산입액 + 공제금액) + 증여재산가산액

장례비용은 무조건 500만 원까지는 공제가 가능하나 영수증이 있는 경우에는 1,000만 원까지 공제가 된다(납골시설에 실제 지급된 금액은 500만 원까지 별도로 공제). 병원 등에서 받은 영수증을 보관하고 있으면 된다.

다음으로 상속공제를 받는 방법을 알아보자.

구분		금액	근거
기초공제 및 기타 인적공제	기초공제	2억 원	거주자에 대해 무조건 공제
	자녀공제	1억 원	자녀 2명×5,000만 원
	미성년자공제	–	자녀는 성년자에 해당해서 공제불가
	연로자공제	–	배우자를 제외한 상속인이나 동거가족이 65세 이상에 해당 되어야 함.
	장애인공제	–	
	계	3억 원	
일괄공제		5억 원	위 기초공제 및 기타인적공제액이 5억 원에 미달할 경우 일괄공제를 선택함.
추가상속공제	가업상속공제	–	
	영농상속공제	–	
배우자상속공제		5억 원	배우자상속공제는 최하 5억 원에서 최대 30억 원 사이에서 공제함.
금융재산상속공제		2,000만 원	1억 원(보험금 2억 원-대출금 1억 원)×20%
재해손실공제			
공제적용한도액		–	
평가수수료 합계		–	상속세 납부목적으로 감정평가 시 500만 원 또는 1,000만 원 공제 가능함.
상속공제금액합계		10억 2,000만 원	사례 : 일괄공제+배우자상속공제+금융재산상속공제

※ 작성방법
- 상속공제금액합계 :
① 기초공제 및 기타인적공제와 일괄공제 중 선택
② 위 공제금액에 배우자상속공제, 금융재산상속공제 등을 공제한도액 내에서 공제함.
③ 감정평가수수료는 별도로 500만 원에서 1,000만 원까지 공제함.

VVIP의
증여 절세법

VVIP의 증여세 업무개관

VVIP(고액재산가)들의 증여세는 앞에서 살펴본 일반인들과 대동소이하다. 하지만 이들은 재산규모가 크기 때문에 다양한 세무조사기법 등이 동원되어 생각지 못한 증여세를 부과당하는 경우가 종종 있다. 따라서 이들의 증여세에 대해서는 별도로 검토할 필요가 있다.

Case

다음의 물건을 증여한다고 할 때 증여재산가액은 얼마나 될까?

① 주택 : 시가 10억 원, 기준시가 7억 원

② 상가 : 시가 20억 원, 기준시가 10억 원(임대보증금 5억 원, 연간 월세 2억 원)

③ 보험 : 해약환급금 5억 원(보험계약자 및 보험수익자는 자녀)

④ 주식 : 비상장 주식으로 시가 없음.

Solution

위의 물음에 대해 순차적으로 답을 찾아보면 다음과 같다.

① 주택 → 시가(매매사례가액)가 없으면 기준시가로 평가된다.

② 상가 → 일반적으로 상가는 매매사례가액이 없는 경우가 대부분이므로 다음 중 큰 금액으로 평가된다.

· Max[기준시가, 임대료 등 환산가액]=Max[10억 원, 5억 원 +2억 원/12% =약 21억 7,000만 원]=21억 7,000만 원

③ 보험 → 0원(보험계약자와 보험수익자가 일치하면 증여세 문제는 없음)

④ 주식 → 세법상 평가액으로 평가를 해야 됨.

Consulting

증여재산에 포함되는 항목과 제외되는 항목을 나열하면 다음과 같다.

증여재산에 포함되는 항목			증여재산가액에서 차감되는 항목	
항목		금액	항목	금액
본래 증여	· 현금·예금·보험 · 부동산(부양권 포함) · 주식·채권, 적립식펀드 · 기타(기업, 소득, 특허권 등)		· 부담부 증여 시 채무액 · 비과세 · 과세가액 불산입액	
추가 증여	· 년 내 증여분 합산 · 증여한 재산의 반환 · 증여추정 · 명의신탁 증여의제 · 변칙적인 증여가액 등			
			계	②
계		①	순 증여재산가액	①-②

세법상의 '증여'란 그 행위 또는 거래의 명칭·형식·목적 등과 관계없이 경제적 가치를 계산할 수 있는 유형·무형의 재산을 직접 또는 간접적인 방법으로 타인에게 무상으로 이전[현저히 저렴한 대가를 받고 이전(移轉)하는 경우를 포함한다]하는 것 또는 기여에 의해 타인의 재산가치를 증가시키는 것을 말한다.

☞ 이러한 개념정의에 의해 우리가 생각하는 것보다 훨씬 더 넓게 증여에 대한 과세가 이루어지고 있다(완전포괄주의 증여개념).

실전연습　　서울 강남구 청담동에 거주하고 있는 김계식 씨는 현재 시가 10억 원 상당의 대지 위에 5억 원 정도의 임대용 건물을 소유하고 있다. 그런데 토지를 제외한 건물부분을 별도로 부인에게 증여한 후 공동사업으로 임대사업을 하려고 한다.

☞ 물음 1 : 건물만 증여해도 세무상 문제는 없는가?
☞ 물음 2 : 임대사업 지분을 5:5로 하면 세무상 어떤 문제가 있는가?
☞ 물음 3 : 임대사업 지분을 배우자 명의로 100% 하면 세무상 어떤 문제가 있는가?

물음에 대해 순차적으로 답을 찾아보면 다음과 같다.

· 물음 1의 경우

그렇다. 토지와 건축물은 별개의 부동산으로 취급되기 때문이다.

· 물음 2의 경우

공동사업을 영위함에 있어 정상적인 대가를 지급하고 취득한 출자지분에 대해서는 증여세 문제가 없으나, 그렇지 않은 경우에는 증여세 문제가 있다.

※ 관련 규정 : 서면1팀-1453, 2005. 11. 30

소득세법 규정에 의한 공동사업을 영위하는 경우로써 정상적인 대가를 지급하고 취득한 출자지분에 대하여는 증여세가 과세되지 아니하나, 공동사업에 출자한 지분과 다른 손익분배의 비율에 의하여 소득금액을 분배받은 경우에는 그 출자한 지분에 상당하는 소득금액을 초과하여 받은 금액에 대하여는 증여세가 과세되는 것임.

· 물음 3의 경우

배우자는 토지를 무상으로 사용하는 결과가 된다. 따라서 토지무상사용이익에 대해서는 증여세를 부과한다(이에 대한 자세한 내용은 PART 04의 Chapter 02를 참조).

돌발 퀴즈!

무상임대를 하면 부가가치세를 내야 하는가?

그렇다. 사업자가 특수관계인에게 토지 및 건물 등 부동산을 무상으로 임대하는 경우에도 부가가치세가 과세된다. 이때 유사거래가액을 과세표준으로 하나 유사거래가액이 없는 경우에는 아래와 같이 계산한다.

· 부동산 임대 과세표준=[(자산의 시가×50%)-전세금 등]×정기예금 이자율(3.5%*, 수시 고시)

  * 2024년 1월 1일 이후 개시하는 사업연도·과세기간부터 부동산 임대보증금의 간주임대료율이 2.9%에서 3.5%로 인상되어 적용된다.

재산가의 금융자산 증여와 절세

재산가의 금융자산에 대한 증여세 문제는 앞에서 살펴본 일반인의 증여세 문제보다는 다소 복잡하다. 아무래도 자금거래가 대규모로 발생할 가능성이 높아 과세당국은 자금거래 동향을 철저히 파악해서 과세를 위해 노력하고 있기 때문이다. 이하에서는 재산가의 금융자산과 관련된 증여세 문제를 살펴보자.

Case | 서울 서초구 서초동에 거주하고 있는 신유기 씨가 보유하고 있는 금융자산이 다음과 같다고 하자.

구분	내용
주식	상장 주식
채권	증권회사에 수탁 중
보험	보험계약자 자녀, 피보험자 본인, 보험수익자 자녀(단, 보험료는 K씨의 돈으로 납입함)
펀드	자녀 명의로 되어 있음.
현금	사금고에 보관
예금	배우자 명의로 되어 있음.
골드바	사금고에 보관

☞ **물음 1** : 위의 자산 중 국세청 통합전산시스템(TIS)에 노출되지 않는 자산은?

☞ **물음 2** : 보험은 증여세 문제가 없는가?

☞ **물음 3** : 차명계좌에 대한 세법의 태도는?

Solution | 위의 물음에 대해 순차적으로 답을 찾아보면 다음과 같다.

· 물음 1의 경우

사금고에 보관된 현금과 골드바는 국세청 전산망에 노출되지 않으나 다른 금융자산들은 모두 노출된다.

· 물음 2의 경우

보험의 경우 보험계약자와 보험수익자가 일치하면 증여세 문제는 없다. 다만, 신씨가 보험료를 대신 납부하는 경우에는 증여세 문제가 발생한다. 세법에서는 이렇게 보험료를 대납 받은 후 보험금을 수령하면 전체의 금액을 증여로 보고 과세한다.

· 물음 3의 경우

세법은 차명계좌로 입금된 금전에 대해서는 일단 증여로 추정한다. 따라서 당사자가 증여가 아님을 입증하지 못하면 증여세를 과세한다.

※ 국세청 TIS 다시 한번 보기

국세청 TIS(국세청 통합시스템, Tax Integrated System)은 개인 및 세대구성원에 대해 다음과 같은 세금정보를 보유하고 있다.

소득·소비	자산·부채
· 원천징수 되는 모든 종류의 소득 · 신용카드 매출내역 및 사용 실적(해외 사용 실적 포함) · 세금계산서와 POS에 의함 매출, 매입 실적 · 연말정산 관련 자료 : 보험료, 개인연금저축, 연금저축, 퇴직연금, 교육비, 직업훈련비, 의료비, 신용카드, 현금영수증 사용금액 등	· 주식 취득 및 보유현황 · 지방세 중과 대상인 고급주택, 고급선박, 별장 등 보유현황 · 자동차 보유현황 · 부동산의 취득 및 보유현황(상속, 증여, 매매 등) · 부동산 임대현황 · 외국환 매각자료, 해외 송금 자료

Consulting | 금융자산 증여와 관련된 세무상 쟁점을 현금성 자산, 보장성 금융자산, 투자성 금융자산 등으로 구분해서 살펴보면 다음과 같다.

현금성 자산

· 차명계좌에 대해서는 증여추정제도가 적용된다.
· 금융거래 시 CTR, STR, 해외계좌신고제도(아래 참조) 등이 적용된다.
· 신용카드 사용실적은 국세청전산시스템상에 노출된다.

보장성 금융자산	· 보장성 보험 → 보험계약자와 피보험자가 일치한 상태에서 피보험자가 사망 해서 보험금을 수령하면 이는 상속재산에 포함된다. · 보장성 보험 → 보험계약자와 보험수익자가 일치하지 않으면 증여세가 부과 될 수 있다.
투자성 금융자산	· 주식 → 차명계좌에 대해 증여추정제도가 적용된다. · 변액보험(연금) → 계약변경 시 자료제출로 인해 증여세 과세문제가 있다. · 채권/펀드 → 차명계좌에 대해 증여추정제도가 적용된다.

※ 금융자산에 대한 투명화조치들

최근에 등장한 금융자산과 관련된 투명화조치들을 나열하면 다음과 같다.

☑ 고액현금거래보고제도(CTR) 지속적 운영

☑ 혐의거래보고제도(STR) 강화

☑ 해외계좌신고제도 도입

☑ 해외금융계좌납세협력법(FATCA)상의 금융계좌신고제도 도입

☑ 소득지출분석시스템(PCI시스템) 상시적용

☑ 사업용 계좌제도(사업자의 입출금을 국세청에 신고된 사업용 계좌로 관리
  하는 제도)

☑ FIU(금융정보분석원)의 자금거래정보 세무조사 시 활용

☑ 차명계좌에 대한 현금추정제도 신설

☑ 전세보증금 등에 대한 자금출처조사 확대

☑ 보험이나 주식 계약변경 등에 대한 과세강화

☑ 역외탈세 세무조사 강화 등

위에서 몇 가지 제도에 대해서만 살펴보자.

① 고액현금거래보고제도(CTR, Currency Transaction Report)

하루에 한 곳의 은행 등에서 1,000만 원 이상 고액의 현금(수표나 외화는
제외)을 거래한 경우 이를 금융정보분석원(FIU, Korea Financial Intel-
ligence Unit)*에 자동적으로 보고하는 제도를 말한다.

* FIU는 자금세탁과 같은 불법을 막기 위해 설립된 기획재정부 산하기관에 해당한다.

② 혐의거래보고제도(STR, Suspicious Transaction Report)
현금·수표·외환거래 중 '자금세탁 등이 의심되는 경우'에 한해 FIU에 보고하는 제도를 말한다. 이 제도는 금융기관의 판단이 들어간다는 점에서 앞의 CTR제도와 차이가 난다. 금액 크기를 불문한다.

③ 해외계좌신고제도
해외계좌에 5억 원이 넘게 입금된 날이 하루라도 있으면 이에 대한 계좌 내역을 다음 해 6월에 국세청에 신고해야 한다. 이를 제대로 신고하지 않으면 미신고금액의 20%(2015년 이후) 내에서 과태료가 부과된다. 참고로 해외계좌에 대한 정보를 제공한 자에게는 최고 20억 원(2015년 이후)까지 포상금을 지급한다.

실전연습　서울 서초구 방배동에서 살고 있는 김미리 씨가 20세 때부터 다음과 같이 연금보험에 가입했다. 이 상품은 10년 납으로 월 100만 원 정도의 보험료가 불입되었다. 이 보험료 중 절반은 김씨가 직접 부담했다.

계약자	주 피보험자	수익자
어머니	김미리	어머니

☞ **물음 1** : 계약자와 수익자를 어머니에서 김미리 씨로 변경하는 경우 어떤 세금문제가 있는가?
☞ **물음 2** : 향후 연금을 수령할 때 증여금액은 얼마인가?
☞ **물음 3** : 증여세는 어떻게 계산하는가?

물음에 대해 순차적으로 답을 찾아보면 다음과 같다.

· 물음 1의 경우
일반적으로 보험계약변경시점에서는 증여세가 과세되지 않는다. 세법에서는 보험사고(만기 포함)가 발생하기 전에 보험계약자를 자녀 명의로 변경하는 경우, 계약자 등을 변경한 사실만으로 그 시점에는 증여세를 과세하지 아니하고, 이후 보험사고가 발생해서 보험금을 수령(사례의 경우 연금을 수령)할 때 과세하기 때문이다.

· 물음 2의 경우

일단 김씨가 수령한 보험금은 김씨와 어머니가 반반씩 납입한 보험료에 의해 발생한 것이다. 따라서 해당 보험금의 절반이 증여재산가액에 해당한다.

· 물음 3의 경우

예를 들어 보험금에 대한 증여재산 평가액이 3억 원이라고 하자. 이 경우 1억 5,000만 원은 김미리 씨의 몫에 해당하고, 나머지 1억 5,000만 원은 어머니로부터 받은 증여재산가액이 된다. 한편 성년 자녀가 공제받을 수 있는 증여재산공제액은 5,000만 원이므로 이를 초과한 1억 원에 대해서는 증여세가 부과될 것으로 보인다.

→ 증여세 산출세액 : 1억 원×10%=1,000만 원

증여유형의 예시

다음에 열거된 유형에 해당하는 경우에도 증여에 해당한다.

사유	증여유형의 예시
보험금	보험계약자와 보험금수령인이 다른 경우의 만기보험금 등
자산의 양도	특수관계를 불문하고 시가의 70% 이하 또는 130% 이상의 가액으로 재산을 양도하거나, 시가와 대가의 차액이 3억 원 이상인 경우 · 저가양도 시의 증여금액 = (시가−양수가액) − Min[시가×30%, 3억 원]
채무면제 등	다른 사람으로부터 채무를 변제 받은 경우
토지 무상사용 권리	건물을 소유하기 위해서 특수 관계자의 토지를 무상으로 사용한 경우 등 · 증여재산가액 = '토지의 가액×2%×무상사용기간(5년)'을 10% 할인율로 할인 　(단, 무상사용이익이 1억 원 이하는 제외)
금전대부	특수관계자로부터 2억 원 이상의 금전을 무상 또는 적정 이자율보다 낮은 이자로 대부받은 경우 · 증여재산가액 　– 무상대부받은 경우 : 대부금액×적정이자율(4.6%) 　– 낮은 이자율로 대부받은 경우 : (대부금액×4.6%) − 실제 지급한 이자상당액
합병, 증자 등	법인이 합병·증자·감자를 통해서 부를 무상 이전하는 등 일정 요건에 해당되는 경우에는 증여세가 과세됨.
전환사채 등	전환사채 등을 인수·취득·양도하거나 전환사채 등에 의해서 주식으로 전환·교환 또는 주식의 인수로 인해 일정한 이익을 얻은 자는 그 이익에 해당하는 금액을 증여받은 것으로 봄.
주식의 상장	기업경영의 내부정보를 이용 가능한 최대주주 등이 주식의 상장이나 등록을 이용해 일정한 이익을 얻은 경우

보험금 증여와 보험계약 변경 시 과세자료 통보

보험금 증여에 대한 과세판단은 상증세법집행기준 34-0-1을 참고하면 도움이 된다. 그리고 보험계약자 명의를 자녀 등으로 변경하면 이에 대한 자료가 통보되는데, 이하에서 살펴보자.

1. 보험금에 대한 증여세 과세요약

구분	내용
·과세요건	① 생명보험이나 손해보험에서 보험금 수령인과 보험료 납부자가 다른 경우 ② 보험계약 기간에 보험금 수령인이 타인으로부터 재산을 증여받아 보험료를 납부한 경우
·납세의무자	보험금 수령인
·증여시기	보험사고 발생일(만기보험금 지급도 보험사고에 포함)
·증여재산 가액	1) 보험료 불입자와 보험금 수령인이 다른 경우 　① 보험료를 전액 타인이 불입한 경우 : 증여이익=당해 보험금 　② 보험료를 일부 타인이 부담한 경우 : 증여이익=보험금×(보험금 수취인 이외의 자가 불입한 보험료/불입한 보험료 총합계액) 2) 보험료 불입자와 보험금 수령인이 동일한 경우 　① 보험료를 전액 타인재산 수증분으로 불입한 경우 : 증여이익=보험금-보험료 불입액 　② 보험료를 일부 타인재산 수증분으로 불입한 경우 : 증여이익=보험금×(타인재산 수증분으로 불입한 금액/불입한 보험료 총액)-타인재산 수증분으로 불입한 보험료

보험금의 증여일은 원칙적으로 보험료를 증여한 시점이 아닌 '보험사고(만기보험금 지급의 경우를 포함)가 발생한 날'로 한다(상증법 제34조). 따라서 2023년에 보험료를 불입하고 보험사고가 2030년에 발생한 경우, 이때에 비로소 증여세를 과세할 수 있게 된다. 이처럼 증여시기가 이연된 이유는 보험상품이 비교적 장기상품에 해당되고 보험료 불입기간이 10년 이상 되므로, 이를 일일이 추적해서 과세할 수 없는 한계점이 있기 때문이다.

한편 보험계약을 변경하는 경우에는 보험회사에서 다음과 같은 자료를 국세청에 통보하게 된다. 이러한 자료는 증여세 등의 과세에 사용된다.

2. 보험계약자 명의변경 명세서

■ 상속세 및 증여세법 시행규칙[별지 제19호의2서식](2014.03.14 신설)

보험계약자 등 명의변경 명세서

보험내용				명의변경 내용							
				구분			변경 전 명의자		변경 후 명의자		
① 일련 번호	② 보험의 종류	③ 보험 증서 번호	④ 납입 보험료	⑤ 명의변경 일자	⑥ 명의변경 사유	⑦ 명의변경 유형	⑧ 성명	⑨ 주민 등록번호	⑩ 성명	⑪ 주민 등록번호	⑫ 변경 전 명의자 와의 관계

'상속세 및 증여세법' 제82조 제1항 및 같은 법 시행령 제84조 제1항에 따라 생명보험 또는 손해보험에 대한 보험 계약자 등 명의변경 내용을 위와 같이 확인해서 제출합니다.

년 월 일

제출자 상호(법인명)
　　　　사업자등록번호
　　　　소재지
　　　　성명(대표)　　　　　　(서명 또는 인)

세 무 서 장 귀하

작성방법

1. 보험계약자 등 명의변경 명세서는 지급자별로 그 명의변경일이 속하는 분기 종료일의 다음 달 말일까지 본점 또는 주된 사무소의 소재지를 관할하는 세무서장에게 제출해야 합니다.
2. 이 보험계약자 등 명의변경 명세서에는 모든 생명보험 및 손해보험의 계약자 또는 수익자 명의 변경 내용을 적습니다.
3. ④란에는 명의변경일 현재까지 납입된 보험료를 적습니다.
4. ⑥란에는 계약자의 신청, 계약자 또는 수익자의 사망, 기타로 적습니다.
5. ⑦란에는 계약자 변경 또는 수익자 변경으로 구분해서 적습니다.

재산가의 부동산 증여와 절세

재산가들은 부동산을 어떤 식으로 증여하는 것이 좋을지 알아보자. 부동산은 유동성이 떨어지므로 미리 대비해야 세금문제에서 자유로울 것이다. 상속이 임박해서 처분하거나 증여를 하게 되면 오히려 해를 입는 경우가 많다. 부동산에 대한 대비는 이를수록 좋은 이유다.

Case | 서울 용산구 한남동에서 살고 있는 변웅기 씨가 보유한 부동산이 다음과 같다고 하자.

구분	내용	비고
아파트	거주용 주택	
빌딩	본인 단독 소유	100억 원대에 해당
빌라	자녀 명의로 보유	
토지	본인 단독 소유	
상가 1	배우자 명의로 보유임대	
상가 2	자녀 등에게 무상임대	

☞ **물음 1** : 상속이 발생할 경우 어떤 문제점들이 있을까?
☞ **물음 2** : 차명으로 관리하고 있는 부동산에 대한 문제점은?
☞ **물음 3** : 자녀에게 무상으로 임대한 상가 2는 어떤 세금문제가 있는가?

Solution | 위의 물음에 대해 순차적으로 답을 찾아보면 다음과 같다.

· **물음 1의 경우**

일단 본인 명의로 되어 있는 재산들은 모두 상속세 과세대상이 된다. 이 경우 상속재산가액 규모가 100억 원대를 넘게 되어 많은 상속세를 예상할 수 있다. 만일 상속세 납부대책이 세워지지 않았다면, 부동산을 긴급하게 처분해야 하는 문제점이 발생할 수 있다.

· 물음 2의 경우

차명 부동산은 부동산 실명법 위반으로 세법 이전에 형법위반으로 과징금(30%)을 부과받을 수 있는 사안이다. 상속이 발생한 경우 자금출처조사 등을 통해 차명 부동산임이 밝혀지는 경우도 있다.

· 물음 3의 경우

무상으로 상가를 임대하면 세법상의 시가에 맞춰 부가가치세를 내야 한다. 한편 무상사용이익에 대해서는 증여세 문제가 있다.

Consulting | 재산가의 부동산 증여와 관련된 세무상 쟁점 및 절세법 등을 주택, 토지, 상가별로 정리하면 다음과 같다.

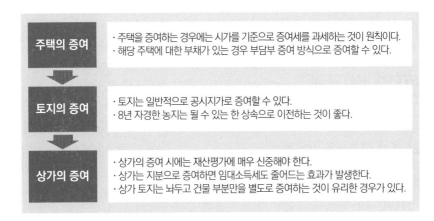

주택의 증여
· 주택을 증여하는 경우에는 시가를 기준으로 증여세를 과세하는 것이 원칙이다.
· 해당 주택에 대한 부채가 있는 경우 부담부 증여 방식으로 증여할 수 있다.

토지의 증여
· 토지는 일반적으로 공시지가로 증여할 수 있다.
· 8년 자경한 농지는 될 수 있는 한 상속으로 이전하는 것이 좋다.

상가의 증여
· 상가의 증여 시에는 재산평가에 매우 신중해야 한다.
· 상가는 지분으로 증여하면 임대소득세도 줄어드는 효과가 발생한다.
· 상가 토지는 놔두고 건물 부분만을 별도로 증여하는 것이 유리한 경우가 있다.

※ 주의해야 할 상가건물의 재산가액평가법

· 상가건물은 원칙적으로 시가로 평가하나 시가가 없는 경우가 많아 보충적 평가방법(기준시가)을 사용하는 경우가 많다.
· 보충적 평가방법을 사용하는 경우에는 일반적으로 임대료 등 환산가액과 기준시가 중 큰 금액으로 평가한다.
· 기준시가가 큰 상가 건물을 보충적 평가방법으로 상속세나 증여세를 신고하면 추후 과세당국이 감정평가액으로 경정할 수 있다. 다만, 이렇게 하더라도 신고불성실가산세와 납부지연가산세는 부과하지 않는다.

· 기준시가가 큰 상가 건물은 재산평가가 중요하므로 반드시 전문 세무사의 검증을 받는 것이 좋다.

실전연습

K씨는 서울에서 10년 보유한 아파트 1채와 상가부분이 주택부분보다 큰 2층짜리 상가겸용주택을 보유하고 있다. 따라서 K씨는 1세대 2주택자에 해당된다. 이번에 상가겸용주택 중 토지는 K씨 본인 명의로 놔두고 주택건물부분만 세대분리가 된 자녀에게 증여한 후 아파트를 양도하려고 한다. 이 경우 아파트는 1세대 1주택에 해당되어 비과세가 적용될까?

위에 대한 답을 순차적으로 찾아보자.

STEP1 쟁점은?

K씨가 상가겸용주택 중 주택건물부분만 제삼자에 증여한 후 아파트를 처분하면 1세대 1주택자로서 비과세를 받을 수 있는지의 여부가 쟁점이 된다.

STEP2 세법 규정은?

비과세 여부를 판단함에 있어 주택과 부수 토지의 소유자가 상이한 경우로써 동일세대원이 아닌 경우에는 주택의 건물부분 소유자를 주택소유자로 보아 비과세를 적용한다.

STEP3 결론은?

사례의 경우 동일세대원이 아닌 자에게 겸용주택의 건물 부분을 증여해서 부수 토지만을 소유하게 되었으므로 K씨의 아파트는 1세대 1주택 비과세를 받을 수 있다고 결론 내릴 수 있다.

돌발 퀴즈!

만일 위의 상가겸용주택이 층별 혹은 호별로 구분등기된 집합건물이 아닌 경우에도 양도소득세 비과세가 적용되는가?

그렇지 않다. 이러한 경우는 구분등기가 안 되어 있으므로 건물의 주택부분만을 구분해서 증여할 수는 없는 것으로 보는 것이 타당하다. 즉 건물의 일부만 지분으로 증여하는 경우에는 여전히 1세대 2주택자가 된다.

금융과 부동산의 결합이 된 경우의 세금관리법

재산가들(또는 그 세대원들)이 고가의 부동산을 취득한 경우에는 항상 자금출처조사에 유의해야 한다. 이들이 재산을 취득하면 그 취득내역이 국세청 전산망(TIS)에 전송되기 때문이다. 지금부터 금융과 부동산이 결합된 경우의 세금문제에 대해 알아보자.

Case | 서울 성북구 성북동에서 거주하고 있는 김○○ 씨는 처제와 금전거래를 해서 3억 원이 적힌 차용증을 가지고 있다. 처제가 사업상 상환여건이 안 되어 본인 소유의 주택으로 채무를 변제하겠다고 한다. 현재 이 주택의 가격은 4억 원 정도가 되나 전세보증금 2억 원이 포함되어 있다.

☞ **물음 1** : 채무변제 명목으로 소유권을 이전하면 양도가 되는 것인가, 증여가 되는 것인가?

☞ **물음 2** : 채무액은 3억 원이나 전세보증금을 감안하면 2억 원을 회수되는 결과가 된다. 따라서 1억 원은 회수를 할 수 없는데 이때 세법상 문제가 되는가?

Solution | 물음에 순차적으로 답을 하면 다음과 같다.

· 물음 1의 경우

대물변제의 경우 양도로 본다. 이러한 사실은 당사자 간 소비대차계약, 대물변제계약, 이자지급사실, 차입내역, 자금출처 및 사용처 등으로 입증되어야 한다.

· 물음 2의 경우

주택을 시가보다 저가로 양도하는 경우, 처제가 이익을 보게 되므로 증여세가 과세될 수 있다. 다만, 이익을 본 금액(=시가-대가)이 시가의 30% 이상 되거나 3억 원 이상인 경우에 한해 다음의 금액을 증여재산가액으로 한다.

· 증여재산가액 : (시가-대가)-(시가의 30%와 3억 원 중 적은 금액)

사례의 경우 시가(4억 원)와 대가(2억 원)의 차액 2억 원이 시가의 30%인 1억 2,000만 원을 초과하므로 이 제도가 적용된다. 따라서 다음의 금액을 증여재산가액으로 한다.

· 증여재산가액 : (시가-대가)-(시가의 30%와 3억 원 중 적은 금액)
  = (4억 원-2억 원)-(4억 원×30%와 3억 원 중 적은 금액)
  = 2억 원-1억 2,000만 원 = 8,000만 원

Consulting | 금융과 부동산이 결합된 경우의 세무문제를 살펴보면 다음과 같다.

부동산 취득과 자금출처조사	· 부동산 매매거래 시 대출이나 전세보증금으로 대금지급을 상계할 수 있다. · 채무변제로 부동산을 이전받으면 이는 양도에 해당한다. · 부동산을 취득하기 전에 자금출처조사 문제를 해결해야 한다.
부채와 함께 부동산 증여	· 부채와 함께 부동산을 증여하는 방식을 '부담부 증여'라고 한다. · 부담부 증여는 모든 부동산에 대해 적용할 수 있는 절세방법에 해당한다. · 다만, 미성년자 등은 부채가 인정되지 않을 수 있으므로 이에 유의해야 한다.
부동산 처분 대금과 증여	· 부동산을 처분해서 받은 돈을 자녀 등에게 입금하면 증여세가 부과될 수 있다. · 부동산 처분대금은 보험 등 금융상품으로 바꿔 보유할 수 있다.

※ 부동산 처분대금과 증여세 관리법

☑ 고령자가 부동산을 처분한 경우에는 증여세 등의 조사를 위해 별도로 전산관리가 된다.

☑ 토지 보상금을 수령한 경우에는 그에 대한 증여세 문제도 대비해야 한다.

☑ 부동산 처분대금은 연금보험 등의 금융상품으로 전환하는 것도 검토해야 한다.

실전연습

서울 강남구 압구정동에 거주하고 있는 방귀순 씨는 이번에 큰 마음을 먹고 1층에 있는 상가를 구입하기로 결정했다. 부가가치세를 제외한 구입가는 10억 원이다. 대출은 3억 원 정도를 받아 구입자금으로 충당하고자 한다. 방씨는 현재 사업자로서 세율 40%를 적용받고 있다.

☞ 물음 1 : 전업주부인 배우자의 명의로 하는 것이 유리한가?
☞ 물음 2 : 배우자 명의로 취득하면 자금출처조사가 나오는가?

물음에 대해 순차적으로 답을 찾아보면 다음과 같다.

· 물음 1의 경우

배우자 명의로 하는 경우 다음과 같은 장점이 있다.

☑ 부가가치세를 환급받을 수 있다.

☑ 임대차계약을 비교적 자유롭게(또는 유리하게) 체결할 수 있다.

참고로 자금출처조사를 받거나 건강보험료를 부담하는 것은 단점에 해당한다.

· 물음 2의 경우

나올 가능성이 높다. 특히 사업자의 배우자가 고가의 상가 등을 취득하면 그 자금내역의 조사를 통해 사업체에 대한 세무조사로 연결되는 경우가 왕왕 있다.

※ 사례의 경우 자금출처소명방법은?

총구입액	소명금액	소명부족액	비고
10억 원*	대출금 : 3억 원	7억 원	

* 취득세 4.6%(4,600만 원) 등도 고려되어야 한다.

☞ 위에서 소명부족액 7억 원은 전세보증금 및 배우자 간 증여재산공제(6억 원) 등을 고려해서 입증하도록 한다.

가족 간에 재산을 유상이전하는 경우가 있다. 이때 다양한 세무리스크가 발생하는데, 이하에서 이에 대해 살펴보자.

Case 　경기도 수원시에 거주하고 있는 성실한 씨(40세)는 아버지가 보유한 주택을 매매방식으로 취득하려고 한다.

☞ **물음 1** : 가족 간에도 매매거래가 인정되는가?
☞ **물음 2** : 만약 거래대금을 지급하지 않으면 어떻게 되는가? 또는 거래대금 중 일부만 주고, 나머지는 향후 주는 식으로 하면 매매거래를 인정받는가?
☞ **물음 3** : 위 주택의 시세가 3억 원인 상황에서 1억 원으로 거래할 수 있는가?

Solution 　위의 사례는 가족 간에 전형적으로 발생하는 유형이다. 과연 어떠한 문제들이 발생하는지 물음에 맞춰 답을 찾아보자.

· **물음 1의 경우**
가족 간의 매매도 당연히 인정을 받을 수 있다.

· **물음 2의 경우**
만약 거래대금을 지급하지 않으면 이는 세법상 매매가 아닌 증여에 해당한다. 한편 거래대금 중 일부를 조건부로 지급하는 경우에는 매매로 인정받지 못할 가능성이 높다. 제삼자 간에 거래를 할 때에는 '계약금 → 중도금 → 잔금' 형식으로 대금수수가 이어지는데, 이와 다르게 자금거래가 되기 때문이다.

· 물음 3의 경우

거래는 가능하다. 하지만 특수관계자에게 시가보다 낮은 가격(시가와 거래가액의 차액이 3억 원 이상이거나 시가의 100분의 5에 상당하는 금액 이상인 경우)으로 자산을 양도한 때에 양도자에게 시가를 양도가액으로 해서 양도소득세를 과세한다(부당행위계산부인제도). 또한 저가로 양수한 자에게는 증여세를 부과한다. 참고로 증여세는 거래금액이 시가와 거래가액의 차액이 3억 원 이상이거나 시가의 100분의 30 차이가 나는 경우에 과세한다. 양도소득세와 증여세 과세를 위한 기준이 다르다.

돌발 퀴즈!

위에서 시가는 어떻게 산출하는가?

양도일 전후 각 3개월의 기간 중 당해 자산의 매매사례가액, 2(기준시가 10억 원 이하는 1) 이상 감정기관의 감정평균액, 수용가액, 공매·경매가액, 유사매매사례가액 등을 통해 알 수 있다. 여기서 유사매매사례가액은 해당 재산과 유사한 재산의 거래금액을 말한다.

Consulting | 가족 간에 재산을 유상이전할 때 발생할 수 있는 세무리스크를 요약하면 다음과 같다.

대금 수수가 없는 경우	· 일단 증여로 추정하며, 대가관계가 명백하지 않으면 증여로 본다.
고가·저가 양도의 경우	· 고가양도 시 고가양도자에게 증여세 문제가 있다. · 저가양도 시 저가양수자에게 증여세 문제가 있다. · 양도소득세 계산 시 양도가액과 취득가액에 영향을 준다(저자 문의).
증여 후 양도의 경우	· 배우자나 직계존비속 간에 증여한 후 이를 양도하면 이월과세문제가 있다. · 부당행위계산부인제도를 병행해서 검토한다(저자 문의).

※ 가족간 유상이전 시 세무리스크를 없애는 대책들

☑ 계약은 제삼자와 하는 것처럼 객관적으로 진행해야 된다.

☑ 거래금액은 시세에 근접하게 결정되는 것이 좋다.

☑ 계약에 맞게 자금이동이 이루어져야 한다.

☑ 거래 전에 반드시 세금문제를 파악해야 한다.

실전연습

경기도 고양시에 거주하고 있는 K씨(35세)는 2020년에 아버지로부터 주택1채를 증여받았다. 이 주택을 5년이 되기 전에 양도하고자 한다. K씨는 아버지와 별도의 세대를 구성하고 있다. 이러한 상황에서 이 주택을 양도하면 양도소득세 비과세를 받을 수 있을까? 단, 해당 처분대금은 K씨에게 직접 귀속된다고 하자.

이 사례는 상당히 주의해야 하는 것에 해당한다.

STEP1 사례에 적용되는 세법규정

세법은 배우자나 직계존비속으로부터 증여받은 자산을 그 증여일로부터 10년(2022년 이전 증여분은 5년) 이내에 양도하는 경우에는 두 가지 규정을 적용한다.

☑ 먼저 이월과세 규정을 적용한다(소득세법 제97조의 2). 이 규정은 수증자(양도자 즉 K씨)가 양도한 주택을 처분할 때 취득가액을 당초 증여자(아버지)가 취득한 가액으로 계산하는 제도를 말한다.

☑ 다음으로 위의 규정이 적용되지 않으면 소득세법상 부당행위계산부인제도를 적용한다(소득세법 제101조). 이 규정은 증여자가 직접 양도할 경우의 양도소득세와 수증자의 증여세와 양도소득세의 합계액 중 큰 금액으로 과세하는 제도를 말한다.

☞ 적용순서는 이월과세제도 → 부당행위계산부인제도다.

STEP2 사례에의 세법적용

☑ 사례의 경우 이월과세제도는 적용되지 않는다. 해당 주택이 1세대 1주택 비과세에 해당하기 때문이다. 다만, 이 주택이 고가주택에 해당하는 경우에는 과세분에 대해서는 원칙적으로 이월과세제도가 적용된다(210페이지 하단 참조).

☑ 위에서 본 것처럼 사례의 경우에는 이월과세가 적용되지 않으므로 소득세법(제101조)상 부당행위계산부인규정을 검토해야 한다. 다만, 소득세법 제101조에서는 양도소득이 해당 수증자에게 실질적으로 귀속된 경우에는 이 규정을 적용하지 않는다고 하고 있다.

STEP3 결론

☑ K씨가 증여받은 주택은 증여일로부터 2년 이상이 경과되었다.

☑ 따라서 1세대 1주택 비과세 대상이 되기 때문에 이월과세규정을 적용받지 않는다(고가주택 중 과세되는 부분은 이월과세를 적용하는 것과 하지 않는 것 중 많은 세액을 납부해야 한다).

☑ 또한 해당 양도소득이 본인에게 직접 귀속되는 경우에는 부당행위계산부인규정을 적용받지 않으므로 결론적으로 비과세를 받을 수 있다.

분양권·입주권에 대한 이월과세 적용

배우자 등으로부터 분양권 또는 입주권을 증여받은 후 이를 10년 내에 양도하는 경우 이월과세가 적용되는 것으로 세법이 바뀌었다. 따라서 앞으로 분양권이나 입주권을 배우자한테 증여받아 3개월 내에 제삼자한테 양도해서 양도소득세를 회피하는 행위들이 없어지게 되었다. 2019년 2월 12일 이후에 분양권과 입주권을 양도하는 분부터 적용한다.

이월과세제도와 부당행위계산부인제도

소득세법상 이월과세제도와 부당행위계산부인제도에 대한 세법규정을 알아보면 다음과 같다. 실무적으로 이를 적용하는 것이 힘들 수 있으므로 세무전문가의 확인을 거쳐 실행하기 바란다(저자의 《가족 간 부동산 거래 세무 가이드북》을 참조해도 된다).

1. 이월과세(소득세법 제97조의 2)

① 거주자가 양도일부터 소급하여 10년(2022년 이전 증여분은 5년) 이내에 그 배우자(양도 당시 혼인관계가 소멸된 경우를 포함하되, 사망으로 혼인관계가 소멸된 경우는 제외한다. 이하 이 항에서 같다) 또는 직계존비속으로부터 증여받은 제94조 제1항 제1호에 따른 자산(토지와 건물)이나 그 밖에 대통령령으로 정하는 자산(분양권·입주권, 회원권 등)의 양도차익을 계산할 때 양도가액에서 공제할 필요경비는 제97조 제2항에 따르되, 취득가액은 그 배우자 또는 직계존비속의 취득 당시 제97조 제1항 제1호 각 목의 어느 하나에 해당하는 금액으로 한다. 이 경우 거주자가 증여받은 자산에 대하여 납부하였거나 납부할 증여세 상당액이 있는 경우에는 제97조 제2항에도 불구하고 필요경비에 산입한다(2014. 01. 01 신설).

② 다음 각 호의 어느 하나에 해당하는 경우에는 제1항을 적용하지 아니한다(2014. 01. 01 신설).

1. 사업인정고시일부터 소급하여 2년 이전에 증여받은 경우로서 '공익사업을 위한 토지 등의 취득 및 보상에 관한 법률'이나 그 밖의 법률에 따라 협의매수 또는 수용된 경우(2014. 01. 01 신설)
2. 제1항을 적용할 경우 제89조 제1항 제3호 각 목의 주택(비과세 대상에서 제외되는 고가주택 포함)의 양도에 해당하게 되는 경우(이월과세를 적용하면 1세대 1주택 비과세가 되는 경우를 말함)
3. 제1항을 적용하여 계산한 양도소득 결정세액이 제1항을 적용하지

아니하고 계산한 양도소득 결정세액보다 적은 경우(2017. 7. 1 이후 양도하는 분부터 적용).

☞ 참고로 자녀가 증여받은 주택이 1세대 1주택으로 고가주택에 해당하면 다음과 같이 과세방식이 결정된다. 이 주택은 증여받은 날로부터 2년 보유(거주)를 했다고 하자.

- 양도차익 중 12억 원 이하분 : 비과세가 가능하다.
- 양도차익 중 12억 원 초과분 : 원칙적으로 이월과세를 적용하나, 앞의 3호에 따라 이를 적용하지 않고 계산한 세액보다 적으면 이월과세를 적용하지 않는다. 결국 12억 원 초과분은 둘 중 많은 세액으로 세금을 납부해야 할 것으로 보인다.

※ 이월과세제도(세금계산법 포함) 요약

이월과세제도란 거주자가 배우자 또는 직계존비속으로부터 증여받은 자산을 증여받은 날부터 10년 이내에 양도하는 경우 양도가액에서 공제하는 취득가액을 당초 증여자의 취득가액으로 계산하는 것을 말한다. 이 제도가 적용되는 경우의 세금계산은 다음과 같이 한다.

구분	내용	비고
납세의무자	수증자	
취득가액	증여자가 취득한 취득가액 (취득세 포함)	
필요경비	양도 시 중개수수료 및 증여세	수증자(양도자)가 증여받을 당시 부담한 취득세는 공제되지 않음.
세율 적용 시 보유기간 계산	증여자의 취득일~양도일	
장기보유특별공제 적용 시 보유기간 계산	증여자의 취득일~양도일	

2. 부당행위계산부인(소득세법 제101조)

① 납세지 관할세무서장 또는 지방국세청장은 양도소득이 있는 거주자의 행위 또는 계산이 그 거주자의 특수관계인과의 거래로 인하여 그

소득에 대한 조세 부담을 부당하게 감소시킨 것으로 인정되는 경우에는 그 거주자의 행위 또는 계산과 관계없이 해당 과세기간의 소득금액을 계산할 수 있다.

② 거주자가 제1항에서 규정하는 특수관계인(제97조의 2 제1항을 적용받는 배우자 및 직계존비속의 경우는 제외한다)에게 자산을 증여한 후 그 자산을 증여받은 자가 그 증여일부터 10년(2022년 이전 증여분은 5년) 이내에 다시 타인에게 양도한 경우로 제1호에 따른 세액이 제2호에 따른 세액보다 적은 경우에는 증여자가 그 자산을 직접 양도한 것으로 본다. 다만, 양도소득이 해당 수증자에게 실질적으로 귀속된 경우에는 그러하지 아니하다(2014. 01. 01 개정).

1. 증여받은 자의 증여세('상속세 및 증여세법'에 따른 산출세액에서 공제·감면세액을 뺀 세액을 말한다)와 양도소득세(이 법에 따른 산출세액에서 공제·감면세액을 뺀 결정세액을 말한다. 이하 제2호에서 같다)를 합한 세액

2. 증여자가 직접 양도하는 경우로 보아 계산한 양도소득세

③ 제2항에 따라 증여자에게 양도소득세가 과세되는 경우에는 당초 증여받은 자산에 대해서는 '상속세 및 증여세법'의 규정에도 불구하고 증여세를 부과하지 아니한다.

VVIP의 재산분배와
절세전략

사전증여의사결정 전략

VVIP 집안에서 아무런 대비 없이 상속이 발생하면 많은 세금을 낼 수밖에 없다. 따라서 사전증여재산의 합산과세기간인 10년 이전에 상속대비를 끝내는 것이 좋다. 이하에서는 이들이 알아두면 좋을 사전증여의사결정 전략에 대해 알아보자.

Case | 어떤 사람이 상속으로 재산을 이전할까, 아니면 증여로 재산을 이전할까 고민하고 있다고 하자. 그의 총재산은 15억 원이라고 하자. 물론 재산을 물려받을 사람은 성년인 자녀라고 할 때 세금은 얼마나 될까? 그리고 의사결정기준은? 단, 상속공제액은 10억 원이라고 하자.

Solution | 먼저 위의 자료를 기준으로 산출세액을 계산하면 다음과 같다.

상속세		증여세	
구분	금액	구분	금액
상속재산가액	15억 원	증여재산가액	15억 원
− 상속공제	10억 원	− 증여재산공제	5,000만 원
=과세표준	5억 원	=과세표준	14억 5,000만 원
×세율(10~50%)	20%(1,000만 원*)	×세율(10~50%)	40%(1억 6,000만 원*)
=산출세액	9,000만 원	=산출세액	4억 2,000만 원

* ( )은 누진공제액을 의미한다.

다음으로 의사결정을 내려 보자.

일단 자녀에게 증여하는 경우에는 과도하게 증여세가 발생하므로 이를 부담하고 증여하는 경우는 별로 없다. 따라서 상속을 선택하되 상속세가 나올 수 있는 부분의 재산가액만을 일부 증여하는 식으로 의사결정을 내릴 수 있다. 만일 상속공제액이 10억 원인 경우 5억 원을 사전증여하면 다음과 같이 세금관계가 형성된다.

상속세		증여세	
구분	금액	구분	금액
상속재산가액	10억 원	증여재산가액	5억 원
−상속공제	10억 원	−증여재산공제	5,000만 원
=과세표준	0원	=과세표준	4억 5,000만 원
×세율(10~50%)		×세율(10~50%)	20%(누진공제 1,000만 원)
=산출세액	0원	=산출세액	8,000만 원

이렇게 재산을 적절하게 분산하면 상속세와 증여세를 동시에 줄일 수 있다.

☞ **사례에서 증여세를 줄이는 방법들**

☑ 수증자 수를 늘려 증여재산공제를 활용한다.

☑ 배우자를 수증자로 하는 경우에는 6억 원까지 증여세가 없다.

☑ 부동산은 지분으로 이전하는 방식도 있다.

Consulting | 다음의 예는 상속과 증여를 통한 재산배분전략의 중요성을 보여주고 있다. 자산관리자나 재산이 많은 사람들은 재산규모별로 상속과 증여에 대한 재산배분전략이 달라짐을 이해할 필요가 있다.

재산규모	상속공제액	상속세 과세표준	상속세예상액	한계세율
5억 원	10억 원	0	0	−
10억 원	10억 원	0	0	−
15억 원	10억 원	5억 원	9,000만 원	20%
20억 원	10억 원	10억 원	2억 4,000만 원	30%
30억 원	10억 원	20억 원	6억 4,000만 원	40%
50억 원	10억 원	40억 원	15억 4,000만 원	50%
100억 원	10억 원	90억 원	40억 4,000만 원	50%

그렇다면 얼마까지 사전증여하면 좋을지 분석해보자. 참고로 재산분산 가능액은 한계세율을 10%씩 인하하는 식으로 해서 산출하기로 한다.

재산규모	상속세 과세표준	한계세율 조정	한계세율 적용 시	
			재산분산 가능액	감소하는 세금
5억 원	0	-	-	-
10억 원	0	-	-	-
15억 원	5억 원	20% → 10%	4억 원	8,000만 원
20억 원	10억 원	30% → 20%	5억 원	1억 5,000만 원
30억 원	20억 원	40% → 30%	10억 원	4억 원
50억 원	40억 원	50% → 40%	10억 원	5억 원
100억 원	90억 원	50% → 40%	60억 원	30억 원

예를 들어 재산규모가 15억 원인 경우와 20억 원인 경우로 앞의 내용들을 이해해보자.

☑ 상속재산가액이 15억 원인 경우

상속재산가액이 15억 원인 경우 상속세의 과세표준은 5억 원(15억 원-상속공제 10억 원)이므로 상속세는 다음과 같이 계산된다.

1억 원×10%+(5억 원-1억 원)×20%=9,000만 원[또는 '5억 원×20%-1,000만 원(누진공제)=9,000만 원'으로 계산해도 됨]

이 경우 한계세율은 20%이며 이 한계세율이 거쳐 있는 과세표준구간은 4억 원(5억 원-1억 원)이다. 따라서 4억 원을 사전증여로 분산시키면 이 과세표준에 20%를 곱한 금액인 8,000만 원만큼의 세금이 감소한다.

☑ 상속재산가액이 20억 원인 경우

상속재산가액이 20억 원인 경우 상속세의 과세표준은 10억 원이므로 한계세율을 30%에서 20%로 이동시키기 위해서는 5억 원을 사전증여하면 된다. 그 결과 1억 5,000만 원의 상속세가 줄어든다.

☞ 상속세 절세를 위해서는 사전증여가 필요하지만 이에 대한 증여세 과세, 사전증여에 따른 상속공제한도 축소 등의 문제가 발생한다. 사전증여 시에는 이러한 문제도 검토해야 한다.

실전연습

서울에 살고 있는 심봉수(75세) 씨는 현재 다음과 같이 재산을 보유하고 있다.

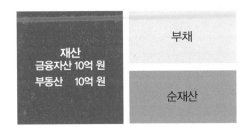

☞ **물음 1** : 5년 내에 상속이 발생하는 경우 상속세는 얼마나 예상되는가? 단, 상속공제액은 10억 원이라고 가정한다.

☞ **물음 2** : 만일 위의 부동산가액이 세법상 5억 원으로 평가되고, 상속공제액이 15억 원이라면 상속세는 얼마나 될까?

☞ **물음 3** : 물음 2의 연장선상에서 5년 전에 배우자에게 증여한 재산가액이 5억 원이라면 상속세 산출세액은 얼마나 될까? 단, 이 증여재산에 대해서는 신고를 적법하게 했다.

물음에 순차적으로 답을 하면 다음과 같다.

· 물음 1의 경우

상속세는 상속세 과세가액에서 상속공제액을 차감한 과세표준에 10~50%의 세율을 곱해 계산한다. 따라서 대략적인 상속세는 다음과 같이 예상된다.

구분	금액	비고
상속세 과세가액	20억 원	
– 상속공제액	10억 원	
= 과세표준	10억 원	
×세율	30%(누진공제 6,000만 원)	
= 산출세액	2억 4,000만 원	

· 물음 2의 경우

상속재산가액과 상속공제액이 변동되면 당연히 세금도 변동한다.

구분	금액	비고
상속세 과세가액	15억 원	10억 원+5억 원
− 상속공제액	15억 원	
= 과세표준	0원	
×세율	−	
= 산출세액	0원	

· 물음 3의 경우

사전에 증여한 재산이 있으면 상속세가 변동된다.

구분	당초	변경	비고
상속세 과세가액	15억 원	20억 원	15억 원+5억 원(사전증여재산가액)
− 상속공제액	15억 원	15억 원	
= 과세표준	0원	5억 원	
×세율	−	20%(누진공제1,000만 원)	
= 산출세액	0원	9,000만 원	

Tip 사전증여와 세법

☑ 상속인에게 사전증여한 재산이 있는 경우 상속개시일로부터 소급해서 10년(비상속인은 5년)의 것이 상속재산가액에 합산된다.
☑ 상속재산가액에 합산되는 증여재산은 증여일 현재의 평가액으로 한다.
☑ 사전증여재산에 대한 과세표준(증여재산가액−증여재산공제)은 상속공제 한도계산 시 차감된다.
　→ 사전증여한 재산 중 증여재산공제액을 초과하는 부분에 대해서는 원칙적으로 상속공제가 적용되지 않는다(주의).

사전증여와 합산과세제도 분석

상속세와 증여세는 원칙적으로 다음과 같이 10년 누적합산과세를 적용하고 있다.

① 상속세 합산과세
상속개시일을 기준으로 소급해서 10년(5년) 이전에 발생한 증여재산가액은 상속재산가액에 합산해서 과세된다.

구분	합산기간	비고
상속인	10년	10년 전의 것은 합산제외
비상속인	5년	5년 전의 것은 합산제외

☞ **합산기간에 제한이 없는 경우와 합산과세를 아예 하지 않는 경우**

· 합산기간에 제한이 없는 경우
  ☑ 창업자금에 대한 증여세과세특례를 받은 경우(조특법 제30조의 5)
  ☑ 가업승계에 대한 증여세과세특례를 받은 경우(조특법 제30조의 6)

· 합산과세를 아예 하지 않는 경우
  ☑ 공익법인 등에 출연한 재산
  ☑ 장애인이 증여받은 재산
  ☑ 전환사채 등이 주식 전환이익, 주식 상장 및 합병에 따른 증여이익, 타인의 기여에 의한 재산가치 증가, 특수관계법인 간의 거래를 통한 이익의 증여의제 등
  ☑ 영농자녀 등이 증여받은 농지 등

② 증여세 합산과세
현행 세법은 증여세의 경우에도 최종 증여일로부터 10년 이내에 동일인(부부는 동일인으로 봄)으로부터 받는 금액을 합산해서 증여세를 과세한다. 예

를 들어 5년 전에 아버지로부터 5,000만 원을 증여받고 금일 어머니로부터 5,000만 원을 증여받은 경우 이를 합산한다는 것이다. 아버지와 어머니는 상증법상 동일인으로 본다.

경기도 부천시에 거주하고 있는 김기풍 씨는 7년 전 부친으로부터 5억 원을 증여받아 증여세 7,560만 원을 납부했다. 한편 손주 2명은 6년 전에 일인당 1,500만 원씩 총 3,000만 원을 증여받았다. 2024년에 부친이 돌아가셔서 배우자와 자녀가 합해서 10억 원을 별도로 상속받았다.

☞ **물음 1** : 김씨와 손주들이 받은 사전증여재산가액은 상속재산가액에 합산되는가?

☞ **물음 2** : 7년 전에 납부한 증여세는 전액 공제를 받는가?

물음에 대해 순차적으로 답을 찾아보면 다음과 같다.

· 물음 1의 경우

상속인에게 10년 내 사전증여재산이 있는 경우 그 재산가액*은 상속재산가액에 가산한다. 하지만 손주들처럼 상속인이 아닌 경우에는 합산과세 기간이 5년이다. 따라서 사례의 경우에는 합산해야 할 증여재산가액은 5억 원이 된다.

* 증여일 당시의 가격을 말한다.

· 물음 2의 경우

사전에 증여한 재산에 대한 증여세는 상속세 산출세액에서 다음과 같이 공제한다. 따라서 전액 공제가 안 될 수도 있다. 참고로 이 제도는 증여세와 상속세의 이중과세 방지를 위해 마련되었다.

※ 수증자가 상속인인 경우의 증여세액공제 적용법

M(①, ②)	① 상속세 과세가액에 가산한 증여재산에 대한 증여 당시 증여세 산출세액
	② 공제 한도액*

* 각 상속인이 납부할 상속세 산출세액×각 상속인의 증여세 과세표준÷[각 상속인이 받았거나 받을 상속재산(증여재산 포함)에 대한 상속세 과세표준]을 말한다(구체적인 계산례는 저자 등에게 문의할 것).

유언과 상속재산분배, 그리고 절세포인트

상속이 발생하기 전에 유언을 남겨 이를 통해 상속재산이 이전되는 경우에 검토해야 할 제반문제들을 살펴보자.

Case | 경기도 성남시에 거주하고 있는 김명수 씨는 할아버지가 살아계실 때 작성한 유언장에 의해 상속재산을 분배받고자 한다. 김씨의 할아버지 재산은 10억 원이 된다.

☞ **물음 1** : 유증(유언에 의한 재산증여)에 따라 사후에 재산을 받으면 상속세가 부과되는가, 증여세가 부과되는가?

☞ **물음 2** : 할머니가 있는 상황에서 김씨가 5억 원 상당액을 유증으로 받은 경우 세법상 어떤 문제점이 있는가?

Solution | 물음에 순차적으로 답을 하면 다음과 같다.

· **물음 1의 경우**

유증(遺贈)은 유언자(피상속인)가 유언에 의해 자기의 재산을 수증자에게 사후에 무상으로 양도할 것을 그 내용으로 하는 단독행위를 말한다. 세법은 이러한 유증은 일반 증여와 구분해서 상속이 발생할 때 재산이 이전되므로 상속으로 보아 상속세를 부과한다.

· **물음 2의 경우**

유증도 상속에 해당하므로 상속에 관련된 제도가 적용된다. 다만, 상속인 외의 자가 유증을 받는 경우에는 세법상 주의할 것이 있다. 상속공제 한도액이 축소가 될 수 있기 때문이다. 상속공제액은 일반적으로 10억 원이 되나 선순위 상속인이 아닌 자에게 유증한 재산가액 등이 있다면 그 유증에 의해 이전되는 상속재산가액을 공제액에서 차감해 상속공제한도액을 계산한다. 따라서 사례의 경우 선순위 상속인이 아닌 손자 김명수 씨에게 유증한 재산가액이 5억 원이므로 상속공제한도는 다음과 같이 적용된다.

· 상속공제 종합한도액=10억 원-5억 원=5억 원

☞ 이때 세대를 생략해서 상속이 발생하면 30~40% 할증과세제도가 별도로 적용된다.

Consulting | 유언에 의해서 재산을 상속하는 경우 자칫 한 사람에게만 재산이 상속되거나 타인에게 재산이 유증될 수 있다. 이렇게 되면 상속분쟁 등이 발생할 가능성이 높기 때문에 민법에서는 각 상속인이 최소한도로 받을 수 있는 상속분을 법으로 정하고 있는데, 이를 '유류분'이라고 한다. 상속권 있는 상속인의 유류분은 다음과 같다.

☑ 피상속인의 배우자 및 직계비속 : 법정상속분의 1/2
☑ 피상속인의 직계존속 : 법정상속분의 1/3

유류분권을 행사할 수 있는 사람은 순위상 상속권이 있는 사람이다. 만약 1순위인 자녀와 배우자가 있는 경우에는 제2순위인 직계존속이나 3순위인 형제자매는 유류분권을 행사할 수 없다. 상속인 중 직계비속, 배우자, 직계존속만 이 제도를 활용할 수 있다(최근에 형제자매는 삭제되었다).

※ 유류분청구권의 소멸시효와 유류분 청구대상

유류분반환청구권은 피상속인 사망 후 증여 또는 유증 사실을 안 날로부터 1년, 상속이 개시한 때로부터 10년 이내에 권리를 행사하도록 규정하고 있다(민법 제1112조 내지 1118조). 참고로 유류분청구대상은 다음과 같다.

☑ 상속 당시의 재산
☑ 유증한 상속재산
☑ 상속개시일 1년 전에 증여한 재산(1년 전의 것도 유류분권리자에게 손해를 가할 것을 알고 한 경우에는 가능)

실전연습 앞의 사례에서 선순위 상속인에는 할머니와 자녀 1명이 있다고 하자. 이 경우 각각의 유류분은 얼마나 될까?

물음에 대해 순차적으로 답을 찾아보자.

STEP1 유류분권자

먼저 유류분권자를 정해야 하는데, 여기서 유류분권자는 피상속인의 배우자인 할머니와 자녀 1명이 된다.

STEP2 유류분의 계산

유류분은 상속재산가액과 1년 이내에 증여한 재산가액의 합계액에서 채무액을 공제해서 계산한다.

① 유류분 산정을 위한 기초가액 = 상속재산(유산)+증여재산가액 − 채무액
   = 10억 원+0원−0원=10억 원

② 각자의 유류분 산정

구분	법정상속지분	법정상속지분가액	유류분
배우자	1.5	6억 원[*1]	3억 원[*2]
자녀	1	4억 원	2억 원
계	2.5	10억 원	5억 원

[*1] 10억 원×1.5/2.5=6억 원
[*2] 6억 원×1/2=3억 원

STEP3 결론

배우자와 자녀의 유류분은 각각 3억 원과 2억 원이다. 따라서 유언에 의해 재산을 유증한 경우라도 이 금액 정도는 반환 청구할 수 있는 것이다. 참고로 유류분 산정을 위한 기초가액에는 상속개시 전 1년간 증여한 금액을 합산한다. 따라서 이 기간을 벗어나 증여한 재산은 유류분의 행사대상이 안 된다고 할 수 있다. 하지만 민법은 증여계약의 당사자 쌍방이 유류분 권리자의 손해를 가할 것을 알고 증여한 때에는 1년 전에 증여한 것도 가산할 수 있도록 하고 있다.

Tip 유류분과 세금

1. 유류분 반환과 세금

미리 증여를 받았는데 이후 증여자가 사망하고 유류분청구로 인해 재산이 반환되는 경우가 있다. 이런 경우 미리 낸 증여세는 어떻게 될까?

세법은 반환된 유류분에 대해서는 당초부터 증여가 없었던 것으로 보아 증여세를 환급해준다. 그 대신 유류분에 대해서는 상속재산에 해당되는 것으로 보아 상속세를 과세하므로 이러한 부분을 검토해야 사후에 문제가 없다.

2. 유류분 대가로 다른 재산을 취득한 경우

유류분 권리자가 유류분을 포기하는 대가로 다른 재산을 취득하는 경우에는 유류분권리자는 유류분에 상당하는 상속재산을 다른 재산과 교환한 것으로 보아 피상속인의 사망일에 그 상속재산에 대한 상속세와 양도소득세 납세의무가 있게 되고, 유류분을 다른 재산으로 반환한 수증자도 당초 증여재산이 아닌 다른 재산으로 반환한 경우에는 교환으로 보아 그 다른 재산에 대해서 양도소득세 납부의무가 있게 된다.

신탁재산과 상속세·증여세

최근 신탁제도에 대한 관심이 증가하고 있다. 본인 소유재산을 신탁회사에 맡겨두고 여기에서 나온 수익을 자녀 등에게 이전할 수 있고, 상속분쟁을 예방할 수 있는 수단으로 활용될 수도 있기 때문이다. 이하에서는 신탁재산과 상속·증여세 과세방법 등을 알아보자.

1. 신탁이란

신탁은 위탁자가 특정의 재산권을 수탁자에게 이전하여 수탁자(예: 신탁회사)로 하여금 수익자의 이익을 위하거나 특정의 목적을 위하여 그 재산권을 관리, 처분하게 하는 법률관계를 말한다. 이러한 신탁은 위탁자와 수탁자 간의 계약 또는 위탁자의 유언 등의 방법으로 설정할 수 있다. 이러한 신탁재산에 대하여는 강제집행, 담보권 실행 등을 위한 경매, 보전처분 또는 국세 등 체납처분을 할 수 없다(신탁법 제23조).

☞ 유언신탁

유언장 작성에서 보관 및 사후 상속문제에 이르는 업무를 대행하는 신탁제도를 말한다. 신탁회사는 유언서상에 명시된 상속예정 재산을 운용하고, 위탁자의 사망 시 유언서 내용대로 유증되도록 한다.

2. 신탁재산과 상속세

신탁재산에 대한 상속세 과세대상 등을 살펴보자.

(1) 일반적인 신탁재산과 상속세 과세대상

신탁의 경우 위탁자와 수탁자 그리고 수익자 등 삼자 간에 법률관계가 형성된다. 현행 상증법에서는 상속세 과세대상을 다음과 같이 정하고 있다.

구분	상속세 과세대상	비고
위탁자의 사망	신탁한 재산가액	신탁재산은 실질적으로 위탁자의 재산에 해당(신탁이익을 받을 권리를 타인이 가지고 있는 경우는 상속에서 제외)
수탁자의 사망	–	
수익자의 사망	신탁이익을 받을 권리	수익자가 신탁이익을 받을 권리를 가지고 있는 경우를 말함.

☞ 명의신탁재산은 신탁법상 신탁은 아니며 실질적인 주인은 위탁자이므로 위탁자가 사망한 경우에는 당연히 상속재산에 포함된다. 만일 수탁자가 피상속인으로서 명의신탁재산을 가지고 있다면 이는 상속재산에서 제외되어야 한다(재삼 46014-5620, 1997. 11. 6).

※ 관련 규정 : 상증세법집행기준 9-5-1 [상속재산으로 보는 신탁재산의 범위]
· 피상속인이 신탁한 재산은 상속재산으로 본다.
· 피상속인이 타인으로부터 신탁의 이익을 받을 권리를 소유하고 있는 경우에는 이익에 상당하는 가액은 상속재산에 포함한다.
· 피상속인이 신탁한 재산 중 타인이 신탁의 이익을 소유하고 있는 경우 그 이익에 상당하는 가액은 상속재산에 포함하지 아니한다.

(2) 공익신탁과 상속세 과세가액 불산입
학술, 종교 등 공익을 목적으로 하는 신탁재산에 대해서는 상속세를 과세하지 않는다.

3. 신탁과 증여
신탁재산에 대한 증여세 과세대상 등을 살펴보자.

(1) 일반적인 신탁재산과 증여세 과세대상

구분	내용
과세요건	신탁계약에 의해서 위탁자가 타인을 신탁의 이익 전부 또는 일부를 받을 수익자로 지정된 경우
납세의무자	신탁이익 수익자
과세대상	① 원본의 이익을 받을 권리 → 위탁자가 위탁한 금전, 동산, 부동산 등 그 자체를 받을 수 있는 권리 ② 수익의 이익을 받을 권리 → 위 원본 이외의 이익을 받을 권리

☞ 명의신탁재산 증여의제 → 주식 등을 명의신탁한 경우 이를 수탁한 자가 증여받는 것으로 보아 증여세를 부과한다(부동산은 부동산 실명법에 의해 규율되므로 명의신탁재산 증여의제규정을 적용하지 않는다).

(2) 공익신탁과 증여세 과세가액 불산입

학술, 종교 등 공익을 목적으로 하는 신탁재산에 대해서는 증여세를 과세하지 않는다.

(3) 장애인과 증여세 과세가액 불산입

장애인이 그의 직계존비속과 친족으로부터 재산을 증여받고, 증여세 과세표준 신고기한까지 다음의 요건을 모두 갖춘 경우에는 그 증여받은 재산가액(한도 5억 원)은 증여세 과세가액에 불산입된다.

① 증여받은 재산 전부를 신탁업자에게 신탁해야 한다.
② 장애인이 신탁의 이익 전부를 받는 수익자이어야 한다.
③ 신탁기간이 그 장애인이 사망할 때까지로 되어 있어야 하며, 장애인이 사망하기 전에 신탁기간이 끝나는 경우에는 그 신탁기간을 장애인이 사망할 때까지 계속 연장해야 한다.

위에서 장애인의 범위는 다음과 같다.
① '장애인복지법'에 의한 장애인
② '국가유공자 등 예우 및 지원에 관한 법률'에 따른 상이자 및 이와 유사한 자로서 근로능력이 없는 자
③ 위 ① 내지 ② 외에 항시 치료를 요하는 중증환자

☞ 참고로 신탁을 받을 권리에 대해서도 상속 또는 증여재산가액을 평가해야 하는데, 이때 받을 권리가 일정기간에 발생하므로 연금 등 정기금과 같은 평가방법을 사용해야 한다. 참고로 이때 적용되는 할인율은 2017년 2월 7일 이후부터 10%가 아닌 3%를 사용한다(2017년 개정세법. 상증령 제61조 등 참조). 이러한 율의 개정으로 인해 증여신탁에 따른 절세효과가 종전보다 많이 감소할 것으로 보인다.

협의분할과 상속재산분배 그리고 절세포인트

유언장이 없는 경우에는 상속인들 간의 협의분할에 의해 상속재산을 분할하는 것이 일반적이다. 이러한 상속재산분배방법과 관련된 세무상 쟁점들을 알아보자.

Case | 서울 강남구 압구정동에 살고 있는 이○○ 씨가 사망했다. 그의 유족에는 배우자와 자녀 4명이 있다. 그가 남긴 순재산(재산-부채)은 대략 50억 원 선이다.

☞ **물음 1** : 상속인들이 법정상속지분에 의해 상속재산을 분할할 것을 동의하면 자녀 1명의 몫은 얼마인가?
☞ **물음 2** : 자녀 중 1명이 협의분할에 반대하면 재산은 분할할 수 없는가?
☞ **물음 3** : 상속부채를 특정인이 모두 상속받으면 문제는 없는가?

Solution | 물음에 대해 순차적으로 답을 찾아보자.

· **물음 1의 경우**
상속인은 총 5명이다. 배우자의 법정상속지분은 1.5/5.5, 자녀들의 몫은 각각 1/5.5이다. 따라서 자녀 1명의 법정상속지분가액은 9억 원(50억 원 ×1/5.5) 가량이 된다.

· **물음 2의 경우**
원칙적으로 그렇다. 아래 대법원 판례를 참조하라.
"상속재산의 협의분할은 공동상속인 간의 일종의 계약으로 공동상속인 전원이 참여하여야 하고 일부 상속인만으로 한 협의분할은 무효라고 할 것이나, 반드시 한자리에서 이루어질 필요는 없고 순차적으로 이루어질 수도 있으며, 상속인 중 한 사람이 만든 분할 원안을 다른 상속인이 후에 돌아가며 승인하여도 무방하다(대법원 2010. 2. 25, 선고, 2008다96963,96970, 판결)."

물음 2와 같은 상황에서는 한 사람이 끝까지 동의하지 않으면 어떻게 해야 문제를 해결할 수 있는가?

상속재산분할소송 등을 통해 해결할 수밖에 없을 것으로 보인다(절차 : 소장접수 → 조정 → 변론 → 판결).

· **물음 3의 경우**

일단 문제는 없다. 다만, 상속인 중 1인이 그가 상속받은 재산가액을 초과하는 채무를 인수함으로써 다른 상속인이 얻은 이익에 대해서는 증여세가 과세된다. 아래 예규를 참조하자.

※ 관련 규정 : 서면4팀-1542, 2006. 6. 1.

【질의】 2005. 11. 15. 아버님이 사망하여 아파트를 어머님과 아들(23세)이 1/2씩 공동상속을 받았음. 아파트는 현재 15억 원 정도 나가며 이 아파트를 담보로 하여 빌린 8억 원의 상속부채가 있음. 공동상속 시 어머님이 부채 8억 원을 갚기로 약정하였음. 어머님이 부채를 갚을 경우 아들의 지분에 해당하는 부채 4억 원에 대해서 증여문제가 발생하는지 궁금하여 질의함.

【회신】 상속개시 후 최초로 공동상속인 간에 상속재산을 협의분할 함에 있어 특정상속인이 법정상속분을 초과하여 재산을 취득하는 경우에도 증여세 과세문제는 발생하지 아니함. 다만, 귀 질의와 같이 상속인 중 1인이 그가 상속받은 재산가액을 초과하는 채무를 인수함으로써 다른 상속인이 얻은 이익에 대하여는 증여세가 과세되는 것임.

☞ 위의 내용은 다음과 같이 정리할 수 있다.

구분	주택상속	채무인수	초과하는 채무인수액
어머니	7.5억 원	8억 원	0.5억 원
아들	7.5억 원	0원	-
계	15억 원	8억 원	0.5억 원

따라서 어머니가 본인의 상속재산가액을 5,000만 원을 초과해서 부채를 인수했으므로 이 초과인수한 금액 5,000만 원은 증여에 해당한다.

Consulting | 상속이 발생하면 해당 물건의 소유자가 사망했으므로 다른 자에게 소유권이 이전되어야 한다. 그런데 문제는 한번 정해진 소유권이 다른 사람에게 넘어간 경우가 있다는 것이다. 이런 상황에서는 다음과 같은 세금문제가 발생한다.

① 신고기한 내에 법정상속지분을 초과해 상속재산 분할이 된 경우

상속세는 피상속인이 남긴 유산에 대해 과세하는 세금이므로 상속인들이 법정상속지분을 초과해 상속을 받더라도 추가로 상속세를 과세하거나 증여세를 과세하지 않는다.

② 상속세 신고기한 내에 상속재산의 재분할이 발생한 경우

피상속인의 상속재산에 대해서 공동상속인 간의 협의분할에 의해서 상속등기한 경우에도 원칙적으로 상속세 과세표준 신고기한(상속개시일이 속하는 달의 말일부터 6개월) 이내에 공동상속인 간의 사실상의 재분할에 의해서 증여등기를 하는 경우에도 등기원인을 불문하고 증여세가 과세되지 않는다.

③ 상속세 신고기간 후에 상속재산의 재분할이 발생한 경우

상속개시 후 상속재산에 대하여 각 상속인의 상속지분이 확정되어 등기된 후에 상속세 신고기한을 경과한 시점에서 그 상속재산에 대하여 공동상속인 사이의 협의분할에 의하여 특정상속인이 당초 상속분을 초과하여 취득하는 재산가액은 당해분할에 의하여 상속분이 감소된 상속인으로부터 증여받은 것으로 보아 증여세가 과세된다(재산세과-169, 2011. 4. 1).

※ 상속지분포기 대가를 현금으로 지급하는 경우(주의)

상속재산인 부동산을 공동상속인 중 특정인이 상속받는 대가로 나머지 상속인에게 현금을 지급하기로 협의분할한 경우에는 그 나머지 상속인의 지분에 해당하는 재산이 부동산을 상속받은 특정 상속인에게 유상으로 이전된 것으로 보아 양도소득세가 과세될 수 있다(서면4팀-628, 2005. 4. 7).

이렇게 지분을 받으면 배우자는 25억 원 상당액을 상속받게 된다. 따라서 이 금액을 상속공제액으로 할 수 있으나 이에 대해서는 한도를 적용해야 한다. 따라서 최종적으로 아래의 ②번째인 약 13억 원이 배우자상속공제액이 된다.

① 배우자가 실제 상속받은 금액=25억 원
② 배우자의 법정상속분=50억 원×1.5/5.5=13억 6,363만 원(만 원 단위 이하 절사)
③ 30억 원

☞ 재산가들은 배우자상속공제한도를 벗어난 부분에 대해서는 자녀들에게 상속이 이루어지도록 하는 안을 검토할 필요가 있다.

Tip **상속재산 분할 시에 알아두면 좋을 정보들**

상속재산 분배와 관련해서 알아두면 유용한 정보들을 나열해보자.
① 피상속인의 상속재산에 대해 기여도가 있다면 이를 주장할 수 있을까?
피상속인이 생전에 피상속인의 재산의 형성에 기여하는 상속인이 있다면 기여분을 인정할 수 있다. 따라서 기여분을 제외한 나머지 재산이 분배대상이 된다. 이 기여분은 상속인들 간의 협의에 의해 정하는 것이 원칙이나 협의가 이루어지지 않으면 기여자가 가정법원에 청구해야 한다.
② 상속재산에 상속인의 재산이 포함되어 있다면 상속재산에서 제외시켜야 하는가? 당연하다. 다만, 실무적으로 상속이 발생한 상태에서 상속인의 재산임을 주장하기가 힘든 경우가 많다. 판결 등을 통해 이를 객관적으로 입증하는 노력이 필요할 수 있다.
③ 상속인 전원 사이에 일인 명의의 단독상속등기를 하는 합의하고, 다른 상속인들이 상속포기증명서를 작성해서 첨부해 상속등기를 하는 경우에 다시 분할할 수 있는가?
편의를 위해 장남 명의로 등기한 것에 불과하고 실제로는 장남 소유가 아니고 후일 분할한다는 내용의 합의가 있는 경우에는 통정허위표시를 원인으로 해서 상속재산 분할협의의 무효를 주장해서 다시 분할협의를 할 수도 있다.

※ 협의분할과 세금예측

상속재산을 분할할 때에는 향후 어떤 세무문제가 있는지를 미리 알고 재산분배에 나서야 한다. 주택의 경우를 예로 들어 설명하면 다음과 같다.

상속인	나이	현재산	상속주택 1채를 받은 경우의 주택 수	세무문제
배우자		주택 1채	2주택	– 상속주택은 취득세 과세대상(∵ 1가구 2주택자에 해당) – 일반주택 양도 시 : 양도소득세 과세(배우자가 주택이 있는 상태에서는 비과세 특례를 적용하지 않음. 주의) – 상속주택 양도 시 : 양도소득세 과세 – 향후 상속발생 시 : 상속세 있음.
자녀 1	36세	주택 1채	2주택	– 상속주택은 취득세 과세대상 – 현재 거주주택 양도 시 : 비과세 요건 충족 시 비과세 가능(상속 1주택은 비과세 판정 시 없는 것으로 봄) – 상속주택 양도 시 : 양도소득세 과세
자녀 2	27세	–	1주택	– 취득세 과세함(원칙적으로 30세 미만자는 독립세대로 인정되지 않음) – 독립세대로 인정되지 않으면 상속주택 양도 시 양도소득세 과세(30세 이후에 독립세대 구성 시 비과세 가능)
자녀 3	31세	–	1주택	– 취득세 저율과세(1가구 무주택자 취득에 대한 혜택) – 상속주택 양도 시 : 비과세 요건 충족 시 비과세

위의 내용을 보면 주택만 하더라도 누가 어떤 식으로 상속받느냐에 따라 세금관계가 확연히 차이가 나고 있다. 따라서 상속세가 나오지 않는 경우라도 향후 양도소득세 절세를 위해서는 미리 세무상담을 받는 것이 좋다.

대습상속과 세대생략상속 그리고 절세포인트

대습상속은 아버지가 없는 상황에서 할아버지의 유산을 손자녀가 상속받는 것을 말한다. 이에 반해 세대생략상속은 아버지가 있는 상황에서 할아버지의 유산을 손자녀가 상속받는 것을 말한다. 이러한 상속방법에 따라 과세문제가 달라진다. 이하에서 이에 대해 살펴보자.

Case | 대전광역시에 거주하고 있는 K씨의 할아버지가 얼마 전에 돌아가셨다. 자녀로는 아버지와 큰아버지·작은아버지가 있는데 작은아버지는 돌아가셨고, 작은어머니와 작은아버지의 자녀 1명(미성년자)이 있다.

☞ **물음 1** : 상속인은 누구인가? 그리고 법정상속지분가액은 어떻게 되는가?
☞ **물음 2** : 협의분할로 상속인을 아버지와 큰아버지 그리고 작은아버지의 자녀인 미성년자로 하면 상속세가 할증과세 되는가?

Solution | 물음에 순차적으로 답을 찾아보면 다음과 같다.

· **물음 1의 경우**
사례의 경우 상속인은 직계비속인 아버지, 큰아버지 그리고 작은아버지다. 그런데 작은아버지가 먼저 돌아가셨기 때문에 그의 배우자인 작은어머니와 그의 자녀가 대습상속을 받을 수 있다. 한편 법정상속지분은 아버지와 큰아버지 그리고 작은아버지가 각각 1/3의 지분을 가지게 되며, 작은아버지의 지분은 다음과 같이 대습상속된다.

구분	상속지분	대습상속자	상속지분
작은아버지	1/3	작은어머니	1/3×(1.5/2.5)
		자녀	1/3×(1/2.5)
계	1/3	계	1/3

☞ 작은아버지의 지분 1/3은 작은어머니와 자녀 간의 비율(1.5:1)에 따라 최종적으로 배분된다.

· 물음 2의 경우

사례는 민법상 대습상속(代襲相續)에 해당하므로 할증과세를 적용하지 아니한다. 할증과세는 산출세액의 30~40%를 가산해 과세하는 제도를 말한다.

민법상 대습상속과 세대생략상속에 대한 세무상 차이점

구분	대습상속	세대생략상속*
과세되는 세목	상속세	상속세
상속종합공제 한도액 계산 시 유증 또는 상속포기에 의한 재산가액 차감	×	○
할증과세	×	○

* 세대생략상속은 상속인들의 상속포기와 유증을 통해 발생한다.

Consulting | 부동산을 세대를 생략해서 증여하는 경우에도 할증과세가 적용되는데 이에 대한 실익분석을 해보자. 예를 들어 부동산가액은 1억 원이고 취득세율은 4%라고 하자. 단, 수증자는 성년자에 해당한다.

① 할아버지가 손자에게 증여 시

증여세	취득세	계
650만 원	400만 원	1,050만 원
· 기본 : (1억 원-5,000만 원)×10%=500만 원 · 할증 : 500만 원×130%=650만 원	1억 원×4%=400만 원	

② 할아버지 → 아버지 → 손자에게 증여 시

구분	증여세	취득세	계
할아버지 → 아버지	500만 원*	400만 원	900만 원
아버지 → 손자	500만 원*	400만 원	900만 원
계	1,000만 원	800만 원	1,800만 원

* (1억 원-5,000만 원)×10%=500만 원

☞ 위에서 보는 것처럼 세대생략증여가 더 유리할 수 있다.

실전연습 서울에서 거주하고 있는 K씨는 할머니의 소유재산 중 아파트를 유증을 통해 상속받으려고 한다. 할머니의 총재산은 7억 원 정도 되고 할아버지도 살아 계신다. 만일 유증을 통해 이 아파트(5억 원 상당액)를 상속받은 경우 세금은 얼마나 나올까?

물음에 대해 순차적으로 답을 찾아보자.

STEP1 원칙적인 상속공제 등

할머니가 먼저 사망한 경우 상속인은 할아버지와 그의 자녀들이 된다. 따라서 기본적으로 상속공제를 10억 원까지 받을 수 있다.

STEP2 선순위인 상속인이 아닌 자가 유증을 받는 경우의 불이익

☑ K씨는 손자녀에 해당하므로 상속인이 아니다. 따라서 선순위인 상속인이 아닌 자가 유증을 통해 받은 재산가액에 대해서는 상속공제를 적용할 때 이를 차감하게 된다.

☞ 세대생략상속분에 대해서는 일괄공제 5억 원 등 각종 상속공제를 전혀 적용받을 수 없음에 유의해야 한다.

☑ 한편 손자가 상속받은 재산은 세대를 건너 뛴 상속에 해당되어 할증과세(30%)된다.

STEP3 상속세의 계산

구분	금액	비고
상속재산가액	7억 원	
– 상속공제	5억 원	10억 원 5억 원 5억 원
= 과세표준	2억 원	
×세율	20%(1,000만 원 누진공제액)	
= 산출세액	3,000만 원	
+ 할증과세	900만 원	산출세액×30%
= 산출세액 합계	3,900만 원	

만일 세대생략상속을 하지 않고 이를 할아버지와 자녀 등이 상속을 받는 경우라면 상속세는 과세미달로 과세되지 않는다.

유증, 상속포기, 사전증여와 종합상속공제한도와의 관계

유증 또는 상속포기에 의해 상속인이 아닌 자가 상속재산을 받거나 사전 증여를 통해 재산이 이전되면 세법상 불이익을 받는 경우가 있다. 이하에 서 이에 대해 알아보자.

Case | 서울에서 거주하고 있는 H씨가 사망했다. 유족에는 자녀 1 명과 손자녀 2명이 있다. H씨의 상속재산은 10억 원 가량 되는데 선순위 상속인들이 상속포기를 통해 손자녀 2명에 게 상속재산을 이전했다. 그런데 얼마 후에 관할세무서에 서 이에 대해 세금을 추징하겠다고 한다. 왜 그럴까?

Solution | 아래의 절차로 위의 물음에 대한 답을 찾아보자.

STEP1 쟁점
사례처럼 손자녀의 아버지가 있는 상태에서 할아버지의 재산이 손자녀에 게 상속으로 이전되면 예상치 못한 세금을 낼 수 있다. 세법에서는 세대 생략을 통한 상속에 대해서는 상속공제액을 축소시켜 불이익을 주고 있 기 때문이다.

STEP2 세법규정
민법상 상속포기를 통해 세대를 생략해서 상속이 일어나면 다음과 같이 상속공제 한도액이 축소된다. 따라서 이렇게 되면 상속재산가액에 대해 10~50%의 세율(할증과세 별도)이 적용되어 많은 세금이 부과될 가능성이 높다. 원래 상속공제액은 배우자상속공제와 일괄공제를 합한 10억 원이 라고 보고 위에 대한 답을 찾아보자.

상속세 과세가액 : 10억 원
- 상속공제액 : 당초 상속공제액 10억 원-(차감액 ①+②+③)
   =10억 원-10억 원=0원
   ① 선순위인 상속인이 아닌 자에게 유증 등을 한 재산의 가액 : 없음.

② 선순위인 상속인의 상속포기로 그다음 순위의 상속인이 상속받은 재산의 가액 : 10억 원
③ 상속세 과세가액에 가산한 증여재산가액(증여재산공제액 차감 후의 금액을 말한다) : 없음.
= 상속세 과세표준: 10억 원

상속포기에 의해 다음 순위자가 상속을 받은 경우에는 위와 같이 상속공제액이 축소가 되어 세금이 과세될 수 있다.

STEP3 대책

상속재산은 민법에서 정한 상속순위에 따라 이전되어야 한다. 다만, 손자녀의 아버지가 없는 경우에 상속을 받는 대습상속은 예외다.

Consulting | 상속인이 아닌 자에 대한 유증, 상속포기에 의한 재산분배, 사전증여재산이 있는 경우에는 상속공제한도액이 축소될 수 있다. 다음을 참조하자.

※ 상속공제 종합한도액 계산식

· 상속공제 종합한도액 = 상속세 과세가액[1] − 선순위인 상속인이 아닌 자에게 유증·사인 증여한 재산가액[2] − 선순위인 상속인의 상속포기로 그다음 순위의 상속인이 받은 상속재산가액[3] − 상속세 과세가액에 가산한 증여재산가액(증여재산공제액과 재해손실공제액을 차감한 가액)[4]

[1] 상속세 과세가액 = 총상속재산가액 − [비과세재산가액 + 과세가액불산입액 + 공과금장례비, 채무] + 합산대상 증여재산가액

[2] 선순위인 상속인이 아닌 자에게 유증 또는 사인증여한 재산가액을 공제받을 금액에서 차감하므로 선순위인 상속인이 아닌 자에게 유증 등을 해서 상속재산이 이전되면 공제혜택이 없다. 즉 상속공제는 법적으로 상속인들이 받는 재산에 대해서만 공제혜택을 주겠다는 의미가 있다.

[3] 법정상속인이 상속포기를 해서 그다음 순위의 상속인이 받는 상속재산가액도 공제혜택이 없다. 정상적인 상속재산분배의 방법이 아니기 때문이다. 할아버지의 유산을 상속포기를 통해 손자녀가 상속을 받는 경우가 이에 해당한다.

[4] 상속세 과세가액에 가산한 증여재산가액(단, 증여재산공제액 등을 차감)도 공제혜택을 주지 않는다. 사전증여재산은 누진적인 상속세 부담을 줄이기 위한 행위이므로 이에 대해서는 상속공제혜택을 주지 않으려는 의도가 있는 것으로 보인다. 단, 이 규정은 상속세 과세가액이 5억 원을 초과하는 경우에만 적용된다. 최근에 개정되었다.

사전증여와 상속공제 적용방법 개선

2016년 이후의 상속분부터 사전증여재산가액을 포함한 상속세 과세가액이 5억 원에 미달되는 경우에는 사전증여재산가액에 대해서도 상속공제를 허용한다(단, 기납부 증여세액공제는 적용배제). 원래 재산가액이 5억 원 이하인 상황에서 상속이 발생하면 일괄공제(5억 원)가 적용되므로 상속세 부담이 없다. 하지만 해당 재산가액 중 일부를 사전증여한 경우에는 상속공제 미적용으로 인해 상속세가 발생하는 문제점이 있었다. 이번 세법개정은 이러한 문제점을 해소하기 위해 마련되었다. 아래 사례를 통해 이를 확인해보자.

| 사례 |

상속개시 당시 상속재산은 없으나, 상속개시일 10년 이내에 피상속인으로부터 상속인 3명(甲, 乙, 丙)이 각각 1억 원을 증여받은 경우

(단위 : 만 원)

사전증여 시(세부담 1,500만 원)				상속 시(종전 500만 원→개정 0)		
구분	甲	乙	丙	구분	종전	개정(현행)
증여재산가액	10,000	10,000	10,000	상속재산가액	0	0
				(+)사전증여	30,000	30,000
(-)증여공제	5,000	5,000	5,000	(-)상속공제	15,000*	30,000
과세표준	5,000	5,000	5,000	과세표준	15,000	0
(×)세율	10%	10%	10%	(×)세율	20%	
산출세액	500	500	500	산출세액	2,000	
				(-)증여세액공제	1,500	
납부세액	500	500	500	납부세액	500	

* (사전증여재산가액 1억 원 – 증여재산공제 5,000만 원)×3명=1억 5,000만 원

종전에는 사전증여재산가액에 대해 상속세가 500만 원이 추가되지만, 개정세법에 의하면 사전증여재산가액에 대해서도 상속공제가 적용되므로 추가로 낼 상속세는 없다. 따라서 재산이 얼마 안 되는 경우에는 사전증여를 하더라도 합산과세에 의한 상속세를 추가로 내지 않아도 된다(상증법 제24조 단서).

※ 상속포기각서

상속포기각서는 상속개시일로부터 3개월 내에 관할 가정법원에 제출한다.

상 속 포 기 각 서

　　본인은 故 〇〇〇 씨의 〇〇로서 아래 상속물권에 대한 일체의 상속을 포기하고 아래 상속자에게 전권
상속되는 것에 동의합니다.

　　또한 향후 본 건과 관련해서 어떠한 이의 제기도 하지 않을 것이며, 이를 각서하기 위해 아래와 같이 날인
하고 인감을 첨부합니다.

〇〇명	상속물건	

상기 상속 물건의 전권 상속자
· 성　　명 :
· 주민등록번호 :
· 주　　소 :
· 상속포기자와의 관계 :

년　월　일

상속 포기자 성명	피상속인과의 관계	주민등록번호	주소	인감날인

※ 처차 수

상속포기각서를 제출해서 다음 순위의 상속인이 상속을 받는 경우에는 종합상속공제한도를 적용받게 된
다. 이외 세대생략 상속에 해당하면 별도로 할증과세의 규정을 적용받는다.

일반적으로 생전에서의 재산분할은 이혼할 때 발생한다. 이때 혼인 이후에 형성된 재산은 부부의 공동재산에 해당하므로 이를 각자의 몫으로 나누는 것이 원칙이다. 그런데 이러한 재산분할방법을 잘못 이해하면 다양한 세금문제가 파생되는데 이하에서 살펴보자.

Case | 경기도 성남시에 거주하고 있는 김○○ 씨는 이혼 준비 중에 있다. 현재 남편은 직장생활을 하고 있으며 김씨는 학원에서 강사를 하고 있다. 결혼 후에 남편 명의로 된 아파트를 구입했으며, 이외 오피스텔도 한 채가 있다.

☞ **물음 1** : 위의 아파트를 위자료 명목으로 받은 경우 과세되는 세금항목은?
☞ **물음 2** : 위의 아파트를 재산분할로 받은 경우 과세되는 세금항목은?
☞ **물음 3** : 위의 아파트를 이혼 후에 남편이 처분해서 현금으로 주는 경우 어떤 세금문제가 있는가?

Solution | 물음에 대해 순차적으로 답을 찾아보면 다음과 같다.

· **물음 1의 경우**
위자료의 명목으로 아파트를 이전하면 이는 양도소득세 과세대상이 된다. 다만, 이 부동산이 1세대 1주택자로서 비과세물건에 해당하면 양도소득세는 없다.

· **물음 2의 경우**
재산분할청구로 인해서 부동산의 소유권이 이전된 경우에는 이를 양도 및 증여로 보지 않아서 양도소득세 및 증여세가 과세되지 아니한다.

· **물음 3의 경우**
등기원인이 재산분할로 되어 있으면 세법적인 문제는 없을 것으로 보인다(과세당국의 유권해석에 따라 처리하기 바람).

※ 재산분할 부동산임을 입증하려면

☑ 소유권 이전등기 시 등기원인이 '재산분할'로 되어 있어야 한다.

☑ 재산분할임을 입증하는 서류에는 ① 이혼합의서 또는 ② 판결문 등이 있다.

Consulting | 세법은 이혼과정에서 발생하는 위자료와 재산분할에 대해 그 성격에 따라 과세방식을 달리 적용하고 있다. 일단 재산분할의 경우에는 부동산이든 현금이든 본인의 지분을 찾아간다는 측면에서 양도나 증여로 보지 않는다. 따라서 이런 과정에서는 양도소득세나 증여세가 개입될 여지가 없다. 하지만 위자료의 경우에는 정신적 고통 등에 의해 지급된다는 점에서 부동산이든 현금이든 증여세의 문제는 없지만, 부동산에 대해서는 양도소득세를 부과하고 있다. 부동산을 이전하는 쪽에서 위자료를 지급할 채무가 소멸하는 경제적 이익을 얻었다는 점에서 이를 유상양도로 보기 때문이다. 따라서 위자료와 재산분할에 대한 세금문제는 다음과 같이 정리된다.

구분	위자료		재산분할		부양료	
	부동산	현금	부동산	현금	부동산	현금
양도소득세	○*	×	×	×	○*	×
증여세	×	×	×	×	×	×

* 만일 이전해서 주는 부동산이 1세대 1주택으로써 비과세요건을 갖춘 때에는 등기원인이 위자료지급 등이 되더라도 양도소득세가 과세되지 않는다.

※ 등기원인을 증여로 하는 경우

배우자로부터 증여를 받은 경우에는 6억 원을 공제하고 나머지에 대해서 증여세를 과세하므로 부동산가액이 6억 원 이하인 경우에는 등기원인을 증여로 하더라도 증여세가 과세되지 않는다. 다만, 이때에는 다음의 조건들을 충족해야 한다.

☑ 이혼을 하기 전에 증여해야 한다.

☑ 만약 이혼하고 난 후에 증여하면 배우자가 아닌 타인으로부터 증여를 받는 것이 되어 증여세가 과세됨에 주의해야 한다.

실전연습

서울 강동구에 거주하고 있는 심○○ 씨는 2002년에 부인 명의로 아파트를 취득했다. 이 아파트를 2020년 5월에 남편 심○○ 씨가 증여를 받은 후 2021년 6월에 이혼했다. 심○○ 씨가 이 아파트를 2024년 7월 이후에 양도하면 양도소득세 비과세를 받을 수 있을까? 심씨는 이혼 후 1세대 1주택자에 해당하며 양도대금은 전액 심씨가 사용할 예정이다.

이 문제를 순차적으로 해결해보자.

STEP1 쟁점

심씨는 2024년 7월 현재, 1세대 1주택자로서 보유기간이 2년이 넘어 양도소득세 비과세 요건을 충족한 것으로 보인다. 그런데 현행 소득세법에서는 배우자 또는 직계존비속으로부터 증여받은 후 처분한 부동산에 대해서는 이월과세와 부당행위계산부인제도 등을 적용하고 있다. 이때 이월과세제도는 이혼한 경우를 포함하고 있다.

STEP2 세법규정의 검토

① 이월과세규정(소득세법 제97조의 2)

배우자 또는 직계존비속으로부터 부동산을 증여받아 5년(2023년 이후 증여분은 10년) 이내에 양도하는 경우에는 취득가액을 당초 증여자가 취득한 가액으로 양도소득세를 계산한다. 이를 '이월과세제도'라고 한다. 특이한 것은 양도 당시 이혼으로 혼인관계가 소멸된 경우를 포함해서 이 제도를 적용하고 있다는 것이다.

② 부당행위계산부인규정(소득세법 제101조)

거주자가 특수관계인에게 자산을 증여한 후 그 자산을 증여받은 자가 그 증여일부터 5년(2023년 이후 증여분은 10년) 이내에 다시 타인에게 양도한 경우로 증여받은 자의 증여세와 양도소득세를 합한 세액이 증여자가 직접 양도하는 경우로 보아 계산한 양도소득세보다 더 적은 경우에는 증여자가 그 자산을 직접 양도한 것으로 본다(다만, 양도소득이 해당 수증자에게 실질적으로 귀속된 경우에는 적용되지 않음). 이를 '부당행위계산부인'제도라고 한다. → 이혼한 경우에는 이 규정을 적용하지 않는 것으로 파악된다.

STEP3 사례에의 세법적용

☑ 사례는 심씨가 이혼 전에 배우자로부터 증여받아 증여일로부터 5년 (2023년 이후 증여분은 10년) 이내에 양도한 건에 해당한다. 따라서 이월과세규정이 적용된다.

☑ 심씨는 1주택 상태에서 2년 이상을 보유하면 양도소득세 비과세가 적용될 수 있다. 한편 이처럼 양도소득세 비과세가 되는 주택에 대해서는 이월과세규정을 적용하지 않는다(소득세법 제97의 2조 제2항 제2호, 2014년 신설).

☑ 다만, 소득세법상 부당행위계산부인 규정이 적용될 수 있으나 심씨와 배우자가 이혼했으므로 이 규정은 적용되지 않는다.

☑ 따라서 심씨가 증여일로부터 2년 이상 보유한 상태에서 양도하는 경우에는 1세대 1주택 비과세를 받을 수 있다(참고로 재산분할에 의한 주택의 취득시기는 당초 취득일이 된다).

Tip 재산분할청구건(민법 제839조의 2)

① 협의상 이혼한 자의 일방은 다른 일방에 대하여 재산분할을 청구할 수 있다.

② 제①항의 재산분할에 관하여 협의가 되지 아니하거나 협의할 수 없는 때에는 가정법원은 당사자의 청구에 의하여 당사자 쌍방의 협력으로 이룩한 재산의 액수, 기타 사정을 참작하여 분할의 액수와 방법을 정한다.

③ 제①항의 재산분할청구권은 이혼한 날부터 2년을 경과한 때에는 소멸한다.

☞ 재산분할청구권은 혼인 후 형성된 재산에 대하여만 적용한다.

재산분할계약서(협의서)

　년　월　일　OOO와 OOO의 이혼으로 인해 다음과 같이 재산분할을 하기로 협의한다.

부동산 표시

1.
2.

제1번 부동산은 갑의 소유로 한다.
제2번 부동산은 을의 소유로 한다.

위 협의를 증명하기 위해 이 협의서 2통을 작성하고 아래와 같이 서명·날인해서 그 1통씩을 각자 보유한다.

20　년　월　일

계약자(협의자)

이름	갑	(인)	주민등록번호	
주소				

계약자(협의자)

이름	을	(인)	주민등록번호	
주소				

PART 04

이번 '사업자 편'에서는 사업자(개인사업자를 말한다. 법인은 다음 편에서 살펴본다)들이 알아야 할 상속·증여세 문제를 살펴본다. 사업자들은 언제든지 사업체에 대해 세무조사를 받을 가능성이 높기 때문에 사업용 계좌를 제대로 관리할 필요가 있다. 또한 근래에 세무조사 대상자 선정 시 동원되는 PCI시스템에 대해서도 그 내용을 알고 있어야 한다. 한편 이 편에서는 빌딩사업자들이 겪고 있는 다양한 절세방법에 대해서도 다루고 있다. 무상임대에 대한 부가가치세 등의 과세문제, 빌딩에 대한 상속세와 증여세 절세법, 법인전환 등 아주 고급스러운 주제들이 많이 들어 있다. 모두 섭렵해서 소중한 재산을 지킬 수 있도록 하자.

사업자 편

사업자의
상속·증여 절세법

사업자와 세무리스크

개인사업자들은 평소 수입과 지출관리에 신경을 써야 한다. 신고한 소득에 비해 부동산 취득 등을 위한 지출액이 크면 세무조사를 받을 가능성이 높기 때문이다. 물론 이때의 세무조사는 사업체에 대한 것뿐만 아니라 자금이동의 원인에 따라 증여에 대한 조사로 이어질 수 있다.

Case | 김○○ 씨는 성남에서 의류판매업을 영위하고 있다. 그런데 본인 통장에서 배우자의 통장으로 자금을 이체해서 거래처에 납품대금을 지급할 때가 종종 있다. 또한 사업용 계좌에서 배우자 통장으로 자금을 이체한 후 배우자 명의로 상가 등을 취득해왔다.

☞ **물음 1** : 거래처 납품대금을 배우자 통장에서 이체해서 지급하는 것은 사업용 계좌제도를 위반한 것인가?
☞ **물음 2** : 배우자 명의로 상가 등을 취득하면 어떤 세금문제가 있는가?

Solution | 물음에 순차적으로 답을 찾아보면 다음과 같다.

· **물음 1의 경우**
김○○ 씨의 통장에서 직접 계좌이체를 해서 대금을 지급하는 것이 원칙이다. 하지만 자금거래 편의상 배우자 통장으로 이체한 후 배우자 명의에서 이체한 경우에도 큰 문제는 없을 것으로 보인다. 다만, 불필요한 오해를 불러일으킬 가능성이 높다.

· **물음 2의 경우**
배우자 명의로 상가를 취득하면 취득자금에 대한 자금출처조사가 나올수 있다. 그 결과 배우자 간 증여재산공제액 6억 원을 초과한 부분에 대해서는 증여세가 과세될 수 있다. 만약 이러한 과정에서 이상한 현금흐름이 발견되면 사업체에 대한 세무조사로 연결될 수 있다.

Consulting ┃ 개인사업자들이 직면하는 세무리스크는 다음과 같다.

구분	세무조사의 종류
사업 세무리스크	· 차명계좌 세무조사 · 사업소득탈루 세무조사(소득세, 부가가치세 등) · PCI시스템에 의한 세무조사 · 사업 관련 상속세 또는 증여세 세무조사 등
개인 세무리스크	· 자산취득 및 부채 상환 시 자금출처조사 · 해외계좌조사 등

위의 내용 중 차명계좌에 대한 내용만 대략 살펴보면 다음과 같다.

차명계좌(借名計座)는 다른 사람의 명의로 된 계좌를 말한다. 세법은 2013년 1월 1일 이후 신고하거나 결정, 경정하는 분부터 금융계좌에 보유하고 있는 재산은 명의자가 취득한 것으로 추정한다. 따라서 배우자 명의의 계좌를 개설해서 현금을 입금한 경우에는 그 입금한 시기에 증여한 것으로 추정한다. 결국 배우자 명의의 계좌로 입금한 것이 증여가 아닌 다른 목적으로 행해진 특별한 사정이 있는 경우라면 증여로 추정하지 않는 것이나 그에 관한 입증책임은 이를 주장하는 납세자에게 있다.

※ 상증세법집행기준 31-23-2 [예금계좌에 입금된 현금의 증여시기]

증여목적으로 타인 명의의 예금계좌를 개설해서 현금을 입금한 경우 그 입금시기에 증여한 것으로 보는 것이나, 입금시점에 타인이 증여받은 사실이 확인되지 않는 경우 혹은 단순히 예금계좌로 예치된 경우에는 타인이 당해 금전을 인출해서 사용한 날에 증여한 것으로 본다.

※ 사업자와 증여세 절세법

☑ 사업자도 일반개인들에게 적용되는 절세법이 그대로 적용된다.

☑ 사업자의 증여세절세의 기본은 사업용 계좌를 잘 관리하는 것이다.

☑ 사업자의 배우자가 부동산을 과도하게 취득하는 경우에는 자금출처조

사가 진행될 수 있다.

☑ 공동사업자 간에 지분비율을 책정할 때 정당한 사유 없이 많은 지분을 주는 경우 증여세 문제가 있다. 다만, 분배된 이득금액에 대해서 소득세가 부과되는 경우 증여세가 과세되지 않는다.

실전연습   서울에서 거주하고 있는 송○○ 씨의 재산현황이 다음과 같을 때 상속재산가액은 얼마나 될까? 단, 영업권은 없다고 가정한다.

〈재산현황〉

① 사업용 자산과 부채(단, 자산의 시가는 확인되지 않음)

자산	부채
· 재고자산 : 3,000만 원(장부가) · 비품 : 5,000만 원(장부가) · 차량 : 2,000만 원(장부가) · 현금 : 1억 원(장부가, 실제 보관된 현금은 없음)	· 미지급금 : 2,000만 원(장부가) · 차입금 : 5,000만 원(이자 포함, 장부가)

② 개인용 자산과 부채
- 거주용 주택 : 시세 10억 원, 7억 원(세법상 평가액)
- 담보대출 : 2억 원(이자 포함)

위의 자료를 통해 상속재산을 평가해보자.

STEP1 사업자들의 상속재산평가

사업자들의 상속재산가액을 파악하기 위해서는 일반인들의 평가방법과의 차이점을 이해할 필요가 있다.

☑ 사업자들의 상속재산평가는 일반적인 평가방법(시가 → 보충적 평가방법)에 따라 평가한다. → 따라서 이 부분에서는 일반인들과 차이점이 없다.

☑ 다만, 사업자들은 사업에 대한 영업권을 평가해야 한다는 점에서는 차이가 난다. 영업권은 사업을 통해 얻는 사업상 노하우 등을 화폐가치

로 평가하는 것을 말한다. 이에 대한 자세한 내용은 267페이지에서 살펴본다.

STEP2 사례에서의 상속재산가액평가

① 사업용 자산과 부채

구분		평가기준	평가금액	비고
자산	재고자산	Max[장부가, 처분예상가액]	3,000만 원	
	비품	상동	5,000만 원	
	차량	상동	2,000만 원	
	현금	-	-	장부상으로만 존재한 현금은 상속재산에서 제외됨.
	계		1억 원	
부채	미지급금	실제 지급해야 할 금액	2,000만 원	
	차입금	원금+이자	5,000만 원	
	계		7,000만 원	

② 개인용 자산과 부채
 · 거주용 주택 : 7억 원(세법상 평가액)
 · 담보대출 : 2억 원

③ 총상속재산가액 : 1억 원+7억 원-7,000만 원-2억 원=5억 3,000만 원

※ 사업자와 상속세 절세법

☑ 먼저 사업용 재산과 부채현황을 빠짐없이 파악한다.

☑ 사업용 자산과 부채에 대한 평가방법을 정확히 이해할 필요가 있다.

☑ 개인가업이 상속이 된 경우 가업상속공제제도(최고 600억 원 한도)가 적용되므로 이를 적극적으로 활용한다. 가업상속공제가 적용되는 상속재산은 직접 사업에 사용되는 토지, 건축물, 기계장치 등 사업용자산을 말한다.

사업용 계좌, 차명계좌와 세금

개인사업자들이 사업 전에 알아둬야 할 사업용 계좌관리법을 알아보자. 계좌관리는 탄탄한 경비처리를 위해서도 필요하지만, 나중의 세무조사를 대비하는 관점에서도 매우 중요하다.

Case | 사업자인 K씨의 사업용 계좌가 다음과 같이 되어 있다고 하자. 아래 ①~⑤까지 입출금된 내용이 세법상 문제가 있는지 없는지를 검토하라. K씨는 복식부기의무자에 해당한다.

거래일	내용	출금	입금	잔액
	① 매출 시 현금수취 후 통장 미입금			×××
	② 임차료 통장이체	×××		×××
	③ 식대 현금 지급	×××		×××
	④ 인건비 현금 지급	×××		×××
	⑤ 생활비계좌로 1,000만 원 이체	×××		×××

Solution | 물음에 대해 답을 찾아보면 다음과 같다.

① 매출 시 현금수취 후 통장 미입금
원칙적으로 사업용계좌 미사용가산세가 부과된다. 참고로 매장 등에서 소매로 수령한 현금도 사업용계좌에 입금해서 출금하는 것이 좋을 것으로 보인다.

돌발 퀴즈!
만약 세금계산서를 수취하고 대금을 현금으로 지급하는 경우 사업용 계좌 미사용에 따른 가산세를 부과받는가?
그렇다. 사업과 관련해서 재화 또는 용역을 공급받거나 공급하는 거래의 경우 사업용 계좌를 사용하는 것이 원칙이기 때문이다.

② 임차료 통장이체

사업용 계좌제도를 정확히 지키고 있다. 따라서 세법상 문제는 없다.

③ 식대 현금 지급

이는 사업용 계좌제도가 적용되지 않는 건에 해당한다.

④ 인건비 현금 지급

이는 사업용 계좌제도를 의무적으로 사용해야 하는 건에 해당한다. 따라서 이를 지키지 않았으므로 가산세(0.2%) 부과대상이 된다.

⑤ 생활비계좌로 1,000만 원 이체

문제 없다.

☞ **현금영수증 발급사업자의 현금영수증의 발급시기**

원칙적으로 현금을 지급 받은(계좌에 입금된) 때에 교부해야 하며 다만, 사회통념상 입금 여부가 즉시 확인이 어려운 때에는 입금이 확인되는 때(통상 3~5일 이내)에 발급하는 것이다(서면3팀-1699, 2005. 10. 6).

Consulting | 복식부기의무자가 사업과 관련해서 거래대금을 금융기관을 통해 결제하거나 결제받는 때, 인건비와 임차료 지급 시 사업용 계좌를 사용하는 것이 원칙이다. 따라서 사업 관련 대금을 사업용 계좌 외 다른 계좌로 수령해서는 안 된다. 그리고 거래대금 송금 시 무통장입금이 아니라 사업용 계좌를 사용해야 한다. 또한 인건비와 임차료는 사업용 계좌로 지급해야 한다.

참고로 사업용 계좌를 의무적으로 사용해야 하는 사업자는 다음과 같이 직전연도 매출액이 업종별로 해당 금액 이상인 사업자(복식부기의무자)다.

업종	직전년도 매출액
서비스업, 부동산 임대사업	7,500만 원 이상
제조업, 건설업, 음식·숙박업, 전기·가스·수도업, 운수·창고업, 금융보험업, 소비자용품수리업	1억 5,000만 원 이상
도소매업, 농업, 임업, 광업, 어업, 부동산 매매업	3억 원 이상

※ **관련 규정 : 소득세법집행기준 160의 5-208의 5-1【사업용 계좌의 신고·사용의무】**

① 복식부기의무자는 사업과 관련하여 재화 또는 용역을 공급받거나 공급하는 거래의 경우로 다음에 해당하는 때에는 사업용 계좌를 사용해야 한다.

　1. 거래의 대금을 금융회사 등을 통하여 결제하거나 결제받는 경우

　2. 인건비 및 임차료를 지급하거나 지급받는 경우

② 사업용 계좌란 다음의 요건을 모두 갖춘 것을 말한다.

　1. 금융기관에 개설한 계좌일 것

　2. 사업에 관련되지 아니한 용도로 사용되지 아니할 것

③ 사업용 계좌는 사업장별로 사업장 관할세무서장에게 신고해야 한다. 이 경우 1개의 계좌를 2 이상의 사업장에 대한 사업용 계좌로 신고할 수 있다.

④ 사업용 계좌는 사업장별로 2 이상 신고할 수 있다.

실전연습

서울에서 거주하고 있는 서○○ 씨가 사망했다. 피상속인은 생전에 임대건물과 임대보증금을 예치한 예금계좌 8억 원을 소유하고 직접 관리했으나, 상속개시가 되기 몇 년 전부터 거동이 불편해 배우자의 명의로 된 계좌로 임대보증금과 임대료 수입을 관리해왔다.

☞ **물음 1 :** 배우자 명의로 된 차명계좌의 돈은 상속재산에 해당하는가, 사전증여재산에 해당하는가?

☞ **물음 2 :** 만약 위의 재산이 상속재산에 포함된다면 금융재산상속공제 (20%)를 받을 수 있는가?

물음에 대해 순차적으로 답을 찾아보면 다음과 같다.

· 물음 1의 경우

피상속인의 차명계좌에 해당하는 사실이 객관적으로 확인되는 경우에 증여세는 과세되지 아니하고 상속재산에 포함되어 상속세가 과세된다. 이때 배우자 명의의 예금계좌에 입금하게 된 경위, 그 예금에 대한 지배관리자가 누구인지, 그 예금한 금전의 사용처 등 구체적인 사실을 종합해서 관할 세무서장이 판단하게 된다.

→ 사례의 경우에는 정황상 상속재산에 해당될 가능성이 높다.

※ 관련 규정 : 국심2000서2228, 2001. 02. 26

상속개시 전 배우자 명의 예금계좌에 입금된 금액 중 피상속인을 대리한 사업상 또는 가사용으로 인정되는 금액은 사전증여재산에서 제외한다.

· 물음 2의 경우

만일 배우자 명의로 예금한 예금계좌가 피상속인의 차명계좌에 해당하는 경우에는 본래의 상속재산으로써 상속재산에 포함된다. 따라서 이렇게 차명계좌에 예금된 금액은 상증법 제22조에 따른 금융재산에 해당하므로 금융재산상속공제 대상에 해당한다. 다만, 2016년부터는 상속세 과세표준 신고기한까지 신고하지 아니한 타인 명의의 금융재산은 공제대상에서 제외한다.

차명금융재산에 대한 과세강화 등

① 금융재산상속공제 제외

2016년 1월 1일부터 상속세 신고기한 내에 차명금융재산을 미신고한 경우에는 금융재산상속공제를 적용하지 않는다(2016년 세법개정).

② 차명계좌에 대한 처벌강화

'특정 금융거래정보의 보고 및 이용 등에 관한 법률' 제3조 제4항에서는 동법 제3호에 따른 불법재산의 은닉, 같은 조 제4호에 따른 자금세탁행위 또는 같은 조 제5호에 따른 및 강제집행의 면탈, 그 밖에 탈법행위를 목적으로 타인의 실명으로 금융거래를 하여서는 아니 된다라고 하고 있다. 이를 위배한 경우에는 5년 이하의 징역 또는 5,000만 원 이하의 벌금을 부과하므로 주의해야 한다(2014. 11. 29. 시행).

사업자 차명계좌 신고서

'차명계좌'란 사업자 명의 외 타인 명의로 되어 있는 계좌를 말한다. 이러한 차명계좌를 국세청에 신고한 후 그 신고된 차명계좌를 통해 탈루세액이 1,000만 원 이상 추징되는 경우 건당 100만 원의 포상금이 지급된다(신고인별 연간 한도는 5,000만 원)고 한다. 다만, 신고대상은 법인 또는 복식부기 의무가 있는 개인사업자가 보유한 차명계좌에 한한다.

【차명계좌 신고의 처리와 포상금 지급에 관한 규정 제1호 서식】(2014.02.17 개정)

<table>
<tr><td colspan="5" align="center">**사업자 차명계좌 신고서**</td></tr>
<tr><td rowspan="3">신 고 자</td><td>성　　　명</td><td></td><td>생 년 월 일</td><td></td></tr>
<tr><td>전 화 번 호</td><td></td><td>이메일(전자우편)</td><td></td></tr>
<tr><td>주　　　소</td><td colspan="3"></td></tr>
<tr><td rowspan="3">피신고자</td><td>상 호 (법인명)</td><td></td><td>사업자등록번호</td><td></td></tr>
<tr><td>성 명 (대표자)</td><td></td><td>전 화 번 호</td><td></td></tr>
<tr><td>소 재 지</td><td colspan="3"></td></tr>
<tr><td rowspan="5">신
고
내
용</td><td>거 래 일 자</td><td></td><td>거 래 금 액</td><td></td></tr>
<tr><td rowspan="2">거래한 차명계좌</td><td>명 의 인</td><td>은 행 명</td><td></td></tr>
<tr><td>계좌번호</td><td colspan="2"></td></tr>
<tr><td>거 래 내 용</td><td colspan="3">※ 6하 원칙에 의거 상세하게 작성</td></tr>
<tr><td>거 래 증 빙</td><td colspan="3"></td></tr>
<tr><td colspan="2" align="center">처리결과 수령방법</td><td colspan="3">□ 서면　　　□ 전자우편</td></tr>
<tr><td colspan="5">※ 작성요령 등 신고안내는 뒷면 참조

 년　　　월　　　일

신 고 자　　　　(서명 또는 인) 귀하

※ 첨부 : 무통장입금증, 통장사본 등 사업자의 차명계좌에 입금한 증빙</td></tr>
</table>

PCI시스템과 세무조사

PCI시스템에 대한 사업자들의 관심도가 점점 높아지고 있다. 이 시스템에 의해 세무조사 대상자로 선정되는 경우가 많기 때문이다. 이하에서 사업자들이 알아둬야 할 PCI시스템에 대한 세무조사 내용을 살펴보자.

Case
1. K씨는 아버지로부터 현금을 증여받아 전세를 살고 있다. 그런데 이번에 전세보증금에 대한 자금출처조사를 받게 되었다. K씨는 어떻게 해서 자금출처조사를 받게 되었을까?
2. 서울 강남구에서 임대업을 하고 있는 J씨는 신용카드를 사용하는 대신 현금을 주로 사용한다. 왜 그럴까?

Solution
물음에 각각 답을 찾아보면 다음과 같다.

· 물음 1의 경우
일단 전세보증금에 대한 자료가 국세청 전산망(TIS)에 축적되었기 때문이다. 현재 전월세 거래내역이 국토교통부에서 관리되므로 정부부처 간에 이 자료가 공유된다고 볼 수 있다.

· 물음 2의 경우
PCI시스템 의해 세무조사를 받을 수 있기 때문이다. 이 시스템은 '재산증가액과 소비지출액의 합계액'에서 신고한 소득금액을 차감해 탈루혐의금액을 찾아내는 시스템을 말한다.

Consulting
PCI시스템(Property, Consumption and Income Analysis System), 즉 '소득-지출 분석시스템'은 일정기간의

소득금액과 재산증가액·소비지출액을 비교분석해서 탈루혐의금액을 도출하는 시스템을 말한다. 이 시스템은 현재 다음과 같이 활용되고 있다.

☑ 기업주의 법인자금 사적사용 여부 검증 → 영리법인의 개인 사주가 회사자금을 임의로 유용해서 사적으로 소비지출·재산증식 했는지 여부를 검증한다.

☑ 고액자산 취득 시 자금출처 관리 강화 → 취득능력이 부족한 자(소득이 없는 자·미성년자 등)가 고액의 부동산 등을 취득 시 자금출처 관리에 사용된다.

☑ 세무조사대상자 선정 시 활용 → 고소득 자영업자 세무조사 대상자 선정 시 분석시스템을 활용해서 신고소득에 비해 재산증가나 소비지출이 큰 사업자를 선정하는데 활용된다.

☑ 고액체납자 관리업무에 활용 → 고액체납자의 재산은닉 및 소비지출 현황 파악에 활용된다.

※ 소득-지출 분석시스템 분석사례(국세청)

현금수입업종 사업자들이 소득을 과소신고하는 경우 어떻게 해서 세무조사로 연결되는지 아래 사례를 통해 보자. 참고로 사업자들은 업종에 관계없이 이 시스템이 적용되고 있다.

① 사업자 현황

해당 사업자는 ○○도 ○○시에서 사업을 하면서 최근 5년간 종합소득금액 4,100만 원(연 820만 원)을 신고했으나, ○○구 소재 시가 31억 원 하는 아파트에 거주하며, 고급승용차를 소유하고, 해외여행 등을 15차례 가는 등 소득에 비해 소비수준이 과다함.

② 최근 5년간 탈루혐의 추정액

· 최근 5년간 신고한 종합소득금액 : 4,100만 원
· 재산증가금액 : 20억 2,000만 원
  - 부동산 : (취득) 아파트 등 3건   취득가액 : 31억 4,000만 원
  - 부동산 : (양도) 아파트 등 3건   양도가액 : 11억 3,500만 원
  - 주   식 : (취득) ○○주식 취득 1,500만 원(액면가액)
· 소비지출금액 : 3억 1,200만 원

③ 혐의사항

현금수입업종을 영위하면서 신고소득에 비해 소비수준이 과다한 것으로 보아 수입금액 누락 혐의가 있고, 20○○년에 취득한 부동산 31억 4,000만 원의 자금출처가 불투명한 사례

실전연습

서울 서초구에서 성형외과를 운영하는 김○○ 씨의 근래 병원소득이 상당히 많았다. 그는 최근에 50억 원짜리 상가 건물을 구입하면서 10억 원만큼의 부채를 조달했다. 이 같은 상황에서 PCI 시스템이 작동되어 김씨가 자금출처조사를 받는다면 어떤 식으로 소명을 해야 할까? 단, 20×3년부터 20×7년까지의 사업소득 현황은 다음과 같다.

구분	20×3년	20×4년	20×5년	20×6년	20×7년	계
매출	10억 원	15억 원	15억 원	20억 원	15억 원	75억 원
비용	6억 원	9억 원	9억 원	12억 원	9억 원	45억 원
세금	1억 원	2억 원	3억 원	4억 원	3억 원	13억 원
세후이익	3억 원	4억 원	3억 원	4억 원	3억 원	17억 원

물음에 대해 순차적으로 답을 찾아보자.

STEP1 김씨가 당면한 세금문제는?

재산취득금액과 신고한 소득(여기서는 세후 소득을 기준으로 함)의 차이를 어떻게 소명할 것인가 하는 것이다. 위의 내용을 보면 재산취득가액은 50억 원인 데 반해 최근 5년간의 소득은 17억 원 정도가 되므로 33억 원 차이가 난다. 따라서 이에 대한 소명을 명쾌하게 해야 사업소득에 대한 세

무조사를 피할 수 있게 된다.

STEP2 김씨는 문제해결을 어떻게 해야 하는가?

구체적으로 다음과 같은 방식으로 소명하도록 한다. 물론 이때 근거서류를 첨부해야 한다. 만일 추가 소명을 하지 못한 경우에는 사업소득의 탈루가 의심되어 병원에 대한 세무조사로 확대될 수 있다.

총구입액	소명금액	소명부족액	추가 소명금액
50억 원	27억 원*	23억 원	예) 5년 이전 발생한 소득에서 발생한 저축 등

* 부채 10억 원+병원소득 17억 원=27억 원

※ PCI시스템에 의한 세무조사 예방법

PCI시스템은 세대원들을 중심으로 적용되므로 다음과 같이 자산과 소득을 관리하도록 한다.

구분	자산증가액+신용카드 등 사용액(①)	신고소득금액(②)	차이(①-②)
A			
배우자			
자녀			
계			

Tip
사업자의 부동산 구입 또는 부채상환과 자금출처조사

사업자들도 부동산을 구입하거나 부채상환을 하면 자금출처조사를 받게 된다. 다음은 증여추정 사례다(상증세법집행기준 45-34-2).

재산취득(채무상환)	입증금액	미입증금액	증여추정
8억 원	7억 원	1억 원 〈 Min[①8억 원×20%, 2억 원]=1.6억 원	제외
9억 원	6.5억 원	2.5억 원 ≥ Min[①9억 원×20%, 2억 원]=1.8억 원	2.5억 원
15억 원	13.5억 원	1.5억 원 〈 Min[①15억 원×20%, 2억 원]=2억 원	제외
19억 원	16.5억 원	2.5억 원 ≥ Min[(①19억 원×20%, 2억 원]=2억 원	2.5억 원

사업체의 상속 1
(공과금, 채무, 상속추정 등)

사업자는 사업체를 가지고 있기 때문에 일반인들과 다르게 상속·증여 관계가 형성된다. 다만, 증여의 경우에는 앞에서 살펴본 자금출처조사 등으로 주제가 한정되기 때문에 이를 별도로 살펴볼 실익이 별로 없다. 따라서 이하에서는 상속을 위주로 살펴보고자 한다.

Case 사업을 하던 H씨가 운명해서 상속이 발생했다. H씨는 사업 중에 금융기관 등에 채무를 부담하고 있었다.

☞ **물음 1** : 상속개시일 전에 발생한 소득세는 공과금으로 인정되는가?

☞ **물음 2** : 금융기관으로부터 차입한 금액 및 거래처 미지급금도 채무공제가 되는가?

☞ **물음 3** : 만일 상속개시 전 발생한 카드미지급금도 채무로 공제가 되는가?

Solution 물음에 순차적으로 답을 찾아보면 다음과 같다.

· **물음 1의 경우**

당연히 공제가 된다. 여기서 공과금은 상속개시일 현재 피상속인이 납부할 의무가 있는 것으로 상속인에게 수계된 모든 조세공과금을 말한다. 이에는 종합소득세, 부가가치세, 재산세, 수도·가스·전기사용료 등이 있다.

※ 관련 규정 : 상증세법집행기준 14-9-1 [상속재산가액에서 차감되는 공과금의 범위]

상속개시일 현재 피상속인이 납부할 의무가 있는 것으로 상속인에게 승계된 다음의 것은 상속재산가액에서 차감된다.

① 국세, 관세, 임시수입부가세, 지방세

② 공공요금

③ 공과금 : '국세징수법'의 체납처분의 예에 따라 징수할 수 있는 조세 및 공공요금 이외의 것

④ 피상속인이 사망한 후에 피상속인이 대표이사로 재직하던 법인의 소득 금액이 조사·결정됨에 따라 피상속인에게 상여로 처분된 소득에 대한 종합소득세·지방소득세 등

☞ 상속개시일 이후 상속인의 귀책사유로 납부 또는 납부할 가산세, 가산금, 체납처분비, 벌금, 과료, 과태료 등은 공과금 등에 포함되지 아니한다.

· 물음 2의 경우

피상속인(망자)이 개인사업체를 운영하다가 사망한 경우 당해 사업체에 대한 상속재산가액은 상속개시일 현재를 기준으로 상증법에 의해 평가한 가액에서 당해 사업체와 관련된 부채를 차감한 가액에 당해 사업체의 영업권상당액을 합한 가액으로 평가한다. 따라서 해당 차입금과 미지급금은 상속채무로 공제가 된다고 볼 수 있다.

※ 관련 규정 : 상증세법집행기준 14-9-10 [사용인의 퇴직금상당액으로서 채무로 인정되는 경우]

피상속인의 사업과 관련하여 고용한 사용인에 대한 상속개시일까지의 퇴직금상당액은 피상속인의 채무로 상속재산가액에서 차감된다. 이 경우 퇴직금상당액은 '근로자퇴직급여 보장법' 제8조에 따라 지급하여야 할 금액을 말한다.

· 물음 3의 경우

상속개시 전 피상속인이 사용한 신용카드대금 미지급금을 상속개시 후 상속인이 실제로 부담하는 사실이 확인되는 경우 상속채무공제가 가능하다.

돌발 퀴즈!

피상속인이 상속개시 전에 고용한 간병인에게 피상속인이 지급해야 할 의무가 있는 간병비도 공제되는가?

당연히 상속개시일까지 미지급된 금액은 채무로서 공제가 가능하다.

Consulting | 사업 중에 상속이 개시되어 상속세 신고를 준비할 때 가장 관심을 둬야 할 항목은 바로 상속추정제도*다. 사업자들은 개인계좌뿐만 아니라 사업용 계좌에 대해서도 이 제도가 적용되기 때문이다. 따라서 입증범위가 일반인들보다 훨씬 더 광범위할 수 있다. 자금거래 빈도수가 훨씬 많기 때문이다. 그 결과 이를 입증하는 과정에서 예기치 못한 다양한 세금문제들이 발생할 수 있다. 예상되는 문제들은 다음과 같다.

> * 상속추정제도는 상속개시일 전 1(2)년 내에 재산처분(인출)한 금액 또는 채무부담액이 2억(5억) 원 이상인 경우에 사용처가 입증되지 않으면 일정한 금액을 상속재산가액에 포함시키는 제도를 말한다.

☑ 사업용 계좌에 입금된 금액
· 입금된 금액에 대한 매출신고가 누락되었는가? → 사업체에 대한 세무조사로 연결될 수 있다.
· 입금된 금액이 증여성격으로 입금된 것인가? → 증여세가 부과될 수 있다.

☑ 사업용 계좌에서 출금된 금액
· 사용처가 불분명한 지출에 해당하는가? → 상속추정제도를 적용받아 상속세가 나올 수 있다.
· 자녀 등에게 증여의 목적으로 출금된 것인가? → 증여세가 부과될 수 있다.

실전연습 | 서울 성북구 성북동에 거주하고 있는 사업자인 K씨가 사망했다. 그의 사업용 계좌에는 다음과 같은 거래가 있었다. 상속추정제도에 의한 상속재산가산액을 계산해보자. 단, 상속개시일은 20×9년 12월 31일이다.

거래날짜	예입액	인출액	잔액	거래내역	비고
20×8. 05. 01			10억 원		
20×8. 06. 30		3억 원	7억 원	현금출금	사용처 불분명
20×9. 07. 31		3억 원	4억 원	현금출금	사용처 불분명
20×9. 12. 30		4억 원	0원	현금출금	사용처 불분명

물음에 답을 찾아보면 다음과 같다.

상속개시일(20×9. 12. 31)로부터 소급해서 2년 이내에 인출한 돈이 10억원이므로 상속추정제도가 적용된다. 그리고 전액 사용처가 불분명하므로 다음의 금액을 상속재산가액에 합산한다.

⑪ 재산인출/처분 (부담채무)가액	⑫ 사용처소명 금액	⑬ 미소명 금액	⑭ ⑪ 금액의 20%와 2억 원 중 적은 금액	⑮ 상속추정 여부 ⑬ > ⑭	⑯ 상속추정 재산가액(⑬-⑭)
10억 원	0원	10억 원	2억 원	적용함.	8억 원

☞ 인출한 금액이 10억 원이나 이 중 2억 원만큼은 소명을 하지 않더라도 상속재산가액에 포함되지 않는다.

※ 인출금 상속재산가액에의 포함 여부

개인사업 회계장부상의 인출금은 사업주가 자신 소유의 사업용 자산인 금원을 사업용 이외의 용도에 사용하기 위해 인출하여 단지 회계장부상으로만 자산으로 남아 있는 것에 불과하고 경제적 실체를 지닌 사업용 자산이라고 할 수 없으므로 이를 2년 이내에 처분한 재산으로 볼 수 없다 (대법원 91누 12974, 92. 6. 9, 심사상속 97-6054 1997. 12. 05).

→ 이는 장부상에 나타난 금액에 대해 바로 상속추정제도를 적용해서 세금을 부과하는 것은 아니라는 것을 말해주고 있다.

사업체의 상속 2 (영업권계산, 가업상속공제 포함)

사업체가 상속되는 경우에도 상속세가 나온다. 이때 주의할 것은 사업성이 높은 사업체의 경우에는 영업권을 누락해서는 안 된다는 것이다. 세무조사를 통해 이에 대해 과세할 수 있기 때문이다. 이하에서는 이러한 영업권문제와 가업상속공제 등에 대해 알아보자.

Case | 서울 송파구에 자리를 하고 있는 K기업은 개인기업으로 유수한 브랜드를 가지고 있다. 그러던 어느 날 K기업의 대표인 김○○ 씨가 사망을 했다. 그의 재산은 기업과 개인에 걸쳐 상당규모가 되었다. 재산현황이 다음과 같다고 할 때 물음에 답하면?

| 재산현황 |
- 부동산 : 30억 원
- 기계장치 등 사업용 자산 : 50억 원
- 부채 : 없음.
- 세법상 영업권 : 10억 원

☞ **물음 1** : 상속재산가액은 얼마인가?
☞ **물음 2** : 상속공제액은 얼마인가? 일괄공제와 배우자상속공제액은 10억 원이며, 가업을 영위한 기간은 35년으로 가업상속공제조건을 충족한다.
☞ **물음 3** : 상속세 산출세액은 얼마인가?

Solution | 물음에 맞춰 답을 찾아보면 다음과 같다.

· 물음 1의 경우

구분	금액	비고
부동산	30억 원	
기계장치 등	50억 원	사업용 자산도 상속재산가액에 포함.
영업권	10억 원	세법상 영업권도 상속재산가액에 포함.
계	90억 원	

· **물음 2의 경우**

개인가업을 이어받은 경우에도 가업상속공제를 받을 수 있다. 가업상속
영위기간이 30년을 넘었으므로 가업상속재산가액의 100%를 600억 원
한도까지 공제한다. 따라서 사례의 경우 가업상속공제액은 50억 원(50억
원×100%)이 된다.

· 상속공제액=10억 원+50억 원=60억 원

· **물음 3의 경우**

위의 내용에 따라 상속세 산출세액을 계산하면 다음과 같다.

· 상속세 산출세액=(90억 원-60억 원)×10~50%
= 30억 원×40%-1억 6,000만 원=10억 4,000만 원

Consulting | 앞에서 본 영업권과 가업상속공제에 대한 규정을 대략
적으로 살펴보면 다음과 같다.

1. 영업권평가

상속재산 중 영업권에 대해서 상속개시 당시에 존재하고, 또한 당해 영업
권의 지속이 예상되는 경우에는 상증법의 규정에 의해서 평가한 가액을
상속재산가액에 포함시킨다.

※ 관련 규정 : 상증세법집행기준 64-59-1 [영업권 평가]

영업권의 평가액은 평가대상 법인기업 또는 개인기업의 초과이익이 영업
권 지속연수(원칙 : 5년) 동안 계속된다는 가정하에서 산출된 초과이익의
현재가치로 평가하며 다음과 같이 평가한다.

$$영업권 = \sum_{n=1}^{n} \frac{초과이익금액}{(1+r)^n} = 초과이익금액 \times 연금현가계수(n, r)$$

n : 영업권 지속연수,   r : 초과이익환원율(10%)

☞ 자세한 것은 저자 등에게 문의 바란다.

2. 가업상속공제

가업상속공제제도는 중소기업(개인 법인 불문)의 창업주가 사망한 경우 가업을 원활히 이어받을 수 있도록 특별히 공제를 적용하는 것을 말한다 (상증법 제18조의 2).

☑ 조특법상 중소기업 및 조특법상 중견기업으로서 직전 3년 평균매출액 5,000억 원 이하인 기업에 대해 적용한다.

☑ 피상속인(사망자)이 지분 40%(상장기업은 20%) 이상을 10년 이상 계속 보유한 중소기업에 해당되어야 한다. 여기서 중소기업은 세법에서 정한 업종에 해당되어야 하므로 부동산 임대업 등은 제외된다(업종 필수 확인).

☑ 피상속인은 10년 이상 가업을 영위하는 동안 50% 이상을 대표이사(개인기업은 대표자)로 재직하거나 상속개시일로부터 소급해서 10년 중 5년 이상을 대표(이사)로 재직해야 한다.

☑ 상속인은 상속개시일 현재 18세 이상이며 상속개시일 2년 전부터 가업에 직접 종사를 해야 한다. 다만, 피상속인이 65세 이전에 사망하거나 천재지변 및 인재 등 부득이한 사유로 사망한 경우에는 이러한 조건을 적용하지 않는다. 한편 상속세 신고기한까지 임원으로 취임하고 신고기한으로부터 2년 내에 대표자로 취임해야 한다.

☑ 상속 후 5년간 고용평균의 90%와 총급여평균의 90% 이상 유지해야 한다. 만일 이를 위배하면 공제받은 금액을 추징하므로 매우 주의해야 한다.

☑ 이상과 같은 요건을 갖춘 경우에는 가업상속금액의 100%를 최대, 다음의 한도 내에서 공제한다.
  · 10년 이상 : 300억 원
  · 20년 이상 : 400억 원
  · 30년 이상 : 600억 원

참고로 상속개시일 등으로부터 10년 내에 가업상속공제를 받은 후 다음의 사유가 발생하는 경우 상속세 및 이자상당액(가산율 3.5%)을 추징한다.

☑ 해당 가업용 자산의 100분의 40 이상을 처분한 경우

☑ 해당 상속인이 가업에 종사하지 아니하게 된 경우

☑ 주식 등을 상속받은 상속인의 지분이 감소한 경우

☑ 다음에 모두 해당하는 경우

- 상속개시일부터 5년간 정규직 근로자 수의 전체 평균이 직전 2개 연도의 정규직 근로자 수의 평균의 100분의 90에 미달하는 경우
- 상속개시일부터 5년간 총급여액의 전체 평균이 직전 2개 연도의 총급여액의 평균의 100분의 90에 미달하는 경우

실전연습　　　**자료가 다음과 같을 때 상속세를 계산하라.**

> **| 자료 |**
> ① 상속재산 : 12억 6,000만 원
> ② 상속채무 : 2억 원(개인채무 1억 원, 사업채무 1억 원)
> ③ 상속개시일로부터 6개월 전에 개인계좌에서 3억 원을 인출함. 전액 용도입증이 불가능함.
> ④ 상속개시일로부터 3년 전에 사업용 계좌에서 3억 원을 인출함. 전액 용도입증이 불가능함.
> ⑤ 장례비용 : 1,000만 원
> ⑥ 상속인 : 배우자, 자녀 2명
> ⑦ 기타 사항은 무시함.

위의 자료의 ②, ③, ④가 상속세에 어떤 식으로 반영되는지 이를 먼저 검토한 후 상속세를 계산해보자.

② 상속채무 공제 여부 → 상속인이 갚을 것으로 확실시 된 것은 상속재산가액에서 차감된다.

③ 개인계좌에서 인출한 3억 원에 대한 상속추정제도 적용 여부 → 개인계좌에서 인출한 3억 원에 대해서는 상속추정제도가 적용된다(∵ 1년내 2억 원 이상 인출).

- 상속추정에 의해 가산해야 할 금액 : 3억 원 − (3억 원×20%, 2억 원중 작은 금액)=2억 4,000만 원

④ 사업용 계좌에서 인출한 3억 원에 대한 상속추정제도 적용 여부 → 상속추정기간(2년)이 지나 이 제도가 적용되지 않는다.

이제 앞의 내용을 토대로 상속세를 계산해보자. 단, 상속공제액은 10억 원이라고 가정한다.

(단위 : 원)

구분	금액	비고
본래상속재산 (+) 간주상속재산가액 (+) 상속추정액 (+) 상속개시 전 증여재산가액	1,260,000,000 240,000,000	위에서 계산
(=) 총상속재산가액 (-) 공과금 및 채무, 장례비	1,500,000,000 210,000,000	채무+장례비용(1,000만 원 한도)
(=) 과세가액 (-) 상속공제 (-) 감정평가수수료공제	1,290,000,000 1,000,000,000	
(=) 과세표준 (×) 세율	290,000,000 20%(1,000만 원)	1,000만 원은 누진공제액
(=) 산출세액 (+) 세대생략가산액	48,000,000	과세표준×20%-1,000만 원
(=) 산출세액 합계 (-) 세액공제 (+) 가산세	48,000,000 1,440,000	신고세액공제 3%*
(=) 납부세액	46,560,000	

* 2019년 이후부터 신고세액공제율이 5%에서 3%로 하향조정되었다.

창업자금 사전증여에 대한 과세특례제도

창업을 앞두고 있는 예비경영자들이 알아두면 좋을 창업자금에 대한 증여세과세특례제도를 살펴보고자 한다.

Case | 경기도 고양시에 거주하고 있는 오○○ 씨는 자녀에게 창업자금을 5억 원 정도 증여하려고 한다. 5억 원까지는 증여세가 없다고 들었기 때문이다. 이 내용이 맞는지 다음 물음에 답하면?

☞ **물음 1** : 오○○ 씨가 들은 내용은 타당한가?
☞ **물음 2** : 만일 일반적인 증여로 하면 증여세는 얼마가 나오는가?
☞ **물음 3** : 향후 오○○ 씨가 창업자금 증여 후 10년 후에 사망한 경우 사전증여한 창업자금은 합산과세에서 배제되는가?

위의 물음에 순차적으로 답을 하면 다음과 같다.

· **물음 1의 경우**
그렇다. 세법에서는 요건을 충족한 창업자금에 대해서는 최고 30~50억 원까지 증여세 과세특례제도를 운영하고 있다(조세특례제한법 제30조의 5).

구분	내용
대상	· 18세 이상인 거주자가 중소기업을 창업할 목적으로 60세 이상의 부모로부터 양도소득세 과세대상이 아닌 자산을 50억 원* 한도로 증여받은 경우 · 창업자금을 2회 이상 증여받거나 부모로부터 각각 증여받은 경우에는 합산해서 적용
요건	· 증여받은 날로부터 2년 이내에 창업 · 증여받은 날로부터 4년이 되는 날까지 창업자금을 모두 해당 목적에 사용

* 2023년부터 창업을 통해 10명 이상을 신규 고용한 경우에는 100억 원을 한도로 한다. 한편 사업을 확장하거나 다른 업종을 추가하는 경우 등은 창업으로 보지 않으나, 이 중 사업을 확장하는 경우로서 대통령령으로 정하는 사유에 해당하면 창업으로 본다(2023년 개정세법).

이렇게 사전에 증여하면 5억 원까지는 증여세가 없고 그 초과분에 대해서는 10%의 세율로 증여세가 과세된다. 예를 들어 30억 원을 이 제도를 통해 사전에 증여하면 다음과 같이 증여세가 나온다.

· 증여세 과세표준 = 증여재산가액-증여재산공제

  = 30억 원-5억 원

  = 25억 원

· 증여세 산출세액 = 2억 5,000만 원(=25억 원×10%)

· 물음 2의 경우

창업자금에 대한 증여세 과세특례제도를 적용하면 사례의 경우 부담할 증여세는 없다. 하지만 일반적인 증여에 의한 경우에는 다음과 같이 산출세액이 8,000만 원이 나온다.

구분	금액	비고
증여금액	5억 원	
– 증여재산공제(성년자)	5,000만 원	
= 과세표준	4억 5,000만 원	
×세율(10~50%)	20%(누진공제 1,000만 원)	
= 산출세액	8,000만 원	

· 물음 3의 경우

그렇지 않다. 창업자금에 대한 증여세 과세특례를 받는 경우 사전증여시기와 관계없이 상속재산가액에 합산된다.

☞ 참고로 가업승계를 위해 주식 등을 사전에 증여하더라도 별도의 증여세 과세특례를 받을 수 있다(조세특례제한법 제30조의 6). 이 제도는 2023년부터 최대 600억 원 내에서 10억 원을 공제한 과세표준에 10%(과표 120억 원 초과분은 20%)를 적용한다. 자세한 것은 Part 05(법인 편)를 참조하기 바란다.

주○○ 씨의 모친이 개인사업 중에 운명했다. 이 경우 자녀가 사업체를 상속받아 계속 운영하려고 하는데 이때 업무절차는 어떻게 될까?

1. 상속세

상속세는 개인이 보유하고 있는 순재산과 사업체의 순재산 그리고 영업권을 더해 상속재산가액을 파악해야 한다.

구분	금액	비고
① 개인 순재산		자산-부채, 사전증여한 재산 등 포함.
② 사업체 순재산		자산-부채
③ 사업체 영업권		상증법에서 규정된 방식에 의거 평가
계		

2. 부가가치세

사업자가 사망해서 상속인이 그 사업을 승계한 경우에는 상속 관련 증빙을 첨부해서 사업자등록정정신고를 해서 대표자를 변경한다. 사업자등록 정정은 상속개시 후 바로 하는 것이 원칙이다. 이때 부가가치세 신고방법을 예를 들어 알아보면 다음과 같다. 단, 피상속인은 일반과세자에 해당한다.

예) 피상속인의 사망일이 5월 1일이고, 상속인 명의로 사업자등록을 정정신청한 날이 5월 5일인 경우

구분	사업자등록 명의	부가가치세 신고기한	비고
1. 1~5. 1	피상속인	7월 25일	
5. 2~6. 30	상속인	7월 25일	

사업자등록번호는 동일하므로 부가가치세 신고는 7월 25일까지 한 번만 하면 된다. 물론 소득세는 피상속인과 상속인의 소득을 구분해서 신고해야 한다.

3. 종합소득세

종합소득세는 매년 1월 1일부터 사망일까지의 소득에 대해 결산을 완료해서 그 상속개시일이 속하는 달의 말일부터 6개월이 되는 날까지 신고해야 한다. 위의 사례를 연장해서 이 문제를 살펴보면 피상속인의 사망일이 5월 1일이므로 5월 31일로부터 6개월인 11월 30일까지 소득세를 신고해야 한다. 물론 관할세무서는 피상속인의 주소지 관할세무서가 된다.

☞ 피상속인의 사업소득 이월결손금을 상속인의 사업소득금액 계산 시 공제 가능할까? 상속인이 사업을 상속받은 경우 피상속인의 사업소득에서 발생한 결손금으로 피상속인의 소득금액을 계산함에 있어서 공제하고 남은 이월결손금은 당해 상속인의 소득금액을 계산함에 있어서 공제할 수 없다(서면1팀 -1575, 2007. 11. 16).

Chapter

02

빌딩임대사업자의
절세특집

빌딩사업자와 쟁점세금들

빌딩을 보유한 상태에서 임대업을 하고 있다고 하자. 이러한 사업자들은 대부분 재산이 많은 것이 일반적이다. 이들의 절세법을 별도로 알아보자.

Case | 여○○ 씨는 서울 강남구에서 10층짜리 빌딩을 보유하고 있다. 이 빌딩을 보유할 때부터 상속이 발생할 때까지 어떤 세금들을 내게 될까?

Solution | 위에 대한 답변을 그림으로 표현하면 다음과 같다.

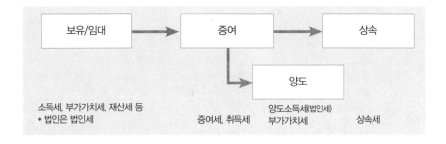

※ 빌딩소유자들의 절세법

☑ 빌딩에 대한 재산평가를 정확히 해서 상속세를 예측한다.

☑ 합산과세시기를 감안해서 사전에 지분을 증여한다.

☑ 사전증여 시 노후대비 등을 고려해서 재산분배를 한다.

Consulting | 일반적으로 빌딩부자들이 가장 걱정하는 세금은 크게 소득세와 상속세 정도가 된다. 소득세는 임대소득에 대해 발생하는 세금을, 상속세는 사망 시 재산이전에 대해 부과되는 세금을 말한다. 그렇다면 왜 이러한 세금을 걱정하고 있는지 알아보자.

먼저, 소득세를 알아보자.

소득세는 임대수입에서 경비를 차감한 소득에 6~45%의 세율로 적용되는 직접세를 말한다. 대개 수입을 제대로 신고한 경우라면 필요경비를 어떻게 입증하느냐에 따라 소득세의 크기가 달라진다. 필요경비가 1억 원, 2억 원 등인 경우로 나눠 세금을 예측해보면 다음과 같다.

수입금액	5억	5억	5억
필요경비	1억 원	2억 원	3억 원
소득금액	4억 원	3억 원	2억 원
세율	6~45%		
산출세액	1억 3,406만 원	9,406만 원	5,606만 원

만일 필요경비가 2억 원이라면 산출세액은 9,400만 원 정도가 발생한다. 이 금액의 10%는 지방소득세로 별도 부과되므로 대략 1억 원 정도의 세금이 발생하는 셈이다. 실무적으로 임대업의 필요경비의 범위는 다른 업종에 비해 아주 좁다. 따라서 관리를 제대로 하지 못하면 소득세가 크게 나올 수 있다.

다음으로 상속세를 알아보자.

여○○ 씨가 보유한 빌딩가액이 100억 원이고, 상속공제액이 10억 원이라면 상속세는 대략 다음과 같이 예상된다.

· 상속세 예상액=90억 원×50%-4억 6,000만 원(누진공제액)
  =40억 4,000만 원

그런데 상속세는 상속재산을 어떤 식으로 평가하는지, 상속공제를 어떤 식으로 적용받는지에 따라 세금이 달라진다. 예를 들어 앞의 재산에 대해 법에 따라 평가하면 50억 원이 되고, 상속공제액이 30억 원이라면 예상되는 세금은 다음과 같다.

· 상속세 예상액=(50억 원-30억 원)×40%-1억 6,000만 원(누진공제액)
  =6억 4,000만 원

앞과 비교하면 무려 34억 원 정도가 줄어든다. 상속세를 대비할 때에는 세금계산구조를 정확히 이해하는 것이 중요하다.

☞ 앞과 같은 세금문제 외에 반드시 해결해야 하는 것이 있다. 그것은 다름이 아닌 편법적인 증여가 있는 경우 이에 대해서는 여러 가지 제도들이 동원되어 탈루된 세금이 추징될 수 있다는 것이다. 따라서 부자들의 경우 소득과 재산을 둘러싼 소득세와 상속세 그리고 증여세 등을 모두 해결해야 재산을 지킬 수 있다.

실전연습　공동으로 빌딩을 임대하는 경우 소득세는 어떻게 계산하는지 알아보자.

| 자료 |
- 4인이 공동임대사업을 하고 있음.
- 수입금액 : 5억 원
- 필요경비 : 1억 7,000만 원
  - 인건비 : 6,000만 원(관리소장 등 실제 근무자의 인건비)
  - 재산세 : 900만 원
  - 복리후생비 : 2,000만 원
  - 접대비 : 1,000만 원
  - 차량비(감가상각비 포함) : 1,000만 원
  - 소모품비 : 100만 원
  - 건물감가상각비 : 2,000만 원
  - 수선비 : 4,000만 원
- 세율 : 6~45%

첫째, 회계상 당기순이익을 계산하면 3억 3,000만 원이 나온다. 당기순이익은 수입금액에서 필요경비를 차감한다.

둘째, 회계상 당기순이익 중 세법상 비용으로 인정받지 못한 금액은 이를 세법상 인정되는 비용에서 제외해야 한다(이를 '필요경비불산입'이라고 한다). 사례의 경우에는 이에 해당하는 경우가 없으므로 위 당기순이익이 과세소득이 된다.

· 과세소득=당기순이익+필요경비로 인정받지 못한 비용*

　　＝3억 3,000만 원+0원＝3억 3,000만 원

> * 업무와 관련 없는 비용, 가사비용 등이 포함된다. 부동산 임대사업자에 대한 경비의 인정범위는 다른 업종에 비해 그 범위가 축소되는데, 자세한 내용은 이 책의 자매서인 《확 바뀐 상가·빌딩 절세 가이드북》을 참조하기 바란다.

셋째, 공동사업자의 소득금액을 분배한다.

본 임대사업장에서 나온 소득금액은 모두 3억 3,000만 원이 된다. 따라서 이를 4명의 손익분배비율로 나누면 1인당 소득금액은 다음과 같다.

· 개인별 소득금액＝ 3억 3,000만 원÷4명＝ 8,250만 원

넷째, 각자의 소득세를 계산한다.

소득세는 앞의 과세소득에서 종합소득공제액을 차감해서 6~45%의 세율로 계산한다. 만일 이 중 한 명의 소득공제액이 500만 원이라면 이 사람의 세금은 다음과 같다.

· 과세표준＝ 과세소득 - 종합소득공제액

　　＝8,250만 원 - 500만 원＝7,750만 원

· 산출세액＝7,750만 원×6~45%

　　＝7,750만 원×24% - 576만 원(누진공제)＝1,284만 원

만일 다른 사람들의 조건도 이와 같다면 이들 모두에 대한 세금은 대략 5,136만 원이 된다.

☞ 만일 혼자 임대하면 소득세를 얼마인가?

　(3억 3,000만 원-500만 원)×6~45%＝3억 2,500만 원×40%-2,594만 원(누진공제)

　＝1억 406만 원

빌딩 관련 세무상 쟁점 및 절세법 총정리

빌딩과 관련해서 발생하는 여러 가지 세금들에 대한 세무상 쟁점 및 절세법을 정리해보기로 한다.

1. 부가가치세

☑ 전세보증금에도 부가가치세가 과세되는가?

→ 그렇다. 전세보증금에 대한 이자상당액(3.5%, 수시 고시)인 간주임대료에 대해 10%가 부과된다. 이를 간주임대료에 대한 부가가치세라 하며, 이에 대해서는 세금계산서를 교부할 수 없다.

☑ 관리비에도 부가가치세가 과세되는가?

→ 그렇다. 아래 예규를 참조하자.

"청소비, 관리비, 공용전기료, 정화조 전기료, 정화조 관리비, 전기안전관리비 등의 건물관리비를 징수하는 경우에 있어 과세표준은 부가가치세법시행령 제48조 제1항의 규정에 의하여 거래상대자로부터 받는 대금·요금·수수료 기타 명목여하에 불구하고 대가관계에 있는 모든 금전적 가치 있는 것을 포함하는 것이므로 부가가치세법 제16조의 규정에 의하여 세금계산서를 교부하여야 하는 것임(부가46015-345, 2000. 02. 07)"

☑ 무상임대를 하면 부가가치세를 내야 하는가?

→ 특수관계자 간에 한해서 시가를 기준으로 부가가치세가 과세된다. 특수관계가 없는 경우에는 무상임대를 해도 부가가치세가 과세되지 않는다.

☑ 저가임대를 하면 부가가치세를 어떻게 내야 하는가?

→ 특수관계자 간에 한해서 시가를 기준으로 부가가치세가 과세된다. 특수관계가 없는 경우에는 저가임대를 해도 문제가 없다.

☑ 못 받은 임대료에도 부가가치세를 내야 하는가?

→ 임대용역이 공급된 경우에는 부가가치세 납세의무가 있다. 부동산 임

대용역의 공급시기는 그 대가의 각 부분을 받기로 한 때가 공급시기이기 때문이다. 다만, 임대료 상당액에 대해 다툼이 있어 법원 판결에 의하여 확정되는 경우에는 당해 임대료 상당액이 법원 판결에 의하여 확정되는 때가 된다(서면3팀-1867, 2006. 08. 22).

2. 소득세

☑ 임대사업자의 차량 관련 비용도 인정되는가?

→ 사업 관련 차량비는 통상 1,500만 원 정도 비용으로 인정되나 가사용에 해당하는 경우에는 필요경비로 인정받기 힘들다. 따라서 이에 대해서는 관할세무서의 사실판단을 거쳐 최종 결정된다.

☑ 경조사비도 사업상 경비로 인정되는가?

→ 지출성격에 따라 접대비 또는 복리후생비로 처리가 가능하다. 통상 20만 원까지는 적격증빙 없이 처리가 가능하다.

☑ 소득세도 필요경비로 인정되는가?

→ 인정되지 않는다.

☑ 법인회사를 만들어 관리하면 세금이 떨어지는가?

→ 개인이 법인을 만들어서 개인 부동산을 관리해도 된다. 이 경우 개인과 법인은 특수관계자에 해당하므로 투명하게 관리해야 향후 거래금액을 입증하는 데 문제가 없다. 법인으로 관리하면 대표이사의 인건비를 처리할 수 있으므로 전체 세금이 줄어들 수 있다. 다만, 정확한 분석을 위해서는 정교한 검토가 필요하다.

☑ 성실신고확인제도는 누가 적용받는가?

→ 연간 임대수입이 5억 원 이상이 되면 이 제도가 적용된다. 이는 임대사업자가 종합소득세 신고 때 제출하는 재무제표에 대해 세무대리인으로 하여금 검증을 하도록 하는 제도를 말한다. 이로 인해 신고의 투명성이 제고되는 효과가 발생한다.

☑ 공동사업자가 빌딩구입 시 빌린 차입금에 대한 이자도 필요경비로 인정되는가?

→ 그렇지 않다고 한다(다만, 저자는 가능하다고 본다). 다음 소득세법 기본

통칙을 참조하자.

※ 27-55…41 【공동사업에 출자하기 위해 차입한 금액에 대한 지급이자】

거주자가 공동사업에 출자하기 위하여 차입한 금액에 대한 지급이자는 당해 공동사업장의 총수입금액을 얻기 위하여 직접 사용된 부채에 대한 지급이자로 볼 수 없으므로 당해 공동사업장의 소득금액계산상 필요경비에 산입하지 아니한다.

☑ 특수관계자에게 무상 또는 저가로 임대하면 어떤 문제가 있는가?

→ 소득세법상 부당행위계산부인제도가 적용된다. 따라서 특수관계자 간의 부동산 임대용역의 경우에도 부동산 사용분에 대하여는 시가로 임대하는 것이 좋다.

☞ 여기서 시가에 해당하는 적정임대료 산정은 당해 거래와 유사한 상황에서 당해 거주자와 특수관계 없는 불특정 다수인과 계속적으로 거래한 가격 또는 특수관계자가 아닌 제삼자 간에 일반적으로 거래한 가격이 있는 경우에는 그 가격에 의하는 것이나, 그 가격이 불분명한 경우에는 소득세법 시행령 제98조 제4항 및 법인세법 시행령 제89조의 규정에 다음의 금액을 순차적으로 적용하여 계산한다.

· 특수관계자가 아닌 제삼자 간에 일반적으로 거래된 가격
· 감정가액
· 상증법상 평가액
· (자산 시가×50%-전세금 또는 보증금)×정기예금이자율(3.5%, 수시고시)

☑ 빌딩임대사업자의 표준소득률은 얼마인가?

→ 표준소득률은 대략 60% 정도가 된다. 즉 임대수입이 100이라면 이 중 40은 경비, 나머지 60은 소득에 해당한다는 것이다. 상당히 소득률이 높은 업종에 해당한다. 그만큼 소득세가 많다는 뜻이다.

※ 임대사업자의 건강보험료

임대사업자 등은 건강보험료를 지역건강보험에 가입하는 것이 원칙이다. 지역건강보험료는 소득과 부동산, 자동차 종류 등을 점수화해서 이를 기

준으로 책정되고 있다. 여기서 소득은 세무서에 신고된 종합소득금액을
기준으로 한다.

참고로 다음의 경우에는 피부양자의 자격을 박탈하고 있다. 피부양자 자
격이 박탈되면 별도로 건강보험료를 내야 한다.

☑ 사업자등록이 되어 있는 자

☑ 사업자등록이 되어 있지 않는 자로서 사업소득금액 및 부동산 임대소
득 금액(주택임대소득은 제외), 기타소득금액이 500만 원 초과하는 자

☑ 이자·배당소득금액이 2,000만 원을 초과하는 자(타 소득이 전혀 없더라
도 지역가입자로 전환됨)

☞ 일시적으로 사업소득 등이 500만 원을 초과하는 경우에는 해촉증명원
등을 보험관리공단에 제출하면 보험료를 부과하지 않는다. 소득의 성
격이 일시적인 소득에 해당하기 때문이다.

3. 상속세·증여세

☑ 빌딩 취득 시 자금출처조사를 고려해야 한다.

☑ 상속세 등의 측면에서 개인취득이 유리한지, 법인취득이 유리한지 검
토한다. 한편 법인취득 시에는 취득세 중과세 문제를 검토해야 한다.

☑ 상속 및 증여 시 재산평가법에 주의해야 한다. 통상적으로 기준시가와
임대료 등 환산가액 중 큰 금액으로 평가한다. 다만, 기준시가가 20억
원(이론적으로는 추정시가와 기준시가의 차이가 10억 원 이상 등)이 넘는 빌
딩은 보충적 평가방법으로 상속세나 증여세를 신고하면 과세당국에서
재산평가심의위원회의 심의를 거쳐 감정가액으로 경정할 수 있다. 다
만, 이때에는 각종 가산세는 부과하지 않는다(최근 법원에서 이에 대해
제동을 걸고 있으므로 사전에 이 부분을 확인하기 바란다).

☑ 빌딩가액이 큰 경우에는 지분의 사전증여 등을 통해 절세방법을 찾아
야 한다.

☑ 부동산 임대용역의 대가를 시가보다 낮게 지급하거나 시가보다 높게
지급받음으로써 이익을 얻은 경우에는 상증법 제42조 제1항 제2호의
규정에 의하여 증여세가 과세될 수 있다(서면4팀-550, 2008. 3. 4).

무상임대, 특수관계자 간 적정임대료 산출

빌딩사업자가 특수관계자에게 무상임대를 하는 경우 과세문제를 살펴보고, 이러한 문제점을 예방하기 위해 임대차계약을 맺을 때 적정임대료는 어떻게 산출하는지 알아보자.

Case ┃ 서울 강남구 대치동에 살고 있는 박○○ 씨는 건물 소유주로 나이가 80세에 이른다. 박씨는 이 건물에서 보증금 2억 원 외에 월세 1,000만 원을 받고 있다. 박씨는 자녀에게 토지를 제외한 건물 부분만을 증여하고자 한다. 이때 보충적 평가방법인 기준시가로 평가하면 토지는 약 20억 원이고 건물가격은 3억 원 정도가 된다. 임대료 등 환산가액 평가법에 따라 평가하면 12억 원(=2억 원+월세/12%)이 된다.

☞ 물음 1 : 건물의 증여가액은 얼마로 평가되는가?
☞ 물음 2 : 박씨의 자녀가 박씨의 토지를 무상으로 사용하면 어떤 세금 문제가 발생하는가?

Solution ┃ 물음에 따라 순차적으로 답을 찾아보면 다음과 같다.

· **물음 1의 경우**
일반적으로 임대차계약이 체결된 건물을 기준시가로 평가할 때 건물에 상당하는 '임대료 등의 환산가액'과 비교해서 큰 금액으로 평가해야 한다. 따라서 사례의 경우 다음 중 큰 금액인 3억 원이 건물부분에 대한 증여가액이 된다.

① 기준시가 : 3억 원

② 환산가액 : 12억 원×3억 원/23억 원=1억 5,652만 원(만 원 단위 이하 절사)

· **물음 2의 경우**

박씨로부터 건물만 증여받은 후 박씨의 토지를 무상으로 사용하는 경우에는 자녀에게 부동산 무상사용에 따른 이익의 증여에 의해서 증여세가 과세될 수 있다. 증여세는 다음과 같이 계산될 수 있다.

· 증여세=(1억 5,163만 원*-5,000만 원)×10~50%

=1억 163만 원×20%-1,000만 원(누진공제)=10,326,000원

* 부동산 무상사용이익 = 부동산가액*¹×2%*²×3.79079*³ = 20억 원×2%×3.79079
= 1억 5,163만 원(만 원 단위 이하 절사)
*¹ 부동산가액은 상증법상 평가액(시가 → 유사시가 → 기준시가)으로 한다.
*² 2%는 연간 받아야 할 토지 사용료를 말한다.
*³ 3.79079는 5년간의 부동산 무상사용이익을 현재가치로 할인(할인율 10%로 고시됨)하는 연금현가계수를 말한다.

※ 부동산 무상사용이익과 증여

☑ 이 규정은 부동산의 무상사용을 개시한 날을 증여시기로 해서 5년마다 5년간의 부동산무상사용익에 대해서 한꺼번에 증여세를 과세하는 제도를 말한다.

☑ 부동산 무상사용이익이 1억 원 이상인 경우에 한해서 이 규정이 적용된다. 이 금액 미만인 경우에는 이 규정을 적용하지 않는다는 뜻이다.

☑ 무상임대 후 5년이 되기 전에 무상임대를 그만두는 경우에는 잔여기간에 대한 증여세 해당분은 경정청구를 해서 돌려받을 수 있다.

☑ 당해 부동산 소유자와 함께 거주하는 주택에 대해서는 본 규정을 적용하지 않는다.

☑ 한편 토지를 무상으로 사용하게 한 것에 대해서는 소득세법상 부당행위계산부인 규정이 적용될 수 있다. → 이는 이중과세에 해당하지 아니한다.

Consulting | 일반적으로 제삼자 간에는 무상임대나 저가임대가 발생하지 않는다. 하지만 특수관계인 간에는 이러한 행위가

발생할 가능성이 높은데 지금부터는 무상임대하는 경우에 발생하는 세금 문제를 임대인과 임차인 측면에서 살펴보자.

1. 무상임대인과 세금

☑ 부가가치세 과세 → 무상임대인의 경우에는 부가가치세 문제에 주의해야 한다. 특수관계인 간에 무상임대를 하는 경우 시가를 기준으로 부가가치세를 부과하도록 하고 있기 때문이다.

☑ 소득세 과세 → 무상임대에 의해 소득세가 줄어들게 되므로 소득세법상 부당행위계산부인 규정을 적용해서 이를 규제하게 된다. 따라서 이 규정이 적용되면 시가에 의한 금액을 수입금액에 포함해서 소득세를 부과하게 된다. 단, 시가와의 차이가 난 금액이 3억 원 이상에 해당하거나 시가의 5%에 상당하는 금액 이상인 경우에만 이 규정을 적용한다.

☞ 위에서 시가는 제삼자와의 거래금액을 말하나, 시가가 없는 경우에는 재산 시가의 50%에서 전세보증금을 차감한 금액에 정기예금이자율 (3.5%, 수시고시)을 곱한 금액을 말한다.

2. 무상임차인과 세금

☑ 무상으로 임대를 받은 임차인은 임대인처럼 부가가치세나 소득세에 대한 규제를 받지 않는다.

☑ 다만, 현행 상증법에서는 특수관계인 사이에 부동산을 무상사용함에 따른 이익이 1억 원 이상인 경우에는 이에 대해 증여세를 부과하고 있다.

실전연습 어떤 법인이 특수관계인인 개인사업자에게 공장을 임대한다고 하자. 이때 임대료는 어떻게 책정해야 문제가 없을까?

시가가 있는 경우와 없는 경우로 나눠 답을 찾아보면 다음과 같다.

1. 시가가 있는 경우

→ 임대료에 대한 시가가 있는 경우에는 이 금액을 기준으로 정하면 된다. 예를 들어 301호의 임대료를 책정할 때 평당 50,000원으로 했다면, 특수

관계인인 임차인도 똑같이 평당 50,000원으로 하는 식이다. 만일 동일한 건물에서 시가를 찾을 수 없다면 인근 건물의 시가를 찾아 임대료로 정할 수 있다. 공인중개사 사무실을 이용하는 것도 하나의 방법이 된다.

2. 시가가 불분명한 경우

→ 시가가 불분명한 경우에는 다음의 순서에 따라 이 문제를 해결해야 한다.

☑ 시가가 불분명한 경우에는 감정가액

☑ 감정가액이 없는 경우에는 상증법에 의한 평가액(기준시가)

☑ 위의 가액이 없는 경우

· 연 임대소득={당해 자산의 시가×50%-보증금(전세금)}×정기예금이 자율(3.5%, 수시 고시)

1. 특수관계인 간에 적정 임대료 정하기

특수관계인 간에 임대료를 정할 때에는 보증금과 월세를 조합해서 시뮬레이션을 하면 가장 좋은 안을 찾을 수 있다.

2. 담보를 제공받아 차입한 경우의 증여이익 계산

타인의 재산을 담보제공 받아 이를 통해 자금을 차입한 경우 다음의 금액을 증여재산 가액으로 본다.

- 증여이익 = 적정이자(4.6% 적용) - 차입이자

예를 들어 타인으로부터 담보를 제공받아 5억 원을 4%로 차입했다면 다음의 금액을 증여로 본다는 것이다.

- 증여이익 = 5억 원×(4.6% - 4%) = 300만 원

빌딩의 상속과 증여 절세법

앞에서 살펴본 내용들을 이해했다면 재산가들이 보유하고 있는 빌딩의 상속과 증여 절세법에 대한 해답을 쉽게 찾을 수 있다. 이하는 최종 정리하는 차원에서 이의 상속·증여 절세법을 알아보자.

Case | 왕○○ 씨가 보유하고 있는 빌딩은 다음과 같이 구성되어 있다. 이 경우 상증법상 평가액은 얼마인가? 단, 신고 후 재산평가위원회에서 심의를 하지 않는다고 가정한다.

구분	금액	비고
시세	100억 원	객관적으로 확인이 불가능
기준시가	50억 원	
임대보증금	20억 원	
월세	6,000만 원 (연 7억 2,000만 원)	

Solution | 빌딩의 경우 시가를 객관적으로 정할 수 없으므로 대부분 기준시가로 평가하는 경우가 많다. 다만, 이때 세법은 임대료 등을 환산한 가액과 기준시가 중 큰 금액으로 평가하고 있다. 따라서 다음 중 큰 금액인 80억 원으로 평가한다.

① 기준시가 : 50억 원
② 임대료 등 환산가액 : 20억 원+7억 2,000만 원/12%=80억 원

※ 빌딩에 대한 상증법상 평가방법
저당권이나 임대차계약이 체결된 재산의 경우 상속세나 증여세를 부과할 때 다음과 같이 평가함에 유의할 필요가 있다. 상가 빌딩은 ①~③의 규정이 모두 적용될 수 있으나 보통 ③에 의해 평가한다. 단, 신고 후에는 재산

평가위원회의 심의를 거쳐 감정평가액으로 경정할 수 있는 제도가 도입되어 있으므로 이 부분도 감안해야 한다.

담보가 제공된 재산	① 저당권이 설정된 재산	다음 둘 중 큰 금액 ① 상속세 및 증여세법상 평가액(시가 또는 기준시가) ② 당해 재산이 담보하는 채권액
	② 전세권이 등기된 재산	다음 둘 중 큰 금액 ① 상속세 및 증여세법상 평가액(시가 또는 기준시가) ② 등기된 전세금
	③ 임대차 계약이 체결된 재산	다음 둘 중 큰 금액 ① 상속세 및 증여세법상 평가액(시가 또는 기준시가) ② 임대보증금 + 연간임대료/12%

Consulting | 빌딩의 사전증여와 관련해서 알아둬야 할 상식들을 정리해보자.

첫째, 사전증여에 의한 효과를 분석한다.

자녀 등에게 사전증여를 하면 일단 증여세와 취득세가 나온다. 물론 나중에 발생할 상속세는 줄어들 것이다. 따라서 사전증여에 의한 효과를 따지기 위해서는 다음과 같은 식이 충족되어야 할 것이다.

· 사전증여에 의한 효과 : 줄어드는 상속세 〉 증가되는 세금(취득세+증여세)

둘째, 재산평가에 주의해야 한다.

상가 빌딩을 증여하면 재산평가를 해야 하는데 일반적으로 보충적 평가방법(기준시간, 환산가액)으로 할 수 있지만, 규모가 큰 빌딩은 이의 금액으로 평가하면 양후 과세당국에서 감정평가액으로 이의 금액을 변경시킬 수 있다. 그 결과 증여세와 취득세가 동시에 증가될 가능성이 커진다.

☞ 상가 빌딩을 감정평가를 받게 되면 증여세와 취득세가 동시에 증가하게 되므로 이를 원하지 않는다면, 보충적 평가방법으로 신고하도록 한다. 물론 신고 후에 과세당국이 감정평가액으로 경정할 수도 있지만, 이때 모든 가산세가 면제되므로 본세만 내면 되며, 무엇보다도 법원이 이 제도를 인정하지 않는 추세에 있기 때문에 적극적으로 조세불복을

하면 어느 정도 문제점이 해결될 것으로 보인다.

셋째, 10년 합산과세에 대해 유의하자.
사전에 증여한 재산에 대해서는 상속세 누적합산과세기간(10년)에 주의해야 한다. 이는 상속세를 줄이기 위해 사전에 증여한 경우 상속개시일로부터 소급해서 10년(상속인 외의 자는 5년) 내의 증여재산가액을 상속재산가액에 합산해서 과세하는 것을 말한다.

☞ 정확한 분석을 위해서는 증여세와 취득세 유출분에 대한 이자손실분과 사전증여에 의해 상쇄된 가격상승분에 대한 상속세 절감분도 고려할 필요가 있다.

실전연습 서울 영등포구 여의도에 살고 있는 여○○ 씨가 보유한 빌딩이 시가로는 100억 원 정도가 되나 세법상 50억 원 정도로 평가되었다고 하자. 이러한 상황에서 배우자에게 30%, 자녀 2명에게 각각 10%의 지분을 증여한 경우 증여세와 취득세(4% 기준)는 모두 얼마인가?

물음에 대한 답을 표로 정리하면 다음과 같다.

구분		배우자	자녀 1	자녀 2
증여금액		15억 원(50억 원×30%)	5억 원(50억 원×10%)	5억 원
세금	증여세	2.1억 원(15억 원-6억 원)×10~50%	0.8억 원(5억 원-5,000만 원)×10~50%	0.8억 원
	취득세	0.6억 원(15억 원×4%)	0.2억 원(5억 원×4%)	0.2억 원
	계	2.7억 원	1억 원	1억 원
	총계	4.7억 원		

이 같은 증여를 통해 대략 4억 7,000만 원 정도의 세금이 발생한다.

【추가분석】

앞과 같이 증여한 경우 실익은 얼마나 될까?

이러한 분석을 위해서는 앞에서 본 세목별로 정교한 분석이 진행되어야 할 것이다. 상속세와 소득세를 위주로 분석해보자.

STEP1 사전증여로 상속세는 얼마나 줄어들 것인가?

여○○ 씨의 상속공제는 10억 원으로 하고, 그의 배우자의 상속공제는 5억 원으로 하자. 그리고 자녀에게 증여된 부분에 대해서는 상속세를 고려하지 않기로 한다.

1. 여○○ 씨 단독으로 소유한 경우 : (50억 원-10억 원)×10~50%
    =40억 원×50%-4억 6,000만 원(누진공제)=15억 4,000만 원
2. 배우자 및 자녀와 공동으로 소유한 경우

구분	금액	계산근거
여○○ 씨	4억 4,000만 원	(25억 원-10억 원)×10~50% =15억 원×40%-1억 6,000만 원(누진공제)=4억 4,000만 원
배우자	2억 4,000만 원	(15억 원-5억 원)×10~50% =10억 원×30%-6,000만 원(누진공제)=2억 4,000만 원
자녀	-	가정
계	6억 8,000만 원	

상속재산을 배우자 및 자녀와 함께 공동으로 소유한 경우가 대략 8억 6,000만 원(-15억 4,000만 원-6억 8,000만 원) 정도 유리한 것으로 나타난다.

STEP2 사전증여로 임대소득세는 얼마나 줄어들 것인가?

여○○ 씨의 매년 임대소득금액(수입-경비)이 2억 원이라고 하자. 이 경우 추정되는 임대소득세 차이는 다음과 같다.

1. 여○○ 씨 단독으로 임대한 경우 : 2억 원×6~45%
    =2억 원×38%-1,994만 원(누진공제)=5,606만 원

2. 배우자 및 자녀와 공동으로 임대한 경우

구분	여〇〇씨	배우자	자녀 1	자녀 2	계
지분율	50%	30%	10%	10%	100%
임대소득금액	1억 원	0.6억 원	0.2억 원	0.2억 원	2억 원
세율	35%	24%	15%	15%	
누진공제	1,544만 원	576만 원	126만 원	126만 원	
산출세액	1,946만 원	864만 원	174만 원	174만 원	3,158만 원

여〇〇 씨 단독으로 임대하는 경우와 비교해서 연간 2,448만 원 정도의 세금차이가 발생하고 있다. 10년을 기준으로 하면 대략 2억 4,000만 원 차이가 난다.

결국 현재 시점에서 위와 같이 증여한 후 10년 후에 상속이 발생한 경우라면 지금 당장 현금유출이 4억 7,000만 원 정도 발생하나 상속세 8억 6,000만 원, 소득세 2억 4,000만 원 등 총 11억 원 정도의 세금이 절감될 것으로 예상된다. 따라서 6억 3,000만 원의 순현금유입이 예상된다.

▶ 빌딩사업자들의 절세대안(컨설팅)

빌딩사업자들의 주요 세금은 소득세와 상속세다. 그렇다면 이 두 마리의 토끼를 잡을 수 있는 방법은 없을까? 대안들을 생각해보자.

첫 번째 대안 : 현 상태를 유지하는 것

현 상황에 만족하는 경우에는 별다른 대책이 필요 없다. 이런 상황은 대부분 지분이 분산되어 있고, 기준시가로 평가된 빌딩가격이 낮은 경우가 이에 해당한다. 지분이 분산되어 있으면 임대소득세가 줄어들고 기준시가로 평가한 가격이 얼마 되지 않으면 상속세도 비교적 낮게 나오기 때문이다.

두 번째 대안 : 빌딩 지분을 조금씩 사전증여하는 것

사전에 지분이 분산되어 있지 않은 상황에서 상속세와 임대소득세를 줄일 수 있는 방법에 해당한다. 지분을 분산시키면 일단 임대소득이 분산되므로 소득세가 줄어든다. 그리고 미리 상속을 하므로 상속재산가액이 줄어들게 되어 상속세가 줄어든다. 단, 여기서 주의할 것은 상속세는 10년 합산과세제도를 적용하므로 사전증여시기를 잘 맞춰야 한다는 점이다. 이 대안은 지금까지 전통적으로 해왔던 방법에 해당한다.

세 번째 대안 : 빌딩을 처분한 후 현금을 관리하는 것

이 대안은 보유한 빌딩을 처분한 후 나온 현금을 금융상품 등에 투자하는 것을 말한다. 보통 대출금 등이 많거나 재산분쟁이 예상되는 경우 빌딩을 보유하는 것보다 처분하는 것이 더 좋을 때 채택되는 대안이다. 이렇게 빌딩을 처분하면 일단 양도소득세를 내게 된다. 그리고 더 이상 임대물건이 없으므로 임대소득세도 없다. 그리고 이 돈을 비과세 금융상품으로 운용하면 금융소득에 대한 종합과세도 적용받지 않는다. 한편 상속세는 남아 있는 현금자산에 대해 부과되나, 만일 현금자산이 없다면 상속세는 부과되지 않는다. 물론 상속세를 피하기 위해 은닉을 한 경우라면 세무조사의 대상이 된다. 이 대안은 빌딩 자체가 없어지고 양도소득세가 발생하고 처분 후 대금에 세무조사가 발생한다는 점에서 별로 추천이 되지 않는다.

네 번째 대안 : 개인사업체를 법인으로 관리하는 것

이 대안은 개인사업체를 법인으로 전환한 후 관리하는 것을 말한다. 이는 임대수입이 많은 개인사업자들이 우선적으로 고려할 때의 대안이 되는 경우가 많다. 법인으로 전환하면 대표이사의 급여를 비용처리 하는 등 경비로 인정받을 수 있는 범위가 넓고, 게다가 세율이 낮아 세금이 줄어들 수 있기 때문이다. 현재 소득세는 6~45%로 적용되나 법인세는 9~24%로 적용되고 있다. 물론 법인의 경우 배당 등 추가적인 소득에 대해서는 세금을 내야 하므로 세부적인 검토를 해야 한다. 상속세의 경우에는 큰 영향이 없으나 주식으로 이전되므로 이전절차가 간단하며, 임대소득세 등이 저렴하다는 장점이 있다. 다만, 최근 부동산 임대업에 대한 규제 차원에서 취득세 감면이 허용되지 않고 있다. 이에 대해서는 잠시 뒤에 살펴본다.

빌딩사업자들이 알아둬야 할 사전증여 합산과세

빌딩사업자들이 부동산을 사전증여할 때 다음과 같은 내용들을 점검해야 한다.

☑ 상속인에게 사전증여한 재산이 있는 경우 상속개시일로부터 소급해서 10년의 것이 상속재산가액에 합산된다. → 상속인이 아닌 경우의 합산기간은 5년이다.

☑ 상속재산가액에 합산되는 증여재산은 증여일 현재의 평가액으로 한다. → 가치상승분은 제외되므로 절세효과가 발생한다.

☑ 사전증여 시 납부한 증여세는 사전증여재산과 합산해서 산출된 상속세에서 증여세액공제로 공제된다. → 이중과세를 방지하기 위해서다.

☑ 사전증여재산에 대한 과세표준(증여재산가액-증여재산공제)은 상속공제 한도계산 시 차감된다. → 사전증여한 재산 중 증여재산공제를 초과하는 부분에 대해서는 상속공제가 적용되지 않는다. 따라서 이에 대해서는 상속세 부담이 늘어날 수 있다. 참고로 상속세 과세가액이 5억 원에 미달하는 경우에는 2016년부터 사전증여재산가액에 대해서도 상속공제를 적용한다.

☞ 결론적으로 빌딩사업자 등 재산가들은 상속세 합산과세를 적용받지 않도록 증여시기를 최대한 빨리 앞당길 필요가 있다.

▶ 빌딩사업자와 세무조사

빌딩사업자들이 가장 무서워하는 것 중의 하나가 바로 세무조사다. 그동안 벌어놓은 재산을 한꺼번에 잃어버릴 수도 있을 만큼 막강한 위력을 발휘하기 때문이다. 그렇다면 왜 세무조사를 받는 것일까?

지금부터는 주로 빌딩사업자들이 세무조사를 받는 이유 등을 살펴보자.

첫째, 수입금액의 누락이 있을 수 있다.

임대료가 없는 대신 보증금을 받은 것으로 이중 계약하거나 또는 임대료를 낮추는 계약을 하거나 세금계산서를 아예 끊지 않는 경우도 많다. 임차인이 간이과세자이거나 면세사업자인 경우에 이러한 일들이 많이 발생한다. 이들은 세금계산서를 굳이 받지 않아도 되기 때문이다. 과세당국은 이러한 수입금액의 탈루를 가장 큰 문제로 보고, 다양한 방법으로 이에 대한 조사를 실시한다. 그중 가장 강력한 방법이 바로 국토교통부 지리정보시스템(GIS)을 이용한 관리시스템이다. 이 시스템은 해당 건물을 클릭 한 번만 하면 온갖 임대정보를 한눈에 들여다볼 수 있어 임대소득 누락이 원천적으로 예방될 것으로 보인다.

둘째, 지출 측면에서는 가공경비를 계상할 수 있다.

지출 측면에서는 사업과 관련이 없는 비용을 장부에 반영할 수 있다. 임대소득에 대한 세금을 줄이기 위해서다. 예를 들어 근무하지도 않은 가족을 직원으로 등록한 후 인건비를 비용으로 처리한다. 이 외에도 개인적으로 사용한 비용을 장부에 반영하는 경우도 마찬가지다. 과세당국은 이러한 문제점을 없애기 위해 2011년부터 성실신고확인제도를 도입해 운영하고 있다. 일정규모(연간 5억 원) 이상의 임대사업자에 대해 모든 경비를 건별로 확인해서 가공경비를 계상했는지를 점검하도록 하고 있다.

셋째, 자산 측면에서는 편법적인 증여가 있을 수 있다.

임대료나 임대보증금은 모두 현금이다. 그리고 부동산을 처분한 경우에도 역시 많은 현금을 보유하게 된다. 이러한 현금은 유동성이 좋아 언제든지 편법적인 증여의 수단이 될 수 있다. 과세당국은 이러한 증여를 적발하기 위해 여러 가지 제도들을 도입해서 운영하고 있다. 예를 들어 기본적인 자금출처조사제도는 물론이고 PCI시스템의 운영, 역외탈세를 발견하기 위한 해외계좌신고 같은 제도들이 이에 해당한다.

넷째, 상속이 발생한 경우에는 상속세 신고의 내용에 대해 조사가 있다.
상속세는 과세당국의 최종 확인을 받아야 신고서의 내용이 확정된다. 통상 신고기한으로부터 9개월(증여는 6개월) 내에 진행된다. 이때 신고서의 내용 및 신고하지 않는 내용도 철저한 조사를 받게 된다. 한편 상속 후 5년 내에 상속인의 재산이 일정 규모 이상 증가하는 경우에는 또다시 조사를 받을 수 있다. 30억 원을 초과하는 고액 상속인을 대상으로 해서 상속재산의 누락 등이 있었는지 등이 사후관리대상이 된다.

빌딩임대사업자가 점검해야 할 것들

1. 수입관리 측면
- ☑ 계약서의 내용검토 : 계약서에 대한 세무상 문제점을 검토한다.
- ☑ 세금계산서 발행업무 : 세금계산서가 제대로 발행되고 있는지를 점검한다.
- ☑ 사업용 계좌 확인 : 세법상 의무인 사업용 계좌를 제대로 사용하고 있는지 점검한다.
- ☑ 부가가치세 신고내용 확인 : 부가가치세 신고의무를 제대로 이행하고 있는지 점검한다.

2. 비용관리 측면
- ☑ 주요 계정과목별 적격영수증 구비 여부 : 경비지출 시 적격영수증을 제대로 수취하고 있는지 점검한다.
- ☑ 사적인 비용이나 가공경비 계상 여부 : 개인적으로 사용한 경비가 있는지, 가공경비가 있는지 등을 점검한다.

3. 세부담 절감 측면
- ☑ 공동임대사업 검토 : 공동임대사업의 실익 등을 분석한다.
- ☑ 사전증여 : 소득세와 상속세 절감을 위한 사전증여에 대해 분석한다.
- ☑ 양도세 예측 : 빌딩을 처분할 경우의 예상되는 세금문제를 검토한다.
- ☑ 법인전환 검토 : 임대법인의 실익 등을 분석한다.

상속을 앞둔 집안에서 부동산을 언제 처분할까 많은 고민을 한다. 처분시 기에 따라 세금이 달라지기 때문이다. 그렇다면 이에 대한 의사결정은 어떻게 내려야 할까? 일단 이에 대해서는 아래의 사례를 가지고 검토해보자. 내용이 다소 어렵지만 이번 기회에 알아두면 실력을 업그레이드 시키는 데 많은 도움이 될 것이다.

서울 영등포구에서 살고 있는 김○○ 씨는 주유소를 가지고 있다. 그의 나이는 현재 73세. 아직도 10년은 넘게 살 수 있는 자신을 가지고 있지만, 하루가 몰라보게 건강이 좋지 않아 상속걱정이 많다. 주유소가 시가가 많이 나가고 그에 따라 세금이 상당히 많을 것으로 예상되기 때문이다. 그런데 이 재산을 둘러싸고 장남은 상속을 통해, 나머지 자녀들은 지금 당장 처분해서 증여를 받았으면 하는 속내를 보이고 있다. 장남은 상속을 통해 기여분을 주장해서 상속 지분을 더 획득하고픈 생각에, 다른 자녀들은 당장 처분하는 것이 더 많은 지분을 획득할 수 있다고 생각하기 때문이다. 자료가 다음과 같을 때 어떻게 접근하는 것이 좋을까?

| 주유소 현황 |
· 주유소 주소 : 서울 ○○구 ○○동
· 주유소의 시세 80억 원, 기준시가 40억 원
· 주유소 취득가액은 알 수 없으며 보유기간은 20년 이상이 되었음.
· 주유소 시입 . 째니 **시입지**의 명의로 시입 ***에 있음.
· 가족현황
  – 배우자 : 68세
  – 자녀 : 4명
· 상속공제 : 15억 원

주유소가 상속되는 경우에는 부동산인 주유소 건물과 토지에 대한 부분과 사업 부분에 대한 검토를 병행해야 한다. 사례의 경우 주유소 사업은 자녀가 하고 있으므로 상속세 과세대상이 아니다. 따라서 사업에 대한 영업권 평가는 필요하지 않다.

첫째, 상속세를 예측해야 한다.
사례의 경우 상속세는 다음과 같이 예측한다. 단, 주유소에 대해서는 기준시가를 기준으로 상속세를 계산하기로 한다.

- 상속세 예상액 : {40억 원-15억 원(상속공제액)}×10~50%=25억 원×10~50%
 =8억 4,000만 원

그런데 시가로 상속세가 과세되면 세금이 껑충 뛰게 된다. 단, 다른 요인들은 변동이 없다고 가정하자.

- 상속세 예상액 : {80억 원-15억 원(상속공제액)}×10~50%=65억 원×10~50%
 =27억 9,000만 원

이처럼 어떤 금액을 기준으로 하느냐에 따라 무려 약 20억 원 정도 차이가 난다.

둘째, 세금을 줄일 수 있는 방법을 마련해보자.
상속세가 많이 예측된다면 세법의 변화를 기다리기 전에 미리 대책을 강구할 필요가 있다. 그렇다면 현실적으로 어떤 식으로 대비해야 할까? 주유소 상속과 관련해서는 다음과 같은 방법이 있을 수 있다.

① 제삼자에게 처분한 대금으로 증여하는 방법
② 자녀들에게 매매하는 방법
③ 상속을 한 후 각자의 지분대로 처분하는 방법

그렇다면 이러한 방법들을 좀 더 자세히 살펴보자.

① 제삼자에게 처분한 대금으로 증여하는 방법
이 방법은 처분대금이 나오기 때문에 재산을 간단히 이전할 수 있는 장점이 있다. 하지만 세금이 과도할 수 있다. 양도소득세를 대략적으로 계산하면 다음과 같다. 취득가액은 양도가액의 10%, 장기보유특별공제율은

30%로 가정하고 계산해보자.

- 양도차익=80억 원-80억 원×10%(취득가액)=72억 원
- 과세표준=72억 원-72억 원×30%=50억 4,000만 원
- 산출세액=과세표준×6~45%=약 22억 원

처분하면 이렇게 양도소득세가 나오고 세후 현금을 증여하면 증여세가 나온다. 또 증여를 받은 후 10년 내에 상속이 발생하면 이 증여금액이 상속재산에 합산되므로 궁극적으로 상속세가 과세된다. 80억 원에서 양도소득세 22억 원을 차감한 58억 원에서 15억 원(자료에서 가정함)의 상속공제를 적용한 금액에 세율을 곱하면 대략적으로 17억 원 정도의 상속세가 나온다. 따라서 양도소득세와 상속세를 합산하면 약 39억 원의 세금이 나오고 그 결과 80억 원에서 39억 원을 차감한 41억 원이 남게 된다. 그런데 어떤 집안에서는 이렇게 처분한 대금을 자녀들에게 주면서 신고하지 않는 경우가 있다. 이럴 때 과세당국이 다음과 같이 개입한다.

☑ 처분대금을 은닉하는 경우 : 일단 처분했으므로 22억 원의 양도소득세는 결정되었으나 재산을 은닉했으므로 상속세나 증여세가 없을 수 있다. 하지만 과세당국은 이러한 문제점을 예방하기 위해 상속개시일로부터 소급해서 2년 내에는 상속추정제도를 작동시킨다. 이때 탈루사실이 밝혀지면 가산세를 40%까지 부과할 수 있다.

☑ 처분대금이 유산으로 남아 있는 경우 : 유산에 대해 상속세를 부과한다. 이렇게 되면 앞과 같은 39억 원의 세금이 나올 수 있다.

② 자녀들에게 매매하는 방법

이 방법은 자녀들에게 시세보다 약간 저렴하게 매매하는 것을 말한다. 이렇게 되면 매도자에게는 양도소득세, 그리고 자녀에게는 취득세 등이 부과된다. 이 방법을 선택하려면 우선 자녀들은 자금동원력이 어느 정도 있어야 한다. 그렇지 않으면 증여세를 부담할 수 있다.

☞ 직계존비속간 매매 시 장단점

☑ 장점 → 10년 합산과세제도를 피할 수 있다.

☑ 단점 → 저가양도 시 양도소득세와 증여세 문제, 자금흐름이 명확하지 않으면 증여세 문제 등이 있다.

③ 상속을 한 후 각자의 지분대로 처분하는 방법

상속이 임박한 경우에는 상속으로 재산을 이전받는 것이 저렴할 수 있다. 다만, 이런 방법을 선택할 때에는 기준시가로 신고할 수 있는지 여부가 중요하고, 언제 처분하는가가 중요하다. 왜냐하면 기준시가로 신고한 경우로써 상속개시일로부터 6개월 내에 양도하면 매매사례가액이 밝혀져 상속세는 시가로 과세되어 28억 원이 되기 때문이다. 하지만 이때 양도소득세는 양도가액과 취득가액이 같아져 세금이 없다. 그런데 6개월 이후에 양도하면 양도소득세의 취득가액은 40억 원이 되고, 장기보유특별공제는 상속개시일로부터 3년이 지나지 않으면 공제를 받지 못한다. 다행히 세율은 피상속인이 취득한 날로부터 따지므로 누진세율(6~45%)을 적용받을 수 있다. 사례의 경우 상속건물을 처분하면 80억 원을 받을 수 있다고 보고 분석을 해보자. 단, 기본공제는 적용하지 않는다.

양도소득세 + 상속세	
상속 후 6개월 내에 양도하는 경우	상속 후 6개월 후~3년 내에 양도하는 경우
-양도소득세 : 0원 -상속세 : 28억 원(∵ 시가과세) -계 : 28억 원	-양도소득세 : 17억 원[(80억 원-40억 원)×6~45%] -상속세 : 8억 원 -계 : 25억 원

이상의 내용을 살펴보면 현실적으로 ①과 ③의 방법이 채택될 가능성이 높다. 그렇다면 어떤 방법이 세금이 적게 나올까?

위와 같은 사례에서는 ③의 방법이 더 작다. ①은 최고 39억 원까지, ③은 25억 원에서 28억 원이 예상된다. 이렇게 차이가 나는 이유는 ①은 재산을 현금화해서 시가로 상속세가 과세된 반면, ③은 기준시가로 상속세 신고가 가능하거나 양도소득세 계산 시 취득가액을 올릴 수 있기 때문이다.

☞ 빌딩에 대한 전반적인 세금관리방법은 저자에게 문의할 것.

개인임대사업자의 법인전환을 위한 검토보고서를 작성할 때 아래와 같은 내용들을 참고해보자.

1. 개인임대와 법인임대의 차이점

최근 법인임대에 대한 관심이 많아지고 있다. 법인으로 임대하면 우선 임대소득에 대해서는 6~45%가 아닌 9~19%(3,000억 원 초과는 24%)가 적용되고, 주식을 언제라도 증여나 양도로 이전할 수 있고, 상속이 발생하더라도 지분이 이전되므로 취득세 같은 부대비용이 들지 않기 때문이다. 이외에도 개인사업자에게만 적용되는 성실신고확인제도가 법인에게는 적용되지 않는다는 것도 장점이 되고 있다. 그렇다면 본격적인 분석에 앞서 개인에서 법인으로 운용하면 어떤 점이 달라지는지부터 살펴보자.

첫째, 사업에 대한 책임은 주주들의 몫이 된다.

주주들은 자신의 몫에 해당하는 것만 책임을 지며, 성과가 좋으면 자신의 몫에 따라 배당을 받는다. 이때 배당소득에 대해서는 원천징수(14%)가 되며, 이자소득과 합산한 금융소득이 2,000만 원을 초과하면 금융소득종합과세를 적용받게 된다.

둘째, 개인과 법인은 엄격히 구분된다.

법인도 하나의 살아있는 생명체이므로 회사를 설립한 주주나 대표이사라도 법인과 구분된다. 따라서 법인의 자금을 인출해서 부당행위에 걸리면 세법상 불이익을 받기도 한다. 이러한 탓에 법인은 세법상 규제가 심하다고 할 수 있다.

셋째, 세무 측면에서는 저렴한 세율을 적용받으나 회계 측면에서는 투명성이 강조된다.

법인은 개인사업자와는 달리 모든 거래를 장부에 반영해야 한다. 세무 측면에서 개인사업과 법인사업을 비교하면 다음과 같다.

구분	개인사업	법인사업
세율	6~45%	9~19%(3,000억 원 초과분은 24%)
장점	· 세금처리법이 간단하다.	· 소득이 많은 경우 개인사업에 비해 세금이 약하다. · 대표이사의 급여 및 법인이 지출한 비용은 모두 인정된다.
단점	· 임대소득이 큰 경우 세금이 많다. · 성실신고확인제도가 적용된다. · 사업용 계좌제도가 적용된다.	· 모든 거래는 통장을 통해 해야 된다. · 관리비용이 많이 들 수 있다. · 이익배당에도 세금이 부과된다.

2. 소득세 측면에서의 법인임대의 유리한 점

법인임대가 구체적으로 얼마나 유리한지 앞(292페이지)에서 살펴본 여
○○ 씨의 예로 살펴보자. 여○○ 씨 빌딩의 지분을 배우자 30%, 자녀2명
에게 각각 10%씩 사전증여하면 소득세가 다음과 같이 변했다(지방소득
세 미포함).

1. 당초 → 여○○ 씨 단독으로 임대한 경우 : 2억 원×6~45%=2억 원
   ×38%-1,994만 원(누진공제)=5,606만 원
2. 변경 → 배우자 및 자녀와 공동으로 임대한 경우

구분	여○○ 씨	배우자	자녀 1	자녀 2	계
지분율	50%	30%	10%	10%	100%
임대소득금액	1억 원	0.6억 원	0.2억 원	0.2억 원	2억 원
세율	35%	24%	15%	15%	
산출세액	1,946만 원	864만 원	174만 원	174만 원	3,158만 원

즉 단독으로 임대하는 경우와 비교해서 연간 2,448만 원 정도의 세금차이
가 발생하고 있었다. 그렇다면 위의 공동임대와 비교해서 법인으로 임대
하면 얼마나 세금이 떨어질까? 법인이 소득으로 처리할 수 있는 가능한
방법들을 대안으로 생각하면서 순차적으로 살펴보면 다음과 같다. 단, 편
의상 법인세 외의 지방소득세는 제외한다.

① 이익 2억 원을 외부로 유출하지 않는 경우

이익을 배당 등으로 유출시키지 않는 경우라면 우선 법인세만 부담하면 된다. 법인세는 과세표준 2억 원까지는 9%(지방소득세 포함 시 9.9%)의 세율이 적용된다. 따라서 1,800만 원 정도의 세금이 부과된다. 그 결과 단독임대에 비해서는 3,806만 원, 공동임대에 비해서는 1,358만 원 정도 법인임대가 유리하다.

☞ 이 방식을 지지하는 것은 다소 문제가 있다. 잉여금을 내부에 유보를 해두면 기업 가치 증가에 의해 주식 가치가 증가된다. 이렇게 되면 주식 평가액이 높게 나와 주식을 양도 또는 상속, 증여 시 세금이 많이 나올 수 있다. 따라서 적정한 잉여금을 유지하는 것이 좋으므로 언제까지나 배당을 억제할 수는 없다.

② 이익 2억 원을 배당으로 유출하는 경우

일단 법인세 1,800만 원이 부과되며, 2억 원에 대해 14%만큼 배당소득 소득세를 원천징수하게 되므로 2,800만 원을 내게 된다. 따라서 이 둘을 합하게 되면 4,600만 원이 된다. 단독임대와 비교해서는 1,006만 원 적게 발생하나 공동임대와 비교하면 오히려 1,442만 원이 증가된다.

☞ 배당소득이 2,000만 원을 초과하면 금융소득 종합과세가 적용되므로 배당소득에 대한 세금이 더 증가할 수 있다. 따라서 ②의 방식에 따라 법인을 운영하면 개인 공동임대보다 오히려 세금이 더 많아질 수 있다.

③ 이익 2억 원을 상여로 처리하는 경우

이 이익을 대표이사 급여 등으로 처리할 수 있다. 이렇게 하면 법인의 이익은 0원이 되고 그 결과 법인세는 0원이 된다. 하지만 급여에 대해서는 근로소득세가 부과되므로 이 부분을 감안해서 분석해야 한다. 근로소득세는 근로소득공제 등을 감안해서 1억 5,000만 원에 대해 6~45%의 세율을 적용한다. 여기에서는 편의상 이 금액에 35%를 곱한 후 1,554만 원의 누진공제액을 차감해 분석한다. 그리고 4대보험료 등은 무시하기로 한다.

· 근로소득세=1억 5,000만 원×6~45%=3,696만 원

개인 단독임대에 비하면 1,910만 원이 유리하고, 공동임대에 비하면 538만 원이 불리하다.

☞ 이상의 내용을 분석해보면 법인의 잉여금을 외부로 유출시키지 않으면 단독임대이든, 공동임대이든 개인임대보다는 법인임대가 소득과세 측면에서는 훨씬 더 유리하다. 하지만 이 방법은 주식평가 측면에서 다소 문제점을 안고 있으므로 현실적으로 채택되기가 힘들다. ②의 방법처럼 잉여금을 배당으로 유출하는 경우에는 이에도 세금이 부과되므로 이때에는 배당금의 크기에 따라 법인임대의 실익이 축소된다. 따라서 이 방법도 별로 추천되지 못한다. ③처럼 잉여금을 상여로 처리하는 경우에는 근로소득세가 부과되므로 이 부분을 고려하면 개인 단독임대에 비해서는 유리하지만, 공동임대에 비해서는 유리하다고 할 수는 없다.

☞ 실무에서는 개개인마다 처한 상황이 다르므로 좀 더 정교하게 분석을 진행하는 것이 좋다.

3. 상속 측면에서의 법인임대의 유리한 점

상속 측면에서 법인임대의 유리한 점을 분석해보자.

앞에서 여○○ 씨가 배우자에게 30%, 두 명의 자녀에게 각각 10%씩 빌딩 지분을 증여한 경우 다음과 같이 상속세가 예상되었다.

1. 당초 → 여○○ 씨 단독으로 소유한 경우 : (50억 원-10억 원)×10~50%
   =40억 원×50%-4억 6,000만 원(누진공제)=15억 4,000만 원
2. 변경 → 배우자 및 자녀와 공동으로 소유한 경우

구분	금액	계산근거
여○○ 씨	4억 4,000만 원	(25억 원-10억 원)×10~50% =15억 원×40%-1억 6,000만 원(누진공제)=4억 4,000만 원
배우자	2억 4,000만 원	(15억 원-5억 원)×10~50% =10억 원×30%-6,000만 원(누진공제)=2억 4,000만 원
자녀	-	가정
계	6억 8,000만 원	

상속재산을 배우자와 자녀와 함께 공동으로 소유한 경우가 대략 8억 6,000만 원 정도 유리한 것으로 나타났다.

그렇다면 법인으로 임대하면 어떻게 될까?

일단 임대법인의 주식은 세법상 자산 가치로만 평가하는 경우가 일반적이다. 대부분 총자산가액 중 자산가액이 차지하는 비중이 80%를 넘기 때문이다. 따라서 법인으로 전환할 때 시가에 근접하게 현물출자를 하고 최근에 잉여금이 많이 쌓인 경우라면 개인이 소유한 빌딩의 기준시가보다 높게 상속재산가액이 나올 수 있다. 그 결과 법인의 주식을 보유하는 것이 실익이 없을 수 있다.

1. 개인 → 여○○ 씨 단독으로 빌딩을 소유한 경우 :
   (50억 원-10억 원)×10~50%
   =40억 원×50%-4억 6,000만 원(누진공제)=15억 4,000만 원
2. 법인 → 여○○ 씨 단독으로 주식을 소유한 경우 :
   위의 개인측면에서 보유한 경우 이상의 상속세가 나올 가능성이 높음.

☞ 다만, 법인전환 시 현물출자를 기준시가로 할 수 있다면 향후 예상되는 상속세가 동일하므로 이러한 상황에서는 법인임대가 유리할 수 있다. 최근 유한회사를 통해 법인전환을 하면 기준시가로 평가를 할 수 있다고 하는데, 이에 대한 자세한 내용은 저자에게 문의하기 바란다.

4. 결론

이상과 같은 일차적인 분석을 통해서 결론을 내려 보면 개인임대를 공동임대로 바꾸는 것이 법인전환을 통한 임대보다 더 나은 방법이라는 것을 알 수 있다. 하지만 법인전환 시 현물출자가액을 낮출 수 있다면 이와 다른 결과가 도출이 될 수 있음도 간과해서는 안 된다. 여기에서는 편의상 개인단독임대를 공동임대의 형태로 바꾸는 안을 검토한다고 할 때 실익을 분석하면 다음과 같다.

앞에서 여씨의 빌딩을 배우자와 자녀 등의 명의로 일부 증여한 경우 다음과 같은 금액이 발생했다.

구분		배우자	자녀 1	자녀 2
증여금액		15억 원(50억 원×30%)	5억 원(50억 원×10%)	5억 원
세금	증여세	2.1억 원(15억 원-6억 원)×10~50%	0.8억 원(5억 원-5,000만 원)×10~50%	0.8억 원
	취득세	0.6억 원(15억 원×4%)	0.2억 원(5억 원×4%)	0.2억 원
	계	2.7억 원	1억 원	1억 원
	총계	4.7억 원		

따라서 최종적으로 다음과 같은 2억 3,000여만 원이 절약되는 결과가 나타날 것으로 보인다.

증여세·취득세발생①	임대소득세 절감*②	상속세 절감③	계(①-②-③)
4억 7,000만 원	2,448만 원	6억 8,000만 원	-2억 3,448만 원

* 만일 10년간의 임대소득세 절감액을 반영하면 2억 원 이상을 추가로 절약하게 된다.

☞ 법인으로 전환하는 경우에는 실익이 얼마나 될까?

  법인으로 임대하는 경우에는 다음과 같은 효과가 발생한다.

법인전환비용 발생①	임대소득세 절감②	상속세 절감③	계(①-②-③)
2억 원 이상	?	?	?

일단 개인의 부동산을 법인에 현물출자하면 개인 입장에서는 양도소득세가 과세되고, 법인에게는 취득세가 부과되는 것이 원칙이다. 그러나 현행 세법에서는 법인전환을 쉽게 해주기 위해서 법에서 정한 요건을 충족하면 양도소득세는 향후 법인이 처분할 때 내도록 해주고 있고(이월과세라 함), 취득세는 75% 면제(단, 면제금액의 20%는 농특세가 부과됨)를 해주고 있다. 단, 2020년 8월 12일 이후부터는 임대업 건물은 취득세 감면을 적용하지 않는다. 따라서 여○○ 씨의 50억 원의 건물을 법인전환하면 4%인 2억 원 정도의 취득세를 내야 한다(중과세 대상인 경우에는 2배). 따라서 이 경우 세무수수료 등을 포함해 2억 원 이상의 전환비용이 발생할 것으로 예상된다. 이러한 전환비용의 급증으로 인해 최근 임대업의 법인전환이 사실상 중단되고 있다.

임대법인 주식의 양도 및 상속과 증여

법인임대를 하면 좋은 점의 하나는 바로 주식을 자녀 등에게 매매할 수도 있고, 증여도 수시로 할 수 있다는 점이다. 그런데 주식을 원칙 없이 거래 하면 세법상 규제를 받을 수 있다. 따라서 평소에 임대법인의 주식가격이 어떻게 결정되는지를 이해해둘 필요가 있고, 주식 이동과 관련된 세금문 제에 유의할 필요가 있다.

① 임대법인의 주식평가

임대법인의 주식이 비상장 주식이라면 시장에서 형성되는 시세는 없다. 따라서 이때에는 세법에서 정한 증권거래법상의 평가방법을 준용해서 순 손익가치와 순자산 가치를 2와 3의 비율로 가중평균해서 주식 가치를 산 정해야 한다.

부동산 과다보유(자산가액 중 부동산가액이 50% 이상) 법인의 1주당 평가액

$$= \frac{\text{1주당 순손익가치} \times 2 + \text{1주당 순자산 가치} \times 3}{5}$$

* 단, 자산 중 부동산 비중이 80% 넘는 경우에는 순자산 가치로만 평가한다. 따라서 위와 같 이 가중평균할 필요가 없다. 이를 정리하면 다음과 같다.

구분	평가	비고
일반법인	(손익가치×3+자산 가치×2)/5	가중평균
부동산 50% 이상 보유 법인	(손익가치×2+자산 가치×3)/5	가중평균
부동산 80% 이상 보유 법인	자산 가치	가중평균 하지 않음.

2017년 영 시행일 이후 상속이 개시되거나 증여받는 분부터는 순자산 가 치의 80%를 하한으로 설정하고 있다. 따라서 비상장 주식의 평가액은 다

음과 같이 결정된다. 현행의 가중평균 방식에서는 순이익이 낮은 법인의 주식이 과소평가되는 점을 감안한 조치에 해당한다.

· 비상장 주식 평가액 = Max[현행 가중평균치, 순자산 가치의 80%]

② 비상장 주식평가 사례

여○○ 씨가 법인전환을 한 경우를 가정해서 주식을 평가해보자. 여○○ 씨의 임대법인은 최근 3년간의 이익이 각각 2억 원이 발생했다고 하자. 그리고 이 기업의 재무상태표상의 금액이 다음과 같을 때 이 기업의 주식은 얼마로 평가되는가? 토지와 건물의 가치는 시세를 반영한다고 하자. 그리고 이 기업의 발행 주식 수는 1만 주다.

자산		부채	
현금·예금	500,000,000원	전세보증금	500,000,000원
토지	5,000,000,000원	자본	
건물	1,000,000,000원	자본금 등	6,000,000,000원
계	6,500,000,000원	부채와 자본계	6,500,000,000원

위의 내용을 보면 총재산가액 65억 원 중 토지와 건물이 차지하는 비중이 80%를 넘는다. 따라서 순자산 가치로만 주식 가치를 따지게 된다.

1주당 자산 가치는 순자산가액을 발행 주식 총수로 나눈다. 여기서 순자산가액은 다음과 같이 구한다.

구분	근거	금액
① 자산	자산+토지평가증액=65억 원	65억 원
② 부채	B/S 부채합계=5억 원	5억 원
③ 순자산가액(①-②)		60억 원

이를 바탕으로 1주당 순자산가액을 계산 즉 60억 원을 1만 주로 나누면 60만 원이 된다.

그리고 여○○ 씨가 보유한 총주식 가치는 다음과 같다.

· 주식을 100% 보유한 경우의 총주식 가치 = 1만 주 × 100% × 60만 원 = 60억 원

※ 참고 : 상증세법집행기준 63-54-2 [비상장 주식을 순자산 가치로만 평가하는 경우]

청산, 휴·폐업 등 다음의 경우와 같이 정상적인 영업활동이 이루어지지 않는 기업은 수익력 측정이 무의미하므로 순자산 가치로만 평가하고, 영업권도 별도로 평가하지 아니한다.

① 상속·증여세 과세표준 신고기한 이내에 평가대상 법인의 청산절차가 진행 중이거나 사업자의 사망 등으로 인해 사업의 계속이 곤란하다고 인정되는 법인
② 사업개시 전의 법인, 사업개시 후 3년 미만의 법인과 휴·폐업 중에 있는 법인
③ 평가기준일이 속하는 사업연도 전 3년 내의 사업연도부터 계속해서 결손금이 있는 법인(2018년 삭제)
④ 부동산 및 부동산에 관한 권리의 평가액이 자산총액의 80% 이상인 법인

☞ 주식의 이동(상속, 증여, 양도 등)에 대한 세무처리법에 대해서는 PART 05(법인 편)를 참조하라.

PART 05

이번 '법인 편'에서는 법인들이 알아야 할 상속·증여세문제를 다룬다. 여기서 법인은 영리법인과 비영리법인을 말한다.

먼저 영리법인의 경우 법인 자신이 제삼자로부터 상속이나 증여를 받을 때 법인세와 주주의 세금문제를 살펴본다. 구체적으로 주식 가치증가에 의한 증여세 과세문제, CEO와 법인 간 자금거래 시 발생되는 세금문제, CEO의 사망보상금에 대한 상속세과세문제, 주식을 둘러싼 다양한 세금문제 등을 살펴본다. 다음으로 비영리법인의 경우 해당 법인이 상속이나 증여를 받는 경우 과세문제를 살펴본다. 비영리법인 중 공익법인은 상속이나 증여를 받아도 증여세가 부과되지 않는데 그 이유 등을 살펴본다. 이 외에도 종교단체 등과 관련된 증여세 문제도 살펴본다.

법인 편

| 핵심주제 |

Chapter 01 영리법인의 상속·증여 절세법

이 장의 핵심주제들은 다음과 같다.

• 영리법인(결손법인, 흑자법인)에의 상속 또는 증여 시 어떠한 세금문제가 있는가?

~~기지급급과 기 ↑ 급이 상속세에 미치는 영향은?~~

• CEO의 사망에 따른 유족보상금은 상속세가 나오는가?
• 주식의 증여와 상속 시에 알아두면 좋을 절세방법(가업상속공제 포함)을 알아본다.
• 주식의 이동, 초과배당, 명의신탁주식 등과 관련된 절세법을 알아본다.
• 일감 몰아주기에 대한 증여세 과세법을 알아본다.

Chapter 02 비영리법인의 상속·증여 절세법

이 장의 핵심주제들은 다음과 같다.

• 비영리법인과 공익법인의 상속세 및 증여세 문제를 알아본다.
• 공익법인에 대한 재산출연과 그에 따른 세금혜택을 알아본다.
• 종중 및 종교단체 등과 관련된 증여세 절세법을 알아본다.

영리법인의
상속·증여 절세법

영리법인(결손법인, 흑자법인)과 상속·증여세

영리법인(營利法人)은 영리를 목적으로 세워진 법인을 말한다. 이에는 대표적으로 주식회사가 있다. 이러한 법인은 개인이나 법인과의 거래를 통해 다양한 세금관계가 형성되는데, 이에는 상속세와 증여세도 포함되어 있다.

Case | 서울 성동구 성수동에 위치한 K법인은 대주주이자 대표이사인 N씨의 아버지로부터 현금 5억 원을 증여받고자 한다.

☞ **물음 1** : 위 5억 원에 대해 법인세는 얼마나 과세될까? 단, K법인의 올해 사업연도소득금액은 2억 원이 넘을 것으로 예상된다.

☞ **물음 2** : 만약 K법인에 5억 원만큼의 공제 가능한 이월결손금이 있는 경우라면 법인세는 과세되는가? 이 경우 N씨에 대한 증여세 문제는 없는가?

☞ **물음 3** : 만약 K법인이 10억 원만큼의 흑자법인이라면 법인세는 과세될 수 있다. 이 경우 N씨에 대한 증여세 문제는 없는가?

Solution | 물음에 대해 순차적으로 답을 찾아보면 다음과 같다.

· **물음 1의 경우**

법인세는 법인세 과세표준에 9~24%의 세율로 과세되며, 과세표준 2억~200억 원까지는 19%의 세율이 적용된다. 따라서 K법인은 5억 원에 대해 19%의 세율로 법인세가 과세되므로 9,500만 원의 법인세가 추가 예상된다.

· **물음 2의 경우**

이월된 결손금이 5억 원이고 이번에 증여받은 금액이 5억 원이므로 과세표준은 0원이 된다. 따라서 법인세는 발생하지 않는다. 그렇다면 이러한 상황에서 대주주인 N씨에게는 어떤 세금문제가 있을까? 세법은 이처럼 법인에 증여를 통해 그 법인의 최대주주(주식을 가장 많이 보유하고 있는 특수관계집단을 말함)가 이익을 본 다음의 금액에 대해 증여세를 과세한다 (상증법 제45조의 5).

· 증여이익 = 당해 법인이 얻은 증여재산가액* × (당해 주주의 주식/총발행 주식)

  * 고가양수도의 경우 시가와 대가의 차액이 3억 원(또는 시가의 30%) 미만 시는 증여세를 과세하지 않는다.

· 물음 3의 경우

원래 영리법인은 증여받은 재산에 대해 법인세만 내고 증여세는 내지 않아도 된다. 하지만 최근 신설된 상증법 제45조의 5(특정법인*과의 거래를 통한 이익의 증여의제. 2015년 12월 15일에 신설)에 해당하는 경우에는 예외적으로 이익을 본 주주에게 증여세를 부과한다. 이 규정은 종전의 예시규정인 상증법 제41조를 삭제하고 신설된 제도로써 앞으로 이 규정에 의한 과세가능성이 한층 더 커질 것으로 전망된다. 구체적인 이익계산방법 등은 대통령령을 참조하자.

* 지배주주의 보유지분율이 30% 이상인 법인을 말함(결손법인 또는 흑자법인 불문).

Consulting | 영리법인과 관련된 상속·증여세 쟁점들을 정리하면 다음과 같다.

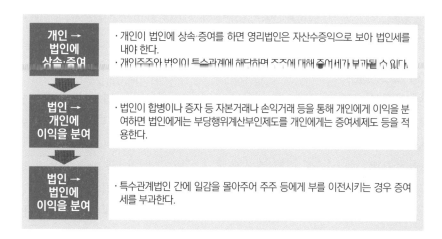

개인 → 법인에 상속·증여
· 개인이 법인에 상속·증여를 하면 영리법인은 자산수증익으로 보아 법인세를 내야 한다.
· 개인주주와 법인이 특수관계에 해당하면 주주에 대해 증여세가 부과될 수 있다.

법인 → 개인에 이익을 분여
· 법인이 합병이나 증자 등 자본거래나 손익거래 등을 통해 개인에게 이익을 분여하면 법인에게는 부당행위계산부인제도를 개인에게는 증여세제도 등을 적용한다.

법인 → 법인에 이익을 분여
· 특수관계법인 간에 일감을 몰아주어 주주 등에게 부를 이전시키는 경우 증여세를 부과한다.

실전연습　서울 강동구 풍납동에서 살고 있는 김현철 씨의 아버지가 5억 원의 자금을 준비해두고 이를 현재 회사의 대표를 맡고 있는 김씨에게 증여하고자 한다. 이를 개인에게 증여해서 회사로 입금시키는 것이 좋을지, 법인에 직접 증여하는 것이 좋을지, 세금 측면에서 의사결정을 내려 보자. 김씨는 이 회사의 주식 100%를 소유하고 있고, 이 법인의 올해 당기순이익은 1억 원이며 법인세율은 9~24%다.

앞에서 본 내용들을 토대로 답을 순차적으로 찾아보면 다음과 같다.

STEP1 쟁점분석

김씨가 운영하고 있는 법인이 직접 증여를 받는 것이 유리한지, 개인이 증여를 받아 차입금 형태로 입금시키는 것이 좋을지 알아보자.

STEP2 증여세와 법인세 비교

구분	개인수증	법인수증
세목	증여세	법인세
증여가액	5억 원	5억 원
공제금액	5,000만 원	0
과세표준	4억 5,000만 원	5억 원
세율	20%(누진공제 1,000만 원)	9~24%
산출세액	8,000만 원(4억 5,000만 원×20%-1,000만 원)	7,500만 원(2억×9%+3억×19%)
평균세율(산출세액/증여가액)	16.0%	15.0%

STEP3 결론

이 사례를 보면 일차적으로 개인이 증여받는 것보다는 법인이 증여받는 것이 세금의 크기가 다소 적다. 하지만 법인의 경우에는 다음과 같이 세금문제가 추가된다.

① 특정법인의 이익에 대한 증여세 → 흑자법인이 증여를 받은 경우에도 특정법인 이익의 발생에 따른 주주의 증여세 문제가 있다.

② 이익잉여금에 대한 배당소득세 → 법인에게 증여한 재산가액은 자산

수증익이 되고 궁극적으로 잉여금에 해당하므로, 이에 대해서는 배당소득세(14%)가 추가로 부과될 수 있다.

☞ 따라서 사례의 경우에는 법인으로 증여받는 경우가 더 불리할 가능성이 높다.

※ 법인에 사전증여한 재산과 상속세 과세가액 합산(상증세법집행기준 13-0-5)

① 상속개시 전 10년 이내에 상속인이 피상속인으로부터 재산을 증여받고, 상속개시 후 민법상 상속포기를 하는 경우에도 당해 증여받은 재산을 상속세 과세가액에 합산한다.

② 피상속인이 상속개시 전 5년 이내에 영리법인에게 증여한 재산가액 및 이익은 상속인 외의 자에게 증여한 재산가액으로 상속재산에 포함된다. 이때 동 재산가액 및 이익에 대한 상증법에 따른 증여세 산출세액 상당액은 상속세 산출세액에서 공제한다. → 법인에 사전증여한 금액에 대해서는 5년 상속합산과세제도가 적용된다.

③ 증여세 과세특례가 적용된 창업자금과 가업승계한 주식의 가액은 증여받은 날부터 상속개시일까지의 기간이 상속개시일로부터 10년 이내인지 여부와 관계없이 상속세 과세가액에 합산한다.

Tip

영리법인이 상속재산을 받는 경우에는 순자산증가설에 따라 법인세를 과세하며, 상속세나 증여세를 과세하지 않는다. 무상 취득자별로 법인세 등의 과세 여부를 나타내면 다음과 같다.

무상 취득자		법인세 또는 소득세	상속세 또는 증여세
법인	영리법인	○	×
	비영리법인	×	○
개인	사업 관련	○	×
	사업무관	×	○

☞ 영리법인이 유증을 통해 상속받은 경우 해당 법인의 주주가 상속인 또는 직계비속인 경우에는 해당 주주에 대한 상속세 납세의무가 발생한다(상증법 제3조의 2 참조). 영리법인에 상속 시에는 이러한 점을 검토해야 한다.

법인과 CEO의 자금거래와 상속·증여

법인의 대표이사(CEO)는 우월적인 지위를 이용해 회사와 다양한 자금거래를 할 수 있다. 지금부터는 법인의 CEO들이 상속·증여 등과 관련해서 주의해야 할 자금거래에 대해 살펴보자.

Case | 대구광역시에 위치한 K법인의 대표이사인 김용수 사장은 회사의 자금사정이 좋지 않자 수억 원을 회사자금으로 사용했다. 이렇게 사용한 흔적이 이 회사의 재무제표에 반영되었다. 최근 김사장의 건강이 좋지 않아 상속세가 걱정된다. 다음 물음에 답하면?

☞ **물음 1** : 김사장이 회사로부터 받아야 하는 채권은 상속재산에 포함되는가?

☞ **물음 2** : K법인은 현재 자본잠식 상태에 있다. 이러한 상황에서 김사장이 채권회수를 포기하는 약정서를 제출하면 상속재산에서 제외될 수 있는가?

☞ **물음 3** : 김사장이 가지고 있는 주식은 결손법인이라 사실상 가치가 없다. 이러한 상황에서 주식은 상속재산에서 제외되는가?

Solution | 물음에 순차적으로 답을 찾아보면 다음과 같다.

· 물음 1의 경우

상속개시일 현재 피상속인에게 귀속되는 채권은 상증법 제7조의 규정에 의해 당연히 상속재산에 포함된다. 다만, 상속개시일 현재 회수 불가능한 것으로 인정되는 경우에는 그 가액은 상속재산가액에 산입하지 아니한다.

※ 관련 규정 : 서면4팀-1609, 2006. 6. 7.

상속개시일 현재 피상속인에게 귀속되는 채권은 상증법 제7조의 규정에 의한 상속재산에 포함되는 것이나 당해 채권의 전부 또는 일부가 상속개시일 현재 회수 불가능한 것으로 인정되는 경우에는 그 가액은 상속재산가액에 산입하지 아니하는 것임. 귀 질의의 경우 상속개시일 현재 회수 불가능한 채권에 해당하는지 여부에 대하여는 채무자의 재산상황 등 구체적인 사실을 확인하여 판단할 사항임.

· 물음 2의 경우

피상속인이 채권을 회수하지 않겠다는 약정서만으로는 상속개시일 현재 회수 불가능한 채권으로 인정하기 어렵다. 또한 법인이 자본잠식이란 이유만으로는 회수불능채권으로 보기 어렵다.

· 물음 3의 경우

비상장 주식에 대한 상증법상 평가는 1주당 순손익가치와 순자산 가치를 각각 3과 2(부동산 과다보유 법인의 경우에는 2와 3)의 비율로 가중평균한 가액으로 한다. 그러나 3년간 계속해서 법인세법상 결손금이 있는 법인의 주식은 순자산 가치로만 평가한다. 이때 순자산 가치는 시가기준 '자산-부채'로 평가한 금액을 주식 발행수로 나눠 평가한다. 따라서 부채가 더 많은 경우에는 주식 가치가 0원이 되어 상속재산가액에 영향을 주지 않는다.

Consulting | 법인의 주주 겸 CEO들이 법인과의 자금거래를 할 때 주의해야 할 이유를 몇 가지로 정리하면 다음과 같다.

첫째, 생전에는 PCI시스템에 의한 자금출처조사가 진행될 수 있다.

이 제도는 대표이사로 근무하면서 최근 5년간 신고한 근로소득금액(연봉-근로소득공제)과 부동산 및 신용카드 사용액 등을 비교해, 소득에 비해 소비수준이 과다한 경우 법인자금을 부당하게 유출하지 않았는지를 조사할 수 있도록 한다.

둘째, 상속 시에는 상속추정제도가 적용될 수 있다.

이 제도는 상속세 부담을 부당히 감소시키기 위해 소유 재산을 처분해서 상속인들에게 미리 분배하거나 현금 등 세무관서에서 포착하기 어려운 재산형태로 전환해서 상속하는 것을 방지하기 위해, 피상속인이 재산을 처분하거나 부담한 채무의 합계액이

· 상속개시일 전 1년 이내에 2억 원 이상인 경우와
· 상속개시일 전 2년 이내에 5억 원 이상인 경우로

용도가 객관적으로 명백하지 아니한 경우에는 이를 상속인이 상속받은 것으로 추정하고 있다.

셋째, 상속 시에는 가지급금과 가수금에 대한 상속세 처리문제가 있다.

① 가지급금과 상속

☑ 가지급금은 이를 법인에 갚아야 하는 CEO의 입장에서는 채무가 된다. 따라서 상속재산가액에서 이를 차감할 성질의 것이 된다.

☑ 회사 장부상의 가지급금 등이라도 이를 상속개시일 이후 상속인이 승계하는 실질적인 채무이어야 채무로써 공제를 받을 수 있다.

☑ 이때 채무로 공제되는 가지급금은 피상속인이 사용처 불명일 때 상속추정 대상에 해당한다. 따라서 상속개시 전 1~2년 동안의 자금거래에 대해 주의해야 한다.

② 가수금과 상속

☑ 가수금은 법인으로부터 이를 받아야 하는 CEO의 입장에서는 채권이 된다. 따라서 상속재산가액에 이를 포함하는 것이 원칙이다.

☑ 다만, 당해 채권의 전부 또는 일부가 상속개시일 현재 회수 불가능한 것으로 인정되는 경우에는 그 가액은 상속재산가액에 산입하지 아니한다(서면4팀-1609, 2006. 6. 7).

☑ 가수금 채권을 포기한다는 각서가 있는 경우에도 이를 상속재산가액에 합산하는 것이 원칙이다.

☑ 장부상에 가수금을 반제하는 경우, 이에 대해서도 상속추정제도가 적

용될 수 있다. 가수금반제라는 것은 법인이 자금을 빌린 CEO에게 이를 상환하는 것을 말하는데, 이 돈이 사용처 불명에 해당하면 상속추정 제도가 적용된다는 것이다.

※ CEO와 관련된 상속재산가액 파악법

☑ 가지급금이 있는 경우 → 가지급금은 상속채무에 해당할 수 있다.

☑ 가수금이 있는 경우 → 가수금은 상속재산가액에 포함되는 것이 원칙이다.

☑ 주식을 보유하고 있는 경우 → 세법상 평가액을 상속재산가액에 포함해야 한다. 가업을 상속하는 경우 최고 600억 원까지 가업상속공제를 받을 수 있다.

☑ 유족보상금이 주어지는 경우 → 대표이사는 근로자로 취급되지 않으므로 이의 사망으로 받은 보험금은 상속재산에 포함된다고 하나 포함되지 않는다는 의견도 있다(단, 소득세는 비과세됨).

☑ 퇴직금이 있는 경우 → 퇴직금도 상속재산가액에 포함된다.

실전연습 서울에 소재한 K법인의 대표이사인 박○○ 씨가 운명했다. 그의 상속세 과세를 위한 자료가 다음과 같을 때 상속재산가액은 얼마나 될까?

| 자료 |

구분	세법상 평가금액	비고
개인 부동산	10억 원	주택 등
가지급금	2억 원	업무와 관련된 가지급금
가수금	3억 원	전액 박사장이 입금한 금액임이 확인됨(증빙 있음). 참고로 상속개시일 전에 1억 원 상당액을 가수금반제되었음이 장부상에 나타남.
법인 주식	0원	세법상 주식 가치는 없음.
유족보상금	2억 원	회사에서 유족들에게 지급(상속재산에 포함되는 것으로 가정).
법정 퇴직금	1억 원	임원 퇴직급여 규정에 의함.

위의 자료를 토대로 세법상 평가액을 계산하면 다음과 같다.

구분	세법상 평가금액	비고
개인 부동산	10억 원	
가지급금	2억 원	업무와 관련된 가지급금은 개인이 책임질 금액은 아님.
가수금	3억 원	상속개시 전 출금 금액 1억 원은 다른 건의 인출된 금액과 합해서 상속추정제도를 적용함. 별도로 검토할 사안임.
법인주식	0원	세법상 주식 가치는 없음.
유족보상금	2억 원	CEO의 경우 유족보상금은 상속재산에 포함(자료상 가정).
법정 퇴직금	1억 원	상속재산에 포함됨.
계	16억 원	(가지급금은 상속재산과 관계없으므로 이를 제외함)

☞ 위 사례의 경우 회사에 자금을 빌려준 것은 채권이 발생한 것이 되고, 자금을 회수(회사에서는 대표이사 가수금을 반제한 것으로 처리)한 것은 재산(채권)을 처분한 것으로 된다. 따라서 회사에서 가수금을 반제처리한 것에 대해서는 그 금액의 사용처를 밝혀야 상속재산에서 제외될 수 있다.

→사후적으로 세금문제를 예방하기 위해서는 법인의 대표자가 법인과 금전거래를 하는 경우에는 평소에 자금의 조달과 사용에 대한 증빙을 철저히 갖추어 놓아야 한다.

비상장 주식의 양도와 증여 그리고 상속 절세법

비상장중소기업의 주식을 보유하고 있는 상황에서 이를 자녀 등에게 이전 하는 방법에는 양도와 증여 그리고 상속 등이 있다. 지금부터는 주식의 증여와 상속에 대한 세법상 쟁점들과 절세법을 살펴보자.

Case | 경기도 평택시에 소재한 K법인은 비상장법인에 해당한다. 이 법인의 대주주인 K씨는 그가 보유한 주식 1만 주를 성년인 자녀 3명에게 균등하게 직접 양도 또는 증여를 하고자 한다. 자료가 다음과 같을 때 양도소득세와 증여세를 비교해서 유리한 결과를 도출해보자.

| 자료 |
· 상증법상 1주당 평가액 : 30,000원(총 3억 원)
· 1주당 취득가액 : 5,000원(총 5,000만 원)
· 양도소득세 계산 시 기본공제 등은 무시

Solution | 자료를 가지고 먼저 양도소득세와 증여세를 비교하면 다음과 같다.

구분	양도소득세	증여세
산출세액	5,000만 원(지방소득세 포함 시 5,500만 원)	1,500만 원
계산근거	(1억 원-5,000만 원×1/3)×20%×3명	(1억 원-5,000만 원)×10%×3명

위의 결과를 보면 양도소득세는 총 5,000만 원(지방소득세 포함 시 5,500만 원)이나 증여세는 1,500만 원에 불과하다. 이렇게 증여세가 양도소득세보다 저렴한 것은 양도가액에서 차감되는 취득가액 5,000만 원(1명당 약

1,670만 원)보다 증여재산공제 1억 5,000만 원(1명당 5,000만 원)이 더 크기 때문이다. 또한 2016년부터 중소기업 대주주(지분율 1~4% 이상 등)의 양도소득세율이 10%에서 20%(양도차익 3억 원 초과분 25%, 2020년 이후)로 상향조정된 점도 이러한 차이를 확대시킨 것으로 분석된다.

【추가분석】

위의 사례에서 증여하고자 하는 가액이 총 9억 원이라면 위의 결과는 어떻게 달라질까?

구분	양도소득세	증여세
산출세액	1억 7,000만 원 (지방소득세 포함 시 1억 8,700만 원)	1억 2,000만 원
계산근거	(3억 원-5,000만 원×1/3)×20%×3명	[(3억 원-5,000만 원)×20%-1,000만 원]×3명

이 경우에도 앞과 같은 결과가 나왔다. 세율은 같으나 과세표준에서 차감되는 취득가액과 증여재산공제액에서 차이가 나기 때문이다.

※ 비상장중소기업 주식에 대한 양도소득세 세율

일반기업의 대주주가 1년 미만 보유 후 양도 시는 30%, 중소기업 주식은 10~20%(과표 3억 원 초과분은 25%), 그 밖의 경우에는 20%로 과세하고 있다.

※ 비상장중소기업 주식에 대한 절세전략

☑ 비상장중소기업의 주식을 양도하면 양도소득세율이 10~25%가 된다.

☑ 따라서 주식을 자녀 등에게 이전시킬 때에는 증여나 상속보다는 매매 방식을 통해 이전하는 것을 검토하도록 한다.

☑ 다만, 이때 양도가액이 세법상 평가액과 차이가 나면 안 되며, 주식 인수자가 대금을 정확히 지급해야 함에 주의해야 한다.

Consulting | 일반법인의 비상장 주식의 주식 평가는 다음과 같이 한다. 즉 순손익가치와 순자산 가치를 3와 2의 비율(부동산가액이 50%이상인 경우는 2와 3의 비율)로 가중평균해서 이를 계산한다.

※ 일반법인의 1주당 평가액

$$= \frac{\text{1주당 순손익가치×3+1주당 순자산 가치×2}}{5}$$

☞ 구체적인 평가방법에 대해서는 편의상 생략한다(이 책의 자매서인 《중소기업세무 가이드북》 참조).

※ 주식 할증평가

☑ 상증법 제63조 제3항의 규정에 따라 최대주주 등이 소유한 중소기업 또는 중견기업이 아닌 법인의 주식 등(3년 이내의 사업연도부터 계속해서 결손금이 있는 법인의 주식 등은 제외)에 대해서는 할증평가규정이 적용된다.

☑ 할증평가는 주식평가액의 100분의 20을 가산한다.

☑ 중소기업과 법에서 정한 중견기업에 대해서는 영구적으로 할증평가를 배제한다.

상장기업들은 외부에서 거래되는 가격정보가 있어 주식 가치를 쉽게 파악할 수 있으나 비상장기업들은 그렇지 않다. 따라서 세법상의 평가액과 차이가 나는 상속이나 증여 또는 매매 등이 있으면 과세당국의 세무간섭을 받을 수밖에 없다. 이 외에도 자본의 증자나 합병 같은 자본거래가 있는 경우에도 마찬가지다. 따라서 주식 변동에 영향을 주는 행위들이 있는 경우에는 주식 가치를 미리 검토하는 것이 좋다. 일반적으로 주식 가치는 최근 연도에 이익이 많이 난 기업 그리고 자본이 큰 기업이 높다.

실전연습　경기도 광주시에 거주하고 있는 L씨는 본인이 창업한 법인의 주식을 100% 소유하고 있다. 그의 주식은 세법상 500억 원으로 평가된다. L씨가 사망한 경우 상속세는 얼마나 예상될까? 상속재산에는 주식밖에 없고 상속공제액은 가업상속공제 외에도 10억 원을 더 공제 받을 수 있다고 하자. 이 기업은 가업영위기간이 16년에 해당하며 가업상속공제를 적용받을 수 있다.

물음에 맞춰 순차적으로 답을 찾아보자.

STEP1 가업상속공제금액 확인

가업상속공제는 가업상속대상금액의 100%를 공제하나 사업영위기간에
따라 다음과 같은 한도가 있다(가업상속공제제도에 대한 자세한 내용은 269
페이지를 참조할 것).

· 10년 이상 : 300억 원
· 20년 이상 : 400억 원
· 30년 이상 : 600억 원

사례의 경우에는 10년 이상 20년 미만에 해당하므로 공제한도는 300억
원이 된다.

STEP2 상속세 과세표준 확인

상속세 과세표준은 상속재산가액에서 상속공제액을 차감해서 계산한다.

· 상속재산가액-상속공제액=500억 원-10억 원-300억 원=190억 원

STEP3 상속세 산출세액 계산

상속세 산출세액은 상속세 과세표준에 10~50%의 세율을 곱해 계산한다.

· 상속세 산출세액=190억 원×50%-4억 6,000만 원(누진공제)
  =90억 4,000만 원

참고로 만일 가업상속공제액이 0원이라면 상속세 산출세액은 199억 원 정
도가 나올 수 있다. 상속세 과세표준이 490억 원이고, 이에 50%의 세율과 누
진공제 4억 6,000만 원을 차감하면 199억 원의 산출세액이 나오기 때문이다.
따라서 이 공제제도는 가업을 유지하는 데 매우 필요한 제도임을 알 수 있다.

만일 위의 세법상 주식평가액이 500억 원이 아닌 600억 원이라면 상속세는 얼마
나 증가되는가?
당초보다 100억 원이 증가되므로 이에 50%의 세율을 곱한 50억 원이 증

가된다. 참고로 이렇게 주식 평가를 잘못해 신고를 그르친 경우 가산세는 없을까? 일단 가산세는 두 가지 종류가 발생하는데, 우선 신고불성실가산세는 평가와 관련된 것이므로 이에 대해서는 부과되지 않는다. 하지만 납부지연가산세는 예외가 없으므로 과소납부기간에 대해 일일 2.2/10,000을 곱해 추징을 하게 된다.

Tip 가업의 승계에 대한 증여세 과세특례(조특례제한법 제30조의 6)

이는 가업승계 목적으로 기업의 주식이나 출자지분을 자녀 등이 미리 증여받은 경우 증여세를 경감하도록 하는 제도를 말한다. 다만, 이렇게 사전증여받은 주식 등의 가액은 향후 상속재산에 포함되어 정산이 된다.

① **대상** : 18세 이상 거주자가 60세 이상의 부모로부터 가업승계의 목적으로 주식 등을 300~600억 원의 한도 내에서 증여받아 가업을 승계받은 경우에 적용된다. 단, 가업승계 후 가업승계 당시 해당 주식 등의 증여자 및 상증법상 최대주주 등(가업승계 당시 해당 주식 등을 증여받는 자 제외)으로부터 증여받는 경우는 이 규정을 적용하지 않는다.

② **요건** : 증여세 신고기한까지 가업에 종사하고 증여일로부터 3년 이내에 대표이사에 취임해야 한다.

③ **신청** : 증여세 과세표준 신고기한까지 가업승계 주식 등 증여세 과세특례적용신청서를 납세지관할 세무서장에게 제출해야 한다.

④ **적용방법** : 증여세 과세가액에서 10억 원을 공제하고 세율을 100분의 10(과세표준이 120억 원을 초과하는 경우 그 초과금액에 대해서는 100분의 20)으로 해서 증여세를 부과한다.

⑤ **사후관리** : 주식 등을 증여받은 자가 대통령령으로 정하는 바에 따라 가업을 승계하지 아니하거나 가업을 승계한 후 주식 등을 증여받은 날부터 5년 이내에 대통령령으로 정하는 정당한 사유 없이 다음 각 호의 어느 하나에 해당하게 된 경우에는 그 주식 등의 가액에 대해서 증여세를 부과한다.
  1. 가업에 종사하지 아니하거나 가업을 휴업하거나 폐업하는 경우
  2. 증여받은 주식 등의 지분이 줄어드는 경우

⑥ **중복적용 배제** : 이 규정을 적용받는 거주자는 창업자금에 대한 증여세 과세특례(조특법 제30조의 5)를 적용하지 아니한다.

가업승계 10년 준비하라(매일경제)

① 단순한 기업승계가 아니다. 10년 이상 준비하라. 후계자에게 회사를 단순히 물려주는 게 가업승계가 아니다. 핵심 역량 이전과 경영자 변경으로 인한 혼란을 최대한 줄이고 후계자 교육, 경험 축적 등에도 많은 시간과 노력이 필요하다. 또 승계기간이 길수록 주식 이전시기 결정, 주식 가치 절감 전략 등 다양한 절세 방안을 활용할 수 있다.

② 오너가 직접 나서야 체계적으로 진행된다. 가업승계 문제는 오너의 은퇴나 사망을 전제로 한다. 자녀, 가족, 회사 임직원들이 언급하기에 민감한 문제다. 따라서 오너 자신이 적극적으로 직접 나서 준비하지 않으면 체계적으로 진행될 수 없다.

③ 전문가 도움으로 최적의 승계 방안을 마련하라. 가업승계는 세법, 민법, 상법 등 복잡한 법률의 테두리 안에서 이뤄진다. 세무사, 변호사 등 전문가들의 도움을 받아 체계적으로 계획을 수립하고, 최적의 승계 방안을 실행해야 한다.

④ 공식적 합의를 거쳐 후계자를 선정하라. 후계자 선정 문제는 잘못 진행하다간 가족 간 불화 등 부작용을 낳을 수 있다. 가족회의 등을 통한 충분한 의견 교환과 공식적 합의를 거치는 게 바람직하다. 이 과정에서 상속재산 배분 방식도 명확히 할 수 있다.

⑤ 기업문화 노하우 등 핵심 역량을 이전하라. 단지, 기업의 소유권과 경영권만 후계자에게 넘기는 것이 아니라 기업의 모든 무형자산을 포함한 핵심 역량을 이전해야 한다. 기업문화, 사업 노하우, 거래처, 신뢰도 등 핵심 역량이 이전되어야 기업의 존속과 지속 가능한 성장을 기대할 수 있다.

⑥ 주기적 주식 가치 평가로 지분이전시기를 결정하라. 가업승계 관련 세금은 주식 가치에 의해 결정된다. 지속적인 주식 가치 평가를 통해 세금을 계산해볼 수 있다. 또 향후 주식 가치 추정 과정을 통해 최적의 지분 이전 시기를 결정하는 등 합법적인 주식 가치 절감 전략을 적극적으로 활용해야 한다.

⑦ 가업상속제도 모니터링으로 사전 절세방안을 수립하라. 중소기업 가업승계 지원을 위한 다양한 세제지원 제도가 잇달아 등장하고 있다. 관련 제도 변화를 지속적으로 모니터링을 해서 사전 충족요건을 통한 절세 방안을 마련해야 한다.

⑧ 갑작스러운 상속에 대비한 승계자금 확보 계획을 세워라. 갑작스럽게 가업상속이 이뤄질 경우 막대한 세금이 일시에 부과될 수 있다. 이 때문에 어쩔 수 없이 사업용 자산이나 주식을 매각하는 상황이 발생한다. 후계자가 부담해야 하는 세금이 누적소득보다 많을 것으로 예상되면 금융사 차입, 세법상 연부연납이나 물납 등 활용방안을 고려해야 한다.

⑨ 후계자 역량 강화 위한 중장기 경영전략을 수립하라. 승계 이후에도 안정적이고 지속 가능한 성장을 위한 중장기 경영전략을 수립해야 한다. 후계자 역량 강화와 경영자로서 필요한 권한 이양을 점진적으로 추진해야 한다.

⑩ 승계 후에는 한발 뒤로 물러나고 은퇴 계획을 세워라. 승계 후 영향력을 행사하는 것은 오히려 기업경영에 혼란을 줄 수 있다. 후계자를 믿고 맡겨야 한다. 대신 은퇴 후 안정적이고 자신 있는 생활을 위한 노후대책과 사회봉사 활동 계획 등을 미리 마련하는 게 필요하다.

주식 이동, 초과배당, 명의신탁주식 등에 대한 해법

본인이 보유하고 있는 주식을 매매나 증여를 통해 이전할 때 주의해야 할 세금문제, 최근 개정된 초과배당에 대한 세금문제, 많은 중소기업들이 골치를 썩고 있는 명의신탁주식에 대한 과세문제 그리고 차등배당을 할 때 대두되는 세금문제 등을 살펴보자.

Case | 경기도 고양시에 위치한 Y법인의 대표이사인 김영중 씨는 본인이 보유한 주식 중 1,000주를 미성년자인 자녀에게 매매나 증여를 통해 이전하려고 한다. 자료가 다음과 같을 때 물음에 답하면?

| 자료 |

① Y법인의 주식거래내역

날짜	금액(1주당)	거래 내역
20×7년 3월 1일	10,000원	증여금액
20×7년 5월 31일	20,000원	제삼자 간에 매매한 가액
20×7년 7월 1일	30,000원	제삼자 간에 매매한 가액

② 양도 또는 증여 예정일 : 20×7년 8월 1일

☞ **물음 1** : 세법상 가격은 얼마로 책정해야 할까?
☞ **물음 2** : 증여세 과세표준은 얼마인가?
☞ **물음 3** : 만일 20×7년 7월 1일에 거래된 주식 변동내역을 법인세 신고할 때 누락했다면 어떤 불이익이 있는가?

Solution | 물음에 순차적으로 답을 하면 다음과 같다.

· 물음 1의 경우

증여 또는 양도를 하고자 하는 경우 증여일 등을 기준으로 3개월(증여는 6개월) 전의 매매사례가액도 시가가 된다. 따라서 20×7년 3월 1일과 7월 1일의 가격이 모두 매매사례가액에 해당하나, 이 중 증여일 등과 가까운 7월 1일의 가격이 최종 증여가액 등이 된다. 따라서 세법상 적정가격은 다음과 같이 결정된다.

· 세법상 적정가격=1,000주×30,000원=3,000만 원

· 물음 2의 경우

미성년자의 경우 10년간 2,000만 원을 공제하므로 1,000만 원이 증여세 과세표준이 된다.

· 물음 3의 경우

주식 이동이 된 경우 이러한 내용은 법인세 신고할 때 주식 등 변동상황명세서상에 기록이 되어야 한다. 만일 이를 누락한 경우에는 미기재된 금액의 1% 상당액을 가산세로 부과한다.

※ 주식 변동조사 대상자의 선정(상증세사무처리규정 제33조)

지방국세청장(조사담당국장) 또는 세무서장(재산세과장)은 다음 각 호의 어느 하나에 해당되면 주식 변동과 관련한 각종 세금을 누락한 혐의에 대하여 수시로 주식변동조사 대상자로 선정할 수 있다.

☑ 탈세제보, 세무조사 파생자료, 정보자료 등에 따라 주식 변동조사가 필요한 경우

☑ 법인세 조사(조사사무처리규정 제50조 제1항에 따른 법인세 등의 통합조사를 포함한다) 중 해당 법인에 대한 주식 변동조사가 필요한 경우

☑ 상속세 및 증여세를 조사 결정함에 있어 상속 또는 증여받은 주식과 관련하여 해당 법인에 대한 주식 변동조사가 필요한 경우

☑ 주식 변동과 관련한 각종 세금을 누락한 혐의가 발견되어 해당 법인에 대한 주식 변동조사가 필요한 경우

참고로 앞의 Y법인의 대표이사인 김영중 씨가 그가 받아야 할 배당금을 포기한 후 자녀 등이 이를 대신 받게 되는 경우에는 증여세가 과세될 수 있다. 다음 규정을 참조하자.

※ 초과배당에 대한 증여세 과세(상증법 제41조의 2, 2016년 신설)

2016년부터 최대주주 등의 특수관계인이 최대주주 등이 포기한 배당금을 본인의 보유지분을 초과하여 받은 경우 이를 증여받은 것으로 보아 아래와 같이 증여세를 부과한다(소득세도 별도로 과세될 수 있다).

- 초과배당금액 = 특정주주[*1] 의 (배당금액 – 균등배당액[*2])

$$\times \frac{\text{특정주주와 특수관계가 있는 최대주주 등의 (균등배당액 – 배당금액)}}{\text{과소배당 받은 주주 전체의 (균등배당액 – 배당금액)}}$$

  [*1] 최대주주 등의 특수관계인인 주주
  [*2] 보유지분에 따라 받을 배당금액

- 증여재산가액=위 초과배당금액–초과배당금액에 대한 소득세 상당액

이와는 별도로 초과배당금액에 대한 소득세를 내야 한다. 다만, 초과배당금액에 대해서는 증여세와 소득세가 이중과세가 되지 않아야 한다. 이를 제거하는 방법은 해당 규정을 참조하기 바란다.

Consulting | 법인의 주식을 둘러싼 세무상 쟁점을 알아보면 다음과 같다.

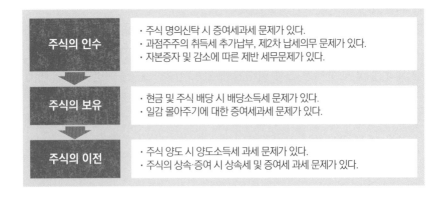

주식의 인수	· 주식 명의신탁 시 증여세과세 문제가 있다. · 과점주주의 취득세 추가납부, 제2차 납세의무 문제가 있다. · 자본증자 및 감소에 따른 제반 세무문제가 있다.
주식의 보유	· 현금 및 주식 배당 시 배당소득세 문제가 있다. · 일감 몰아주기에 대한 증여세과세 문제가 있다.
주식의 이전	· 주식 양도 시 양도소득세 과세 문제가 있다. · 주식의 상속·증여 시 상속세 및 증여세 과세 문제가 있다.

주식의 명의신탁과 관련된 상증세법집행기준을 확대해서 살펴보자. 참고로 현재 국세청에서는 중소기업이 보유하고 있는 명의신탁주식에 대해서는 '명의신탁주식 실제소유자 확인제도'를 시행해서 간소한 절차로 명의신탁주식의 실제소유자 환원을 지원하고 있으니 이 제도를 적극적으로 활용하는 것도 도움이 될 것으로 보인다(심층분석 참조).

1. 명의신탁(45의 2-0-1)

명의신탁은 실정법상의 근거 없이 판례에 의하여 형성된 신탁행위의 일종으로 수탁자에게 재산의 명의가 이전되지만 수탁자는 외관상 소유자로 표시될 뿐이고 적극적으로 그 재산을 관리·처분할 권리의무를 가지지 아니하는 신탁이다.

2. 명의신탁재산 증여의제 과세요건(45의 2-0-3)

① 등기·등록·명의개서 등을 요하는 자산이어야 한다.
② 실지소유자와 명의자가 달라야 한다.
③ 조세회피목적이 있어야 한다.

3. 토지·건물의 명의신탁(45의 2-0-6)

1995년 7월 1일부터 '부동산 실권리자 명의등기에 관한 법률'이 시행됨에 따라 토지 또는 건물의 명의신탁에 대하여 등기자체가 무효가 되므로 명의신탁재산 증여의제 규정은 적용하지 아니하나 동법에 따라 과징금 등이 부과될 수 있다.

4 취득무효와 명의신탁재산 증여의제와의 관계(45의 2-0-7)

명의신탁재산 증여의제에 의하여 증여세를 과세한 후 원인무효에 의하여 취득무효판결이 나면 그 재산상의 권리가 말소되므로 이미 부과한 증여세는 취소한다.

5. 명의신탁재산의 원칙적 증여의제 시기(45의 2-0-9)

명의자로 등기·등록·명의개서 한 날을 증여의제 시기로 보며 명의개서를 한 날은 '상법'에 의하여 취득자의 주소와 성명을 주주명부('자본시장과

금융투자업에 관한 법률'에 의한 실질주주명부 포함)에 기재한 때를 말한다.

※ 장기간 명의개서하지 않은 주식 등의 증여의제 시기(45의 2-0-11)

미명의개서 주식의 구분	증여의제시기
2012. 12. 31 이전 취득한 경우 → 2003. 1. 1 취득 의제	소유권취득일이 속하는 연도의 다음 연도 말일의 다음 날 → 2005. 1. 1 증여의제시기
2013. 1. 1 이후 취득한 경우	소유권취득일이 속하는 연도의 다음 연도 말일의 다음 날

6. 명의신탁재산을 신탁해지 하는 경우(45의 2-0-13)

명의신탁한 재산을 해지하여 그 재산의 실질상 소유자인 위탁자 명의로 환원하는 경우에는 증여로 보지 아니한다. → 다만, 당초의 명의신탁에 대해서는 증여세를 과세하는데, 이때 국세부과제척기간(통상 15년)이 지났으면 과세할 수 없다(실무상 중요한 내용이므로 반드시 세무전문가의 확인을 요한다).

실전연습　경기도 화성시에 위치한 (주)승리는 1992년도에 설립되었다. 당시 상법상 주주는 7인 이상이 되어야 법인설립이 가능했는데, 이때 친인척 명의를 빌려 주식을 명의신탁하고 자본금 5,000만 원의 법인이 설립되었다(주주 구성비율 : 대표이사 40%, 대표이사 동생 20%, 나머지 5인에게 40%를 명의신탁).

(주)승리의 오너이자 대표이사인 F씨는 명의신탁한 사람 5인에게 명의신탁확인서, 명의신탁해지약정서를 작성해서 공증을 받아 두고 대표이사 명의로 신탁한 40%의 주식을 되찾아온다면 대표이사의 지분은 80%가 되는데 31년 전에 명의신탁한 주식에 대해 증여세가 과세되지 않을지 궁금하다. 물론 그 당시 주금납입 금융증빙은 확인할 수 없다.

위에 대한 물음에 대해 순차적으로 답을 찾아보자.

STEP1 쟁점은?

위의 명의신탁된 주식이 상증법상 명의신탁주식에 해당되어 증여의제가 되기 위해서는 '조세회피목적'이 있어야 한다. 따라서 이에 대한 목적이 없었어야 함이 입증되어야 한다. 참고로 명의신탁주식에 대한 납세의무자가 2019년부터 명의수탁자에서 실제소유자로 개정되었다.

STEP2 사례의 경우 조세회피목적이 있는가?

(주)승리는 법인설립 당시 7인의 발기인이 필요해 주식을 명의신탁했으므로 조세회피목적이 없다. 따라서 앞의 규정은 적용되지 않는다.

STEP3 결론은?

사례에 대해 결론을 내려 보자.

☑ 당초 31년 전에 명의신탁된 주식은 조세회피목적이 없었으므로 이에 대해서는 증여세 문제는 없다.

☑ 명의신탁해지를 통해 실제 실제소유자 명의로 환원된 주식에 대해서도 증여세를 부과하지 않는다.

참고로 앞에서 (주)승리가 조세회피목적으로 주식을 명의신탁했다면 명의신탁된 주식에 대해서는 증여세가 과세될까?

아니다. 1992년에 주식을 명의신탁한 사실이 입증되어 관할세무서장이 이를 인정하는 경우 주식 명의신탁 증여의제 부과제척기간은 10년(1993년 세법 국세기본법 제26조의 2 제1항)이다(현재는 15년). 따라서 부과제척기간의 기산일은 증여세 신고기한의 다음 날부터이므로 31년 전에 명의신탁한 것임이 사실이라면 부과제척기간은 10년이므로 제척기간 만료로인해 과세가 되지 않는다.

명의신탁주식 해소방안

명의신탁주식 보유 중에 상속이 발생할 때 이의 소유권을 두고 분쟁이 발생할 수 있다. 따라서 이러한 문제를 하루빨리 해소하기 위해서는 국세청에서 마련하고 있는 실소유자 반환지원제도를 활용하도록 한다. 만일 명의수탁자가 실소유자 등에게 주식을 양도하거나 증여 또는 상속하게 되면 주식 이동에 관한 내역서가 관할관청에 제출되므로 이때 명의신탁 관련 사실이 밝혀질 수 있음에 유의해야 한다.

의의

- 국세청은 중소기업을 대상으로 '명의신탁주식 실제소유자 확인제도'를 시행해서 간소한 절차로 명의신탁주식의 실제소유자 환원을 지원하고 있음.

  * 대한상공회의소와 공동으로 조사한 '국민이 바라는 10대 세정개선 과제' 중 하나로 선정됨.

- 과거 상법상 발기인 규정으로 인해 법인 설립 시 부득이하게 주식을 다른 사람 명의로 등재했으나 장기간 경과되어 이를 입증하기 어렵거나 세금부담 등을 염려해서 실제소유자 명의로 환원하지 못하고 있는 기업에 대해

  - 다소 증빙서류가 미비하더라도 복잡한 세무 검증절차를 거치지 않고, 신청서류와 국세청 보유자료 등을 활용해 간소한 절차로 명의신탁주식의 환원이 이루어지도록 함.

- 이 제도가 명의신탁주식의 실제소유자 환원에 따른 납세자의 과도한 불편과 세무행정상의 불확실성을 해소해주고 중소기업 가업승계 등의 걸림돌을 제거함으로써 안정적인 경영기반 마련과 지속적인 성장에 많은 도움이 될 것으로 기대함.

시행 배경

- 과거 일정 인원 이상 발기인 요건*이 충족된 경우에만 법인 설립을 허용했던 상법 규정으로 인해 부득이하게 보유 주식 일부를 가족, 친인척, 지인 등 타인 명의로 등재한 사례가 빈번함.

  * 상법 제288조【발기인】개정 연혁

1996. 9. 30까지	1996. 10. 1~2001. 7. 23	2001. 7. 24 이후
7인 이상	3인 이상	제한 없음.

- 그러나 명의신탁기간의 장기화 등으로 입증서류가 미비해서 명의신탁 주식을 실제소유자에게 환원하는 경우에도 이를 인정받지 못해서 실제 소유자에게 증여세가 부과되는 등 비정상을 정상화 하는 과정에서 많은 어려움이 있는 것으로 파악되고 있음.

- 한편 종전 과세관청 중심의 접근방식이 아닌 납세자의 입장에서 불편 사항을 발굴·개선하기 위해 국세청·대한상공회의소가 공동으로 공신 력 있는 리서치 기관(한국갤럽)을 통해 설문조사한 바, '국민이 바라는 10대 세정개선 과제' 중 하나로 선정되었음.

실제소유자 확인신청 및 처리절차

- 주주명부에 실명으로 명의개서(전환)한 자는 '명의신탁주식 실제소유 자 확인신청서'를 주소지 관할세무서(재산세과)에 제출해서 실제소유 자 확인을 받을 수 있고, 또한 사전에 신청 구비서류, 처리절차 등에 대 한 상담을 받을 수 있음.

- 확인신청 시에는 중소기업 등 기준검토표, 주식 발행 법인이 발행한 주 식 명의개서 확인서, 신청인(실제소유자) 및 명의수탁자의 명의신탁 확 인서 또는 진술서를 첨부해야 하고,
  - 금융증빙, 신탁약정서, 법인설립 당시의 정관 및 주주명부 등 명의신 탁임을 실질적으로 입증할 수 있는 서류는 형식이나 종류에 관계없 이 추가적으로 제출하면 실제소유자 확인에 도움이 됨.

- 일정한 요건이 충족되는 경우에는 통일된 절차와 기준에 따라 간편하 게 실제소유자 여부를 확인하고, 실제소유자 여부가 불분명하거나 허 위신청 혐의가 있는 경우에는 현장확인 및 실지조사 등 정밀검증을 통 해서 판단할 것임.
  - 또한 각 세무서 내에 경력직원들로 구성된 자문위원회를 설치해서 업 무처리의 객관성, 공정성 및 투명성을 높이도록 할 계획임.

- 다만, 이 제도에 의해 실제소유자로 확인받은 경우에도 당초 명의신탁 에 대한 증여세 납세의무 등이 면제되는 것은 아님.

※ 확인신청 대상 요건

【상속세 및 증여세 사무처리규정 제9조의 2】

아래 각 호의 요건을 모두 충족하여야 함.

1. 주식 발행 법인이 조세특례제한법 시행령·제2조에서 정하는 중소기업에 해당할 것
2. 주식 발행 법인이 2001년 7월 23일 이전에 설립되었을 것
3. 실제소유자와 명의수탁자(실명전환 전 주주명부 등에 주주로 등재되어 있던 자를 말한다)가 법인설립 당시 발기인으로서 법인설립 당시에 명의신탁한 주식을 실제소유자로 환원하는 경우일 것
4. 실제소유자별·주식 발행 법인별로 실명전환하는 주식가액의 합계액이 30억 원 미만일 것
   * 주식가액

   비상장법인 : 실명전환일 직전사업연도 1주당 순자산가액×실명전환주식수
   상장법인 : Max[실명전환일 이전 2개월간 종가평균액, 1주당순자산가액]×실명전환주식수

기대효과

- 세무대응능력이 부족해서 주식 명의신탁 사실 입증에 어려움을 겪고 있는 중소기업에 대해서 복잡한 세무 검증절차를 거치지 아니하고 통일된 절차와 기준에 따라 간편하게 실제소유자 여부를 확인하도록 개선함으로써,
  – 실제소유자 환원에 따른 납세자의 과도한 불편과 부담을 해소하고, 명의신탁 입증 및 불복청구 등에 따른 납세협력비용이 감소하는 등 중소기업의 원활한 가업승계와 안정적인 기업경영 및 성장에 도움을 줄 것으로 예상됨.

※ 가업상속공제 및 가업승계 주식에 대한 증여세 과세특례

【상속세 및 증여세법 시행령 제15조, 조세특례제한법 시행령 제27조의 6】

- 현행 상속세 및 증여세법상 가업상속공제, 가업승계 주식에 대한 증여세 과세특례를 적용받기 위한 '가업'은 중소기업 등을 영위하는 법인의 최대주주인 경우로서 그와 친족 등 특수관계에 있는 자의 주식 등을 합하여 해당 법인의 발행 주식 총수의 50%(상장법인 30%) 이상을 보유하는 경우이어야하므로, 불가피하게 명의신탁하여 과세특례 요건을 충족하지 못하는 중소기업은 이번 제도 시행으로 간소한 절차로 실제소유자 환원을 인정받음으로써 가업상속공제 등 대상이 되는 경우 최고 500억 원의 상속공제 혜택 등을 받을 수 있음.

참고 : 자주 묻는 질문

- **과거 상속세 및 증여세법을 개정해서 1997~1998년 2년간 유예기간에 실제 소유자로 환원하는 경우 증여세를 과세제외 했는데, 이번에도 동일한 수준의 혜택을 주는 것인지?**

→ 1997~1998년 당시 유예기간 제도는 법령 규정에 의한 한시적 특례제 도인 반면, 이번 제도는 세정지원 차원에서 국세청 내부지침으로 실제 소유자 환원 여부를 간편하게 확인해주기 위한 행정적 절차로써 당초 명의신탁에 따른 증여세 납세의무 등이 면제되는 것은 아님.

- **실제소유자 확인신청은 어떻게 하는지?**

→ 신탁자(실제소유자)가 실제소유자 확인신청서를 작성해서 중소기업 등 기준검토표, 주식 명의개서 확인서 및 실제소유자 확인 관련 증빙 서류*를 구비해서 주소지 관할세무서(재산세과)에 신청서를 접수함.

 * 증빙서류 : 신탁약정서, 법인설립 당시 정관 및 주주명부, 법인등기부등본 및 기타 진술서·확인 서 등(주식 대금납입 또는 배당금 수령에 관한 금융증빙이 있는 경우 관련 증빙)

- **대기업 집단에 속하는 중소 법인도 신청대상이 되는지?**

→ 조세특례제한법 시행령 제2조 제1항 3호의 독립성 기준인 '독점규제 및 공정거래에 관한 법률' 제14조 제1항에 따른 상호출자제한기업집단에 속하는 회사는 신청대상이 아님.

- **실제소유자가 2회 이상 나누어 확인 신청하는 경우 간편확인대상자인지?**

→ 과거 법인설립 시 부득이 타인 명의로 등재한 주식 전체를 실제소유 자에게 일괄 환원하는 경우 간소화된 절차로 확인해주는 제도로, 2회 이 상으로 나누어 신청하는 경우 간편확인대상자에 해당하지 않는 것임.

- **실제소유자가 수탁자 甲 명의로 등재된 A법인 주식 10만 주(20억 원), 수탁자 乙 명의로 등재된 A법인 10만 주(20억 원)를 실명전환하는 경우 신청대상이 되는지?(타 요건은 모두 충족한다고 가정)**

→ 신청요건은 甲과 乙의 주식을 모두 일괄 환원해야 하며, 실제소유자별 주식 발행 법인별로 실명전환하는 주식가액이 30억 원 미만이어야 함.

- 사례의 경우 A법인의 환원주식 합계액이 40억 원으로 주식 발행 법인별로 30억 원 이상에 해당해서 신청대상이 아님.

• 실제소유자로 인정 통지를 받은 경우 당초 명의신탁 증여세, 금융소득 종합과세 등의 후속 처리는?

→ 실제소유자가 실명전환한 것으로 인정받더라도 당초 명의신탁에 대한 부과제척기간 경과 여부, 조세회피목적 등 과세요건을 검토해서 명의신탁 증여의제에 대한 과세 여부와 배당한 사실이 있는 경우 금융소득 종합과세 여부 등을 검토해서 처리함.

• 신청대상 요건에 해당되어 확인신청 했으나 불인정 통지 받은 경우 어떻게 처리되는지?

→ 명의개서가 실제소유자의 실명전환이 아닌 것으로 확인되었으므로 '상속세 및 증여세 사무처리규정'에서 정하는 절차에 따라 해당 명의개서의 거래 목적과 실질 등 사실관계를 확인해서 양도소득세 또는 증여세 등의 과세 여부를 검토해서 처리함.

• 자문위원회 구성 및 의결방법은?

→ 각 세무서에 위원장(세무서장)을 포함한 7~10명 이내의 경력직원을 위원으로 구성하며 재적위원 전원의 출석으로 개의하고 출석위원의 과반수 의견으로 의결함.

일감 몰아주기에 대한 증여세 과세제도(정식 조문 명칭은 '특수관계법인과의 거래를 통한 이익의 증여의제'임, 상증법 제45조의 3)를 살펴보면 다음과 같다. 참고로 중소기업 간에는 이 제도가 적용되지 않는다. 여기서 중소기업은 조세특례제한법 시행령 제2조 제1항의 요건을 모두 충족한 기업을 말한다.

1. 의의

특수관계법인이 수혜법인에게 일감을 몰아주는 방법으로 수혜법인의 주주 등에게 부를 이전하는 사례에 대해 증여세를 과세하는 규정으로 수혜법인의 사업연도를 기준으로 수혜법인과 특수관계법인의 거래비율이 정상거래비율을 초과하는 경우 수혜법인의 지배주주와 그 친족이 수혜법인의 영업이익을 기준으로 계산한 이익을 증여받은 것으로 본다(상증세법집행기준 45의 3-0-1).

*[1] 특수관계법인(증여자) : 수혜법인의 지배주주와 특수관계에 있는 법인(물량을 몰아준 법인)을 말한다.
*[2] 지배주주 : 수혜법인의 경영에 관해서 사실상 영향력이 더 큰 자(예 : 주식 보유율이 가장 높은 자 등)를 말한다.
*[3] 수혜법인 : 사업연도 매출액 중 특수관계법인거래비율이 50%(중견기업 40%, 일반법인 30%)를 초과하는 중소기업을 말한다.

2. 증여의제이익의 계산

특수관계법인 간의 거래를 통해 발생한 이익에 대해서는 수혜법인의 주주에게 증여세를 부과한다. 이때 증여이익은 다음과 같이 계산한다. 단, 아래는 중소기업에 해당하는 경우의 증여이익 계산방법에 해당한다. 참고로 중견·일반기업의 비율도 순차적으로 표기했다.

수혜법인의 세후 영업이익[1]×(특수관계법인 거래비율[2]- 50%[3])×(주식 보유비율[4]- 10%[5])

[1] 세후 영업이익 : 세법상 영업손익에서 세법상 영업이익에 대한 법인세 상당액을 차감한 금액에 과세매출비율을 곱해 계산한다.
[2] 특수관계법인 간 거래비율 : 수혜법인의 지배주주와 특수관계에 있는 법인에 대한 매출액이 차지하는 비율을 말한다.
[3] 50% 차감이유 : 특수관계법인 간 거래비율이 50%(중견법인은 20%, 일반법인은 5%) 미만인 경우에는 이 규정을 적용하지 아니함을 의미한다.
[4] 주식 보유비율 : 수혜법인의 지배주주와 그 지배주주의 친족이 그 법인의 주식 발행 총수에 대해서 직접 또는 간접으로 보유하는 주식 비율을 말한다.
[5] 10% 차감이유 : 지배주주 등이 보유한 주식 비율이 10%에 미달하면 이 규정을 적용하지 아니함을 의미한다(중견법인은 10%, 일반법인은 0% 차감).

3. 구체적인 계산절차

일감 몰아주기에 따른 증여이익은 다음과 같은 절차를 따라 구체적으로 계산할 수 있다(국세청 자료). 참고로 다음의 각 항목의 비율은 '중소기업 → 중견기업 → 일반기업'의 순으로 되어 있다. 중소기업의 비율이 상대적으로 유리하게 되어 있음을 알 수 있다. 자세한 것은 관련법(상증법 제45조의 3) 등을 참조하기 바란다.

| 1단계 | • 지배주주의 확정
① 수혜법인의 주주 중 최대주주 등 그룹 선정
② 그중 직간접 주식 보유 지분이 가장 큰 개인주주 확정 |

| 2단계 | • 특수관계법인과의 매출액 비율 50%(40%, 30%) 초과 여부 확인
① 수혜법인의 매출처 중 지배주주와 특수관계에 있는 법인 파악
② 그 법인들에 대한 매출액 합계액이 총매출액에서 차지하는 비율이 50%(40%, 30%)를 초과하는지 여부 확인 |

50%(40%, 30%) 초과   이하 ▶ 과세제외

| 3단계 | • 수증자 확정
① 수혜법인의 지배주주와 그 친족 확인
② 그들 중 직간접 주식 보유 비율이 10%(10%, 3%)를 초과하는 개인주주 확정 |

10%(10%, 3%) 초과   이하 ▶ 과세제외

| 4단계 | • 증여의제 이익 산정
– 증여의제 이익 : ① × ② × ③
  ① 세후 영업이익
  ② 특수관계법인들과의 거래비율 – 50%(20%, 5%)
  ③ 수증자의 직간접 주식 보유 비율 – 10%(5%, 0%)
– 주식 직간접 보유분별로 구분해서 계산 (㉠+㉡)
  ㉠ 주식 직접보유분 관련 이익
  ㉡ 주식 간접보유분 관련 이익(간접출자법인과의 거래분 조정) |

특수관계법인으로부터 제공받은 사업기회로 발생한 이익에 대한 증여세 과세

2016년부터 지배주주와 특수관계에 있는 법인으로부터 사업기회를 제공받은 경우에 그 제공받은 사업기회로 인해서 발생한 수혜법인의 이익에 지배주주 등의 주식 보유 비율을 고려해서 계산한 금액 상당액을 지배주주 등이 증여받은 것으로 보아 과세하는 규정이 신설되었다. 자세한 내용은 상증법 제45조의 4 등을 참조하기 바란다.

구분	주요내용
① 시혜법인의 범위	수혜법인 지배주주와 특수관계 범위에 있는 법인
② 사업기회 제공방법	임대차계약, 입점계약 등을 통해 시혜법인이 직접 수행하거나 다른 법인이 수행하던 사업기회를 제공하는 경우
③ 수혜법인의 이익	사업기회를 제공받은 해당 사업부문의 영업이익* * 기업회계기준에 따라 계산한 매출액에서 매출원가 및 판매비, 관리비 차감
④ 적용시기	2016년 1월 1일 이후 개시하는 사업연도에 사업기회를 제공받는 분부터 적용

비영리법인의
상속·증여 절세법

비영리법인(공익법인 포함)과 상속·증여세

비영리법인은 영리를 목적으로 하지 않고 사회공중을 위해 사업을 하는 법인을 말한다. 학술·종교·자선·기예(技藝)·사교 기타 영리 아닌 사업을 목적으로 하는 사단 또는 재단이 주무관청의 허가를 얻어 만든다(민법 제32조). 한편 이러한 비영리법인 중 학술·종교 등 공익성이 강한 비영리법인을 '공익법인 등'으로 분류해서 세금혜택을 부여하고 있다.

Case | 경기도 안양시에 거주하고 있는 천수답 씨는 본인이 소유하고 있는 시가 1억 원 상당의 토지를 의료법인에 증여하고자 한다. 이 경우 의료법인은 어떤 세금을 내는가?

Solution | 원래 비영리법인이 출연 받은 재산은 증여세 납세의무가 있다. 다만, 상증법 시행령 제12조 각 호의 어느 하나에 해당하는 공익법인 등(아래 참조)이 출연 받은 재산에 대해서는 증여세납부의무가 없다.

· 상증법상 공익법인 또는 법인세법상 지정기부금단체가 아니라면 → 증여세납부의무 있음.
· 상증법상 공익법인 또는 법인세법상 지정기부금단체라면 → 증여세납부의무 없음.

☞ 사례의 경우, 의료법인은 아래 상증법상 공익법인에 해당된다. 따라서 의료법인은 비영리법인에 해당하므로 증여세를 내야 하나, 동시에 공익법인에도 해당하므로 결과적으로 증여세를 면제받는다.

※ 상증법상 공익법인의 범위
상증법상의 공익법인은 상증법 시행령 제12조 각 호에 다음과 같이 열

거되어 있다.

① 종교의 보급 기타 교화에 현저히 기여하는 사업

② '초·중등교육법' 및 '고등교육법'에 의한 학교, '유아교육법'에 따른 유치원을 설립·경영하는 사업 등

③ '사회복지사업법'의 규정에 의한 사회복지법인이 운영하는 사업

④ '의료법'의 규정에 의한 의료법인이 운영하는 사업 등

한편 위 외에도 아래와 같은 사업을 하는 자도 공익법인 등에 해당한다. 따라서 실무에서는 상증법 시행령 제12조의 각 호를 세밀히 검토할 필요가 있다. 생각보다 그 범위가 넓기 때문이다. 참고로 공익법인 등은 법인만 해당하는 것이 아니라 개인도 해당한다. 물론 이에 해당하기 위해서는 세법에서 정한 사업을 영위해야 한다.

· '법인세법' 제24조 제2항 제1호에 해당하는 기부금을 받는 자가 해당 기부금으로 운영하는 사업

· '법인세법 시행령' 제39조 제1항 제1호 각 목에 따른 공익법인 등 및 '소득세법 시행령' 제80조 제1항 제5호에 따른 공익단체가 운영하는 고유목적사업. 다만, 회원의 친목 또는 이익을 증진시키거나 영리를 목적으로 대가를 수수하는 등 공익성이 있다고 보기 어려운 고유목적사업은 제외한다.

· '법인세법 시행령' 제39조 제1항 제2호 다목에 해당하는 기부금을 받는 자가 해당 기부금으로 운영하는 사업. 다만, 회원의 친목 또는 이익을 증진시키거나 영리를 목적으로 대가를 수수하는 등 공익성이 있다고 보기 어려운 고유목적사업은 제외한다.

☞ 공익법인 등(개인 포함)에 대한 상증법 내용을 적용시키기 위해서는 먼저 공익법인 등에 해당하는지의 여부를 확인해야 한다. 이때 공익법인인지의 여부는 정관상 설립목적 및 설립근거 법률, 그리고 위의 사업의 내용에 따라 최종 판정을 해야 한다.

Consulting | 개인이 상속이나 증여를 통해 공익법인에 재산을 출연을 하는 경우 다음과 같은 세금관계가 형성된다.

출연자 (상속세·증여세 면제)	상속·증여로 출연 →	공익법인 (증여세 면제)

※ 상속세 면제요건

종교나 자선 또는 학술 기타 공익사업을 영위하는 공익법인에 상속재산을 출연하는 경우에는 상속세를 면제한다. 다음과 같은 요건을 충족해야 한다.

☑ 상속인의 의사(상속인이 2인 이상인 경우에는 상속인들의 합의에 의한 의사)에 따라 상속받은 재산을 상속세 과세표준 신고기한 이내에 출연할 것(다만, 상속받은 재산으로 공익법인을 설립하는 경우로 부득이한 사유가 있는 경우에는 그 사유가 종료된 날로부터 6개월 내에 출연할 것)
  → 등기·등록 등을 요하는 재산의 경우에는 등기·등록 등에 의해서 공익법인에게 소유권이 이전되어야 한다.
☑ 상속인이 출연한 공익법인 등의 이사현원(5인에 미달하는 경우에는 5인으로 본다)의 1/5을 초과해서 이사가 되지 않아야 할 것
☑ 이사의 선임 등 공익법인 등의 사업운영에 관한 중요사항을 결정할 권한을 가지지 않아야 할 것

☞ 공익법인에 출연된 재산이 향후 상속인들을 위해 사용되는 등 공익목적에 사용되지 않는 경우에는 상속세를 추징하게 된다.

실전연습 | 서울 강남구 압구정동에서 살고 있는 K씨 집안에서 상속인들이 모여 상속재산 중 시가 10억 원 상당의 부동산을 공익법인에 출연하고자 한다. 그런데 해당 부동산에는 임차인에 대한 보증금 부채 3억 원이 포함되어 있다.

☞ **물음 1** : 상속 부동산을 출연할 때 해당 부채 3억 원은 피상속인의 채무로 공제될까?

☞ **물음 2** : 출연받은 재산을 수익을 얻기 위한 용도(예 : 임대업)로 사용하면 문제가 되는가?

☞ **물음 3** : 만일 출연받은 재산을 처분한 경우에는 어떤 문제가 있을까?

물음에 순차적으로 답을 찾아보면 다음과 같다.

· 물음 1의 경우

당연하다. 상속재산 중 부동산은 출연하고 채무는 승계하지 아니하고 동 채무가 상속개시일 현재의 피상속인이 부담해야 할 확정된 채무에 해당하기 때문이다. 참고로 이때 부채를 포함해서 부동산을 출연할 수 있는지의 여부에 대해서는 과세관청의 유권해석을 받아 처리하기 바란다.

· 물음 2의 경우

공익법인이 재산을 출연받아 그 출연받은 날부터 3년 이내에 직접공익목적사업에 사용하는 경우에는 증여세가 과세되지 아니한다. 이때 직접 공익목적사업에 사용할 돈을 마련하기 위해 출연받은 재산을 수익용 또는 수익사업용으로 운용하는 경우에도 직접 공익목적사업에 사용한 것으로 본다.

· 물음 3의 경우

비영리법인이 출연받은 재산을 매각하면 법인세가 발생한다. 하기만 공익사업을 지원해주기 위해 3년 이상 고유목적사업용으로 사용한 부동산에 대해서는 특별히 이를 면제한다. 한편 매각소득은 고유목적사업용으로 사용해야 하는데, 만일 1년 내 30%(2년 내 60%)을 미달 사용하면 미달 사용액의 10%를 가산세로, 3년 내 90%를 미달 사용하면 미달 사용액에 증여세를 부과한다. 재산을 출연받은 때와 매각할 때의 과세문제를 같이 정리하면 다음과 같다.

구분	출연받은 재산	출연받은 부동산 매각
법인세	비과세	과세*(단, 3년 이상 고유목적사업용으로 사용 후 매각 시 비과세)
증여세	비과세(단, 공익법인에 한하며, 3년 내 고유목적사업용으로 미사용 시는 과세)	과세(단, 매각 후 3년 이내 90% 이상 고유목적사업으로 사용 시 비과세)

* 비영리법인이 부동산 처분한 경우 법인세 추가과세(일반법인세 외에 10~20% 추가)제도를 검토해야 한다. 한편 비영리법인의 양도소득에 대해서는 법인세 대신 소득세로 낼 수도 있다(저자 문의).

Tip

비영리법인의 과세체계

비영리법인의 세금문제를 나열하면 다음과 같다.

구분	내용
고유번호와 사업자등록	· 비영리내국법인이 수익사업을 개시할 경우 사업자등록을 해야 함. · 만일 수익사업을 영위하지 않을 경우 사업자등록증이 아닌 고유번호증을 교부 받도록 되어 있음(☞고유번호증을 교부받은 경우 법인세, 부가세 신고의무는 없음).
재산출연을 받은 경우	· 일반 비영리법인 : 증여세 납부의무가 있음(재재산-549, 2010. 6. 11) · 공익법인 : 증여세 면제됨(단, 출연 받은 날로부터 3년 이내에 정관상 고유목적사업에 사용하거나 또는 수익용으로 사용해야 함).
부가가치세	· 비영리법인이 부가가치세가 면제되는 용역을 제공하는 경우에는 계산서를 발급해야 함. · 부가가치세가 면제되는 사업을 영위하는 비영리법인은 수취한 세금계산서에 대해 매년 2월10일까지 매입처별세금계산서합계표를 제출해야 함.
법인세	· 비영리법인도 수익사업에 대해 법인세를 부담해야 함. 다만, 고유목적 사업준비금제도를 통해 법인세 부담을 회피할 수 있음. ☞ 비영리법인에 대해 법인세를 과세하면 목적사업의 취지를 달성하기 힘들기 때문에 이러한 제도를 두고 있음.
기타	· 원천징수의무 : 고유번호가 있는 비영리법인의 경우 소득세법 제127조 제1항에 해당하는 소득을 지급하는 경우 소득세를 원천징수해야 함. · 원천징수이행상황신고 및 납부, 지급명세서(원천징수영수증) 등을 제출해야 함.

공익법인의 납세의무 체계

출연자 (상속세, 증여세 면제)	→ 출연 →	공익법인 (증여세 면제)	→ 사용 →	수혜자

· 출연재산의 상속세
  과세가액 불산입
· 공익법인의 증여세
  과세가액 불산입

· 출연재산으로 사용
· 출연재산 매각대금으로 사용
· 운용소득에서 사용

고유목적사업과 관련한 의무	수익사업에 대한 법인세 등

· 출연재산의 3년 내 직접공익목적에 사용
· 출연재산 매각금액의 1년 내 30%, 2년 내
  60%, 3년 내 90%이상 직접공익목적에 사용
· 출연재산 운용소득의 1년 이내에 80% 이상
  직접공익목적에 사용
· 내국법인 발행 주식 총수의 5%(10%, 20%)
  이하 주식 취득 및 보유
· 출연재산의 1~3% 이상 사용의무
· 출연자 또는 특수관계자의 이사(1/5초과) 및
  임직원 취임제한
· 특정기업의 광고 등 행위 금지
· 자기내부거래 금지
· 공익법인 해산 시 잔여재산 국가 등에 귀속
	· 수익사업에 대한 법인세 신고 납부 의무
	· 고유목적사업준비금의 손금산입
	· 이자소득에 대한 법인세 신고특례
	· 토지 등 양도소득에 대한 법인세 신고특례
	
	공익법인의 납세협력의무
	· 공익법인 출연재산 등에 대한 보고서 제출의무
	· 고유목적사업용 전용계좌 개설·사용 의무
	· 공익법인 결산서류 공시의무
	· 장부의 작성·비치의무
	· 외부전문가의 세무확인 및 보고의무
	· 기부금영수증 발급내역 보관·제출 의무
	· 계산서합계표 등 자료제출의무 등

※ 50의 2-43의 2-1 [공익법인의 전용계좌 개설·사용의무]

공익법인은 해당 공익법인의 직접 공익목적사업과 관련하여 받거나 지급하는 수입과 지출을 다음의 직접 공익목적사업용 전용계좌를 사용하여 관리해야 한다.

① 다음의 요건을 모두 갖춘 계좌

　가. '금융실명거래 및 비밀보장에 관한 법률'에 해당하는 금융기관에 개설한 계좌일 것
　나. 공익법인 등의 공익목적사업의 용도로만 사용할 것

② 공익법인별로 2 이상 개설할 수 있다.

③ 공익법인은 해당 과세기간 또는 사업연도별로 전용계좌를 사용하여 수입과 지출, 실제
　사용한 금액 및 미사용 금액을 구분하여 기록·관리하여야 한다.

※ 50의 2-43의 2-2 [전용계좌의 개설 등 의무가 없는 공익법인]

종교의 보급 기타 교화에 현저히 기여하는 사업을 영위하는 공익법인은 전용계좌를 개설·
사용하지 않아도 된다.

각종 단체(종중, 종교 등)와 증여 절세법

종중이나 종교단체 등에게 증여를 하는 경우 증여세 과세문제와 이에 대한 절세방법 등을 찾아보자.

Case 서울 양천구 목동에서 살고 있는 박영달 씨가 교회에 토지를 증여하려고 한다. 해당 토지는 박씨가 2010년에 매입한 대지로 취득 당시의 취득세과세표준액은 1억 원 상당액이 되었다.

☞ **물음 1** : 교회는 증여세를 면제받을 수 있는가?

☞ **물음 2** : 교회는 법인으로 등록해야 증여세를 면제받을 수 있는가?

☞ **물음 3** : 교회가 증여를 받은 토지를 제삼자에게 양도하면 어떤 세금을 내야 하는가?

Solution 물음에 순차적으로 답을 찾아보면 다음과 같다.

· 물음 1의 경우

공익법인에 해당하는 종교단체가 재산을 출연받아 그 출연 받은 날부터 3년 이내에 직접공익목적사업(공익사업을 위한 경비조달을 위한 수익사업 포함)에 사용하는 경우에는 증여세가 과세되지 아니한다. 만약 출연받은 재산을 직접공익목적사업 외에 사용하거나 출연받은 날로부터 3년 이내에 직접 공익목적사업 등에 사용하지 아니하는 경우에는 공익법인에게 증여세가 과세된다(단, 부득이한 사유가 인정되는 경우에는 그 사유가 없어진 날로부터 1년 내에 공익목적사업에 사용하면 증여세를 면제함).

· 물음 2의 경우

종교단체가 공익법인 등에 해당하는지 여부는 법인으로 등록했는지에 관계없이 당해 종교단체가 수행하는 정관상 고유목적사업에 따라 판단한다. 즉 등록 여부를 불문한다.

· 물음 3의 경우

교회가 출연받은 재산을 양도하는 경우에는 원칙적으로 등록법인이면 법인세가 등록법인이 아니면 양도소득세가 나온다. 다만, 이 중 등록법인이 증여받은 부동산을 공익목적사업용(예 : 예배당)으로 3년 이상 사용(처분일 현재시점에서도 공익용으로 사용 중에 있어야 함. 주의)한 후 양도하면 이에 대해서는 비과세를 적용한다. → 이는 비영리법인에 대한 조세특례제도에 해당한다. 그런데 만일 교회가 세법상의 법인에 해당되지 않으면 이러한 혜택을 주지 않고 개인이 양도하는 것으로 보아 양도소득세를 부과하는 것이 원칙이다. 즉 교회가 소득세법상 1거주자에 해당하는 경우, 고유목적사업에의 사용 여부와 관계없이 토지 또는 건물의 양도로 인해 발생하는 소득에 대해 양도소득세가 과세된다(주의!).

※ 출연받은 재산을 매각하는 경우의 법인세 또는 양도소득세 과세 여부

구분	매각시점	고유목적사업용(예배당)	수익사업용(임대)
법인	3년 내	· 원칙 : 법인세 과세	· 원칙 : 좌동
	3년 후*	· 원칙 : 법인세 비과세	· 원칙 : 법인세 과세
개인	3년 내	· 원칙 : 양도소득세 과세	· 원칙 : 좌동
	3년 후	· 원칙 : 양도소득세 과세	· 원칙 : 좌동

* 수익사업에서 목적사업으로 전출한 고정자산은 전출이후 발생한 처분수입에 대해 비과세를 적용한다.

☞ 비영리법인은 출연받은 재산을 3년 이상 고유목적사업에 사용한 후 매각하면 법인세를 면제받을 수 있다. 따라서 비영리법인이 출연받은 부동산을 3년 내에 처분하면 처분이익에 대해 법인세가 과세된다. 다

만, 이 경우에는 소득금액의 50%까지 고유목적사업준비금을 쌓아 손비처리하면 법인세를 줄일 수 있다. 물론 이 준비금은 향후 5년 이내에 고유목적사업에 사용해야 된다.

참고로 법인이 아닌 개인이 보유한 부동산은 고유목적사업 여부에 관계없이 양도소득세가 과세되는 것이 원칙이다.

Consulting | 법인설립등기를 하지 않아 법인격을 취득하지 못한 사단, 재산, 그 밖의 단체에 대한 세법의 태도를 정리하면 다음과 같다.

1. 항상 법인으로 보는 단체

다음 중 하나에 해당하는 것으로 수익을 구성원에게 분배하지 않는 것은 법인으로 본다.

☑ 주무관청의 허가 또는 인가를 받아 설립되었거나 법령에 따라 주무관청에 등록한 사단, 재산, 그 밖의 단체로 등기되지 않은 것

☑ 공익을 목적으로 출연된 기본재산이 있는 재단으로 등기되지 않은 것

☞ 이는 법인설립등기는 안 되어 있지만 실질적으로 법인에 해당하므로 이를 법인으로 의제하는 것이다.

2. 신청에 따라 법인으로 보는 단체

단체의 조직과 운영에 관한 규정을 가지고 대표자 등을 선임하고 있고, 단체 자신의 계산과 명의로 수익과 재산을 독립적으로 소유·관리하며, 단체의 수익을 구성원에게 분배하지 않는 등의 조건을 충족한 상태에서 대표자 등이 관할세무서장에게 법인으로 해줄 것으로 신청해서 승인을 받은 경우에는 이를 법인으로 본다.

☞ 종중이나 교회 등 임의단체가 대표자의 신청을 거쳐 법인으로 할 수 있다. 이때 종중이나 교회 등은 비영리법인에 해당하며, 교회 등 종교단체는 비영리법인 중 공익법인에 해당한다. → 만일 법인으로 보지 않으면 1거주자에 해당한다(소득세법 적용).

※ 서면인터넷방문상담4팀-1814, 2006. 6. 16

【제목】 개인 명의로 취득하고 양도한 교회재산의 양도소득세 과세 여부

【요지】 교회가 개인인 경우 토지 또는 건물의 양도로 인하여 발생하는 소득에 대하여는 과세됨

【회신】 공익을 목적으로 출연된 기본재산이 있는 재단으로 등기되지 아니한 것과 주무관청에 등록한 재단 또는 기타 단체로 등기되지 아니한 것은 국세기본법 제13조 제1항에 의거 법인으로 보는 것이나, 재단법인인 종교단체와는 회계 등 모든 운영이 독립된 산하지역의 교회는 별도의 허가를 받아 세법적용상 재단설립된 경우를 제외하고는 개인으로 보는 것이며, 교회가 개인인 경우 토지 또는 건물의 양도로 인하여 발생하는 소득에 대하여는 국세인 양도소득세가 과세되는 것이다.

실전연습 황○○ 씨는 30여 년 전부터 종중 토지를 개인 명의로 등기해서 보유하고 있다. 만일 이 토지를 종중 명의로 무상으로 소유권을 이전하는 경우에 어떤 세금문제가 발생할까?

물음에 대한 답을 찾아보자.

STEP1 세법규정은?

종중이 종중원으로부터 부동산을 증여받은 경우 그 종중은 등기접수일을 증여재산의 취득시기로 해서 증여세를 납부할 의무가 있다(∵ 비영리법인 또는 거주자에 해당하기 때문). 다만, 종중원 등 명의로 등기되어 있는 종중재산을 명의신탁해지해서 실질소유자인 종중 명의로 환원하는 때에는 증여로 보지 아니한다. → 종중이 명의신탁으로 보유한 부동산은 부동산 실명법의 위반에 해당하지 아니한다.

STEP2 결론

이 사례의 경우 종중 명의로 소유권을 이전등기하는 부동산이 처음부터 종중 소유재산인지, 아니면 실질소유자인 종중원으로부터 증여받아 종중

명의로 이전등기한 것인지 여부 등 구체적인 사실을 확인해서 증여세 과세 여부를 판단한다.

※ 서면4팀-2979, 2007. 10. 17

【제목】 종중원 명의로 등기되어 있는 종중재산을 명의신탁 해지하여 실질 소유자인 종중 명의로 환원하는 때에는 증여세가 과세되지 아니함

【질의】

(사실관계)

· 문중회 소유 부동산을 1988. 9. 25 등기 시 편의상 친족 3명의 명의로 등기한 바 있음.

· 이와 같은 등기사항을 친족 문중회 이름으로 변경 등기함에 있어 증여 형식으로 이전하고자 함.

· 본 부동산이 문중회 자산임을 입증하는 의사록 및 공과금 납부영수증 등을 보관하고 있음.

(질문내용)

위와 같이 당초 등기 시 문중회 명의로 등기하지 못한 것을 문중회 명의로 환원등기 시 증여세 납세의무가 있는지 여부

【회신】

종중이 종중원으로부터 토지를 증여받은 경우 그 종중은 증여세를 납부할 의무가 있는 것이나, 종중원 명의로 등기되어 있는 종중재산을 명의신탁 해지하여 실질소유자인 종중 명의로 환원하는 때에는 증여세가 과세되지 않는 것임. 귀 질의의 경우는 종중 명의로 소유권을 이전하고자 하는 토지가 처음부터 종중이 소유한 재산인지, 아니면 종중원 개인이 소유한 재산을 종중 명의로 이전하는 것인지 여부 등 구체적인 사실을 확인하여 증여세 과세 여부를 판단할 사항임.

일반협동조합과 사회적 협동조합의 비교
(근거 법령 협동조합기본법, 2012년 12월 1일 시행)

협동조합은 영리법인에 해당하며, 사회적 협동조합은 비영리법인에 해당한다. 따라서 이러한 법인에 증여 등이 발생한 경우에는 앞에서 본 내용들을 그대로 적용하면 된다.

구분	(일반)협동조합	사회적 협동조합
법인격 (기본법 제4조)	영리법인	비영리법인
사업분야 제한	업종 및 분야제한 없음.	동법 제93조에서 명시한 공익사업 40% 이상 수행(금융 및 보험업 불가)
배당가능 여부	배당 가능	배당 금지
기타 사항	· 청산 : 정관에 따라 처리 · 감독 : 관련 내용 없음. 　(상법 등에서 준용) · 법정적립금 : 자기자본 3배에 이를 때까지 10/100 이상 적립	· 청산 : 유사한 비영리법인, 국고 등 귀속 · 감독 : 필요시 관계부처 장에게 서류, 장부 등 검사, 인가요건 위반 시 인가 취소 · 법정적립금 : 자기자본 3배에 이를 때까지 30/100 이상 적립
최소 설립요건	5인 이상 서로 상이한 이해관계자의 설립동의자가 필요 (협동조합 및 사회적협동조합)	

APPENDIX

이번 '부록 편'에서는 비거주자와 관련된 상속세 및 증여세 과세문제를 살펴본다. 비거주자는 국적과 관련 없이 주로 외국에서 생활하는 자들을 말한다. 이 편에서는 비거주자에 대한 판단법, 그리고 이들의 국내재산과 관련된 상속세와 증여세는 어떤 식으로 과세되는지 등을 알아보자.

부록 편

비거주자와 상속·증여

주로 외국에서 183일 이상 거주할 것으로 예상되는 비거주자가 국내의 재산을 증여받거나 국내에 비거주자의 상속재산이 있는 경우의 과세방법을 알아보면 다음과 같다.

1. 거주자와 비거주자의 구분

거주자란 상증법 제2조(소득세법 시행령 제3조)의 규정에 의하여 증여일 현재 국내에 주소를 두거나 1과세기간 내 183일 이상 거소를 둔 자를 말하며, 영주권자나 내국인·외국인 여부와 관계없이 아래와 같이 판단한다.

① '주소'는 국내에서 생계를 같이하는 가족 및 국내에 소재하는 자산의 유무 등 생활관계의 객관적인 사실에 따라 판정하는 것으로서,

☑ **국내에 거주하는 개인이**
  - 계속하여 183일 이상 국내에 거주할 것을 통상 필요로 하는 직업을 가진 때
  - 국내에 생계를 같이하는 가족이 있고, 그 직업 및 자산상태에 비추어 계속하여 183일 이상 국내에 거주할 것으로 인정되는 때에는 국내에 주소를 가진 것으로 본다(거주자에 해당).

☑ **국외에 거주 또는 근무하는 자가**
  - 계속하여 183일 이상 국외에 거주할 것을 통상 필요로 하는 직업을 가진 때
  - 외국국적을 가졌거나 외국법령에 의하여 그 외국의 영주권을 얻은 자로서 국내에 생계를 같이하는 가족이 없고 그 직업 및 자산상태에 비추어 다시 입국하여 주로 국내에 거주하리라고 인정되지 아니하는 때에는 국내에 주소가 없는 것으로 본다(비거주자에 해당).

② '거소'란 주소지 외의 장소 중 상당기간에 걸쳐 거주하는 장소로 주소와 같이 밀접한 일반적 생활관계가 형성되지 아니한 장소를 말하며, 183일 이상 거소를 둔 경우 거주자로 본다.

☞ 참고로 국내 거주자가 여행이나 치료 등의 목적으로 출국한 경우 이 기간도 거주기간에 포함하나, 해외 거주자가 국내에 여행이나 치료 등의 목적으로 입국한 경우에는 이 기간은 거주기간에서 제외된다(소득세법 시행령 제4조 제3항. 2016년 개정세법). 주의하기 바란다.

2. 비거주자의 사망과 상속(국내재산이 있는 경우)

비거주자가 사망해서 상속이 발생한 경우로 국내에 재산이 있다면 이에 대해서는 국내의 세법을 적용해서 상속세를 부과한다. 다음의 예를 통해 이 부분을 확인해보자.

- 비거주자의 국내재산 : 5억 원
- 피상속인 : 외국에 거주
- 기타 사항은 무시함.

(단위 : 원)

구분	금액	비고
상속재산가액 (+)증여재산가산액	500,000,000	
(=) 총상속재산가액 (-) 비과세 등	500,000,000	
(=) 과세가액 (-) 상속공제 (-) 감정평가수수료공제	500,000,000 200,000,000	기초공제 2억 원만 공제
(=) 과세표준 (×) 세율	300,000,000 20%(1,000만 원)	1,000만 원은 누진공제액
(=) 산출세액 (+) 세대생략가산액	50,000,000	과세표준20%-1,000만 원
(=) 산출세액 합계 (-) 세액공제 (+) 가산세	50,000,000 1,500,000	3%
(=) 납부세액	48,500,000	

참고로 비거주자의 상속세 계산 시에는 상속공제 중 기초공제 정도만 적용한다.

※ 거주자·비거주자의 상속세 적용 차이(상증세법집행기준 1-1-1)

구분		거주자	비거주자
신고기한		상속개시일이 속한 달의 말일부터 6개월 이내	상속개시일이 속한 달의 말일부터 9개월 이내
과세대상자산		국내·외의 모든 상속재산	국내에 소재한 상속재산
공제금액	공과금	공제	국내소재 상속재산에 대한 공과금, 국내 사업장의 사업상 공과금
	장례비용	공제	공제 안 됨.
	채무	공제	국내 소재 상속재산을 목적으로 유치권·질권·저당권으로 담보된 채무, 국내 사업장의 사업상 채무
과세표준 계산	기초공제	공제	공제
	가업/ 영농상속공제	공제	공제 안 됨.
	기타인적공제	공제	공제 안 됨.
	일괄공제	공제	공제 안 됨.
	배우자공제	공제	공제 안 됨.
	금융재산공제	공제	공제 안 됨.
	동거주택상속공제	공제	공제 안 됨.
	감정평가수수료공제	공제	공제

☞ 비거주자의 상속재산분할협의는 어떻게 할까?

상속인 중 시민권자(외국인)가 있는 경우의 상속재산분할협의에 대해 알아보면 다음과 같다.

☑ 상속인 중 시민권자가 국내로 입국해 국내에 30일 이상 체류하는 경우에는 출입국관리사무소에 신고한 체류지 관할 동사무소에서 인감을 등록한 후 이를 발급받을 수 있다.

☑ 국내로 들어오지 않는 경우에는 다음의 두 가지 방법 중 하나를 선택하면 된다.

① 외국에서 '상속재산분할협의서'에 서명하고 이를 공증해서 국내로

보내오는 방식

② 처분의 위임장을 공증해서 국내로 보낸 후 그 대리인이 다른 상속인들과 같이 상속재산분할협의서에 인감을 날인하는 방식

이 중 ②의 방법은 상속재산분할협의를 위해서 대리인에게 부동산 표시를 기재한 후 누구를 상속재산 취득자로 정해서 협의할 것을 위임한다는 취지로 작성하고, 이때 서명인증서와 거주사실증명서(공증)를 첨부해야 한다.

3. 비거주자와 증여(국내 재산을 증여받은 경우)

비거주자가 국내의 재산을 증여받은 경우, 이에 대해서는 증여세가 부과된다. 다음의 예를 통해 확인해보자.

- 증여재산 : 5억 원
- 수증자 : 10세인 손자(외국에 거주)
- 기타 사항은 무시함.

(단위 : 원)

구분	금액	비고
증여재산가액 (+)증여재산가산액	500,000,000	
(=) 총증여재산가액 (-) 부담부 증여 시 인수채무	500,000,000	
(=) 과세가액 (-) 증여공제 (-) 감정평가수수료공제	500,000,000 0	비거주자는 증여공제 적용배제함.
(=) 과세표준 (×) 세율	500,000,000 20%(1,000만 원)	1,000만 원은 누진공제액
(=) 산출세액 (+) 세대생략가산액	90,000,000 27,000,000	과세표준×20%-1,000만 원 손자에게 증여하는 경우 30% 할증
(=) 산출세액 합계 (-) 세액공제 (+) 가산세	117,000,000 3,510,000	3%
(=) 납부세액	113,490,000	

비거주자에 대해서는 각종 증여공제를 적용하지 않는다. 아래 상증법 제53조를 보면 거주자에 대해서만 적용하는 것으로 되어 있다(주의!).

※ 상속세 및 증여세법 제53조 【증여재산 공제】

거주자가 다음 각 호의 어느 하나에 해당하는 사람으로부터 증여를 받은 경우에는 다음 각 호의 구분에 따른 금액을 증여세 과세가액에서 공제한다. 이 경우 수증자를 기준으로 그 증여를 받기 전 10년 이내에 공제받은 금액과 해당 증여가액에서 공제받을 금액을 합친 금액이 다음 각 호의 구분에 따른 금액을 초과하는 경우에는 그 초과하는 부분은 공제하지 아니한다.

1. 배우자로부터 증여를 받은 경우 : 6억 원
2. 직계존속[수증자의 직계존속과 혼인(사실혼은 제외한다) 중인 배우자를 포함한다]으로부터 증여를 받은 경우: 5,000만 원. 다만, 미성년자가 직계존속으로부터 증여를 받은 경우에는 2,000만 원으로 한다.
3. 직계비속(수증자와 혼인 중인 배우자의 직계비속을 포함한다)으로부터 증여를 받은 경우 : 3,000만 원[*1]
4. 제2호 및 제3호의 경우 외에 6촌 이내의 혈족, 4촌 이내의 인척으로부터 증여를 받은 경우 : 500만 원[*2]

　[*1] 2016년 이후부터는 5,000만 원
　[*2] 2016년 이후부터는 1,000만 원

4. 비거주자의 자금거래와 증여

비거주자가 증여받은 거주자로부터 증여받은 국외 예금이나 국외 적금 등도 증여세가 과세된다. 비거주자와 거주자 간의 금융거래는 다음의 규정 등에 의해 그 거래금액이 노출된다.

※ 외국환거래규정 제4-8조 【국세청장 등에 대한 통보】

① 외국환은행의 장은 다음 각 호의 1에 해당하는 지급 등의 경우에는 매월별로 익월 10일 이내에 지급 등의 내용을 국세청장에게 통보하여야 한다. 다만, 정부 또는 지방자치단체의 지급 등은 그러하지 아니하다.

1. 제4-3조 제1항 제1호 내지 제2호의 규정에 의한 지급 등의 금액이 지급인 및 수령인별로 연간 미화 1만불을 초과하는 경우 및 제7-11조 제2항의 규정에 의한 지급금액이 지급인별로 연간 미화 1만불을 초과하는 경우
2. 제4-5조의 규정에 의한 해외유학생 및 해외체재자의 해외여행경비 지급금액이 연간 미화 10만불을 초과하는 경우
3. 제1호 및 제2호의 경우를 제외하고 건당 미화 1만불을 초과하는 금액을 외국환은행을 통하여 지급 등(송금수표에 의한 지급 등을 포함한다) 하는 경우

② 외국환은행의 장은 법 제21조 및 영 제36조의 규정에 의하여 다음 각 호의 1에 해당하는 지급 등의 내용을 매월별로 익월 10일까지 관세청장에게 통보하여야 한다. 다만, 정부 또는 지방자치단체의 지급은 그러하지 아니하다.
1. 수출입대금의 지급 또는 수령
2. 외국환은행을 통한 용역대가의 지급 또는 수령
3. 제4-3조 제1항 제1호 내지 제2호의 규정에 의한 지급 등
4. 건당 미화 1만불을 초과하는 해외이주비의 지급
5. 제1호 내지 제4호의 경우를 제외하고 건당 미화 1만불을 초과하는 금액을 외국환은행을 통하여 지급 등(송금수표에 의한 지급을 포함한다)을 하는 경우

☞ FATCA(Foreign Account Tax Compliance Act., 해외계좌납세자순응법) 미국이 아닌 다른 나라 국적의 금융회사가 보유하고 있는 미국 국적자의 5만 달러(법인은 25만 달러) 이상의 계좌를 미국 국세청(IRS)에 신고하도록 의무화한 법을 말한다. 이 제도에 의해 미국의 영주권자 등의 해외자산이 파악되어 미국에서 과세된다. 우리나라도 이 법을 적용받고 있다.

(개정판)
개인·개인사업자·법인 CEO도 꼭 알아야 하는
상속·증여 세무 가이드북 실전 편

제1판 1쇄 2015년 2월 4일
제2판 1쇄 2016년 2월 29일
제3판 1쇄 2017년 3월 2일
제4판 1쇄 2018년 6월 8일
제5판 1쇄 2023년 9월 20일
제5판 2쇄 2024년 6월 3일

지은이 신방수
펴낸이 한성주
펴낸곳 ㈜두드림미디어
책임편집 배성분
디자인 디자인 뜰채 apexmino@hanmail.net

㈜두드림미디어
등 록 2015년 3월 25일(제2022-000009호)
주 소 서울시 강서구 공항대로 219, 620호, 621호
전 화 02)333-3577
팩 스 02)6455-3477
이메일 dodreamedia@naver.com(원고 투고 및 출판 관련 문의)
카 페 https://cafe.naver.com/dodreamedia

ISBN 979-11-93210-07-9 (03320)